达城记忆 四川

|脱|贫|攻|坚|纪|实|

胡　杰◎主编

中国文史出版社
CHINA CULTURAL AND HISTORICAL PRESS

图书在版编目(CIP)数据

达城记忆:脱贫攻坚纪实/胡杰主编. —北京:
中国文史出版社,2022.11
ISBN 978-7-5205-3905-0

Ⅰ.①达… Ⅱ.①胡… Ⅲ.①扶贫－概况－达州
Ⅳ.①F127.713

中国版本图书馆CIP数据核字(2022)第205065号

责任编辑:赵姣娇
封面摄影:王 梦

出版发行:中国文史出版社
社　　址:北京市海淀区西八里庄路69号　邮编:100142
电　　话:010-81136606　81136602　81136603(发行部)
传　　真:010-81136655
印　　装:四川华瑞现代印刷有限公司
经　　销:全国新华书店
开　　本:710mm×1000mm　1/16
字　　数:294千字
印　　张:24.5
印　　数:2000册
版　　次:2023年6月北京第1版
印　　次:2023年6月第1次印刷
定　　价:78.00元

脱贫攻坚：一部人类文明的神话

—— 有感于文史资料《达城记忆·脱贫攻坚纪实》（代序）

胡 杰

手捧达州市政协文化文史和学习委员会刚征集完成的《达城记忆·脱贫攻坚纪实》文史资料，一页一页翻看，一字一句咀嚼，文稿中鲜活的事迹，承载的成果，连同那些记忆中奔忙的身影，顿时让我这个有幸参与脱贫攻坚伟大战役的共产党员，浮想联翩，百感交集。

耳畔还回响着习近平总书记2022年新年贺词那振奋人心的声音："民之所忧，我心念之；民之所盼，我必行之。我也是从农村出来的，对贫困有着切身感受。经过一代代接续努力，以前贫困的人们，现在也能吃饱肚子、穿暖衣裳，有学上、有房住、有医保。全面小康、摆脱贫困是我们党给人民的交代，也是对世界的贡献。"

我激动得眼含泪花，在心底里不断重复一句话：这是一部传奇，更是一部神话！

这部文史资料集，已是一部承载时代精神的丰碑！

在人类文明可考的漫长历史上，"贫困"与"消除贫困"是一道贯穿始终的重大命题。纵观中华民族几千年历史，因为贫困导致民生凋敝并引发重大社会变革和王朝更迭的，不在少数。从秦末农民起义到唐末农民起义，从元末农民起义到明末农民起义，从清末辛亥革命到中国共产党领导的南昌起义、秋收起义，无一不是缘于极度贫困、民生维艰。

毋庸讳言，消除贫困，既是人民不懈追求、永不言弃的超级梦想，更是国家国运隆兴、社会安定的永恒基石。

自新中国成立以来，中国共产党领导中国人民一直坚定不移地展开与贫困的持久战。从20世纪50年代开始的社会主义改造和建设到改革开放以经济建设为中心，从农业学大寨到土地联产承包责任制的实施，从我国发展国民经济第一个五年计划到国民经济和社会发展第十四个五年规划，无一不是把满足人民需要作为历届党委和政府工作的中心和重心，始终关注、关心弱势、贫困群体，努力保障、发展、扩大弱势贫困群体的利益，从而开启走向共同富裕的伟大征程。

特别是党的十八大以来，以习近平同志为核心的党中央，立足于中国人民消除贫困的既有成果，果断发出了消除贫困的决战动员令，在960万平方千米土地上，开启了波澜壮阔、不胜不休的脱贫奔康总体战、攻坚战的时代磅礴画卷。

达州作为大革命时期的第二大红色苏区，地处四川盆地东部大巴山区，因自然条件艰苦，经济发展滞后，贫困人口众多（居全省第二位，仅次于凉山州），脱贫攻坚形势异常严峻，脱贫攻坚任务非常艰巨。

我曾一次次走进乡村，去参与和亲历、见证这场史无前例的脱贫攻坚战，去体验和感受消除贫困大决战的豪迈气场，在惊愕、惊叹、惊讶、惊艳之中，我更深切感受到党中央决策的科学、正确、伟大，深得人民群众的拥戴和赞许。

无论在万源市铁矿乡泥溪沟村、太平镇牛卯坪村，还是在宣汉县龙泉乡罗盘村、黄金镇康乐村，无论在通川区盘石镇现代农业示范园、蒲家镇蓝莓种植示范基地，还是在达川区百节镇乌梅山生态农业园、木子乡生态蔬菜园，以及在大竹县白茶种植基地、渠县花椒种植基地、开江县万亩荷花园，抑或达州市其他如雨后春笋般的农业产业基地和整齐划一的移民聚居点。不管你是谁，都一定会被震撼，一定会被折服：我们的乡村可以如此美丽！

我们的乡村本来就如此美丽！不过，这种美丽才刚刚起步，才刚刚拉开序幕！脱贫攻坚和乡村振兴两大战略，就是这种美丽的原动力，就是这种美丽的催化剂。所有参与这场特殊而重大"战役"的人们，都是这种美丽的现实执笔者、书写者、描绘者和历史见证者。

因为动力的存在，越来越多贫困边远山村的道路得以规划建设，越来越多的破旧房屋得以改造修缮，越来越多的乡村产业得以迅速发展，如画卷般日新月异，如锦绣般琳琅满目。

曾经因为大量人口迁徙流动而渐趋没落、沉寂和萧条的乡村，又恢复了犬吠鸡鸣、百花竞艳、百鸟争鸣的盎然生机。一条条宽阔平坦的柏油路、水泥路纵横乡村进院入户，一栋栋新式乡间民居已是无可争议的画图中的乡村别墅，一处处山野之花、果木之花、稼禾之花互相映衬……

越来越多的城里人，正借周末、节假日，开着车、组着队去往乡村，览景赏花、放松度假、放飞心情，享受着乡村的自然，吸吮着原野的清新，感悟着山水的灵气，体验着农家的饭菜，奢买着农家的土特产，贪婪着那扑面而来清灵纯净的山岚雾霭。

越来越多从乡村走入城里的人，重识了故乡的价值，触摸了时代的脉搏，苏醒了人生的意义，更信念了山村的未来。他们正在回归，正在赶回的路上——那是承载着见识、学识、知识、技术、资金、信心、梦想的归来。他们已经深信绿水青山就是金山银山，那些山是天赐的风景，那些水是大地的玉带，那些草木是生命的乐章，那些田园是希望的沃土。这一切，构成了新时代凤凰的伊甸园、人生的风情画、心灵的着陆场、梦想的起飞处。

中国乡村，正在历史性地实现前所未有的蜕变，正在上演一部脱胎换骨的神话，正在彻底颠覆所有人关于中国乡村最古老最传统的记忆。中国乡村，再不是贫困落后、脏臭乱差的代名词，再不是黑灯瞎火、青黄不接的穷人窝，再没有"荒山旧岭听乌啼，断壁残垣入斜阳"的苍凉景象。

中国乡村，一切正在变，一切正向好。这是一个时代的选择，这是一个民族的愿望，这是一个国家的承诺，这更是一个拥有九千万党员的政党书写于人类历史的伟大。处在这个关键节点的每个人，都是伟大神话幸运的参与者，都是壮美奇迹无悔的助推者，都是以汗水浇铸信心、以信念凝聚梦想的创造者。

无须多少赞美，自豪已铭在心中；无惧多少艰难，自信已集成众志。

我们的观念在变，我们的行为在变。脱贫攻坚，振兴乡村，从开始的被动执行转为主动作为，从应付似的给钱给物转为产业带动，从最早的个别行动推进为人人参与，从最初的党政部门率先示范到民营企业大力介入和积极牵引，再到无数外出务工成功人士回乡创业担当引领者。全社会已然全面动员起来，因为更多人懂得了价值、看到了目标、找到了坐标，因为更多人拓宽了视野、拥有了希望、点燃了激情。

这是又一笔宝贵的、极具社会价值的精神财富。它根植于中华五千年文明自强不息、艰苦奋斗之大道，根植于中华民族千秋不息的移山填海、奔月追日之精神，根植于中国人民世代传承的以人为本、家国情怀之浸润！值得我们深度挖掘、广泛总结和永远珍惜。

不容置疑，伟大的实践催生了伟大的觉醒，伟大的觉醒便有了伟大的力量。越来越多的人，已不满足于站起来、富起来，更渴望靓起来、美起来，这是一种伟大的、不可遏阻的潮流，它得益于伟大的领航和绵绵发力，得益于人民从等待观望到踊跃参与、拼搏奋进。而今，我们已经具备这两者的相辅相成，更有了万众同向、万民同心。正所谓：东风正劲好扬帆，万类争春正向阳！

现代化的呼唤，新时代的要义，中国梦的内涵，构成了一个民族坚定向前、永向美好的精神脊梁，中华民族和中国人民一定有更加美好光明的未来！

行笔至此，我不得不向《达城记忆·脱贫攻坚纪实》文史资料的书写者、征集者、编纂者致敬！不得不向所有参与脱贫攻坚的人们致敬！不得不向伟大的中国共产党及其领航者致敬！

2022年1月4日于达州

脱贫攻坚：一部人类文明的神话 ……………… 胡　杰 001

决战决胜　全面小康

奋力夺取脱贫攻坚战全面胜利 ……………… 韩淑予 003

荣誉背后的艰辛与深情 ……………… 李敬洲 007

山海之盟 ……………… 魏　华　刘　欢 011

一心为民　坚守初心

但将骨灰作底肥 ……………… 口述/周永开　整理/张　骏 021

义无反顾 ……………… 张渠伟 029

引领群众　负重前行

男儿有泪不轻弹 ……………… 谢亚氕 041

爱撒贫困路 …………………………………… 王发祯 044

让青春绽放在扶贫路上 ……………………… 唐有全 051

不拔穷根就不走 ……………………………… 郝金梅 055

"白面书生"的扶贫故事 …………………… 李贤明 059

白马村的脱贫攻坚之路 ……………………… 雷宾胜 062

在琵琶村的帮扶故事 ………………………… 符　璐 065

又见梨花开 …………………………………… 杨晶芳 068

扶贫一线的默默坚守 ………………………… 王　祥 071

用行动坚守初心 ……………………………… 杨博文 075

为了心中那份承诺 ………… 口述/雷传峰　整理/刘　强 078

洒下一片真情 …………… 口述/王维红　整理/李彦达 083

驻村帮扶二三事 ……………………………… 廖运正 086

群众叫我"草帽"书记 ……………………… 陈　涛 091

奋战在扶贫路上 ……………………………… 唐　旭 094

共圆黄金梦 ……………… 口述/胡元合　整理/杨云新 097

远程陪伴 ………………… 口述/文德国　整理/杨云新 100

"明月"照我心 ……………………………… 覃芷洁 102

四年帮扶路　一生驻村情 …………………… 吴名墩 105

以党建推进脱贫攻坚 ……… 口述/张凯　整理/杨云新 107

扶贫路上　苦干实干

难忘宣汉扶贫路 ……………………………………… 冯利琼 111

把责任扛在肩上 …………………………………………

…… 口述/李　皓　整理/肖秋冬　阮　江　潘孝锦　刘新见 116

大成成大事 ……………………… 口述/李海达　整理/杨云新 121

我是扶贫"牛人" …………………………………… 陈泽胜 124

在回龙村帮扶六年 ………………………………… 何能荣 128

那个难忘的夏天 …………………………………… 何云芊 132

扶贫路上　为母则刚 ……………………………… 龚小书 136

同奔小康　共赴春天 ……………………………… 徐　通 139

光荣使命 …………………………………………… 李永杰 144

我当村主任助理 ………………… 口述/廖保平　整理/陈　科 147

难忘的驻村帮扶岁月 ……………………………… 彭　云 151

那些花儿　那些草 ………………………………… 雷　宇 156

我的"远亲"周叔 ………………………………… 王永明 161

无问西东　只因情深 ……………………………… 汪联旭 165

圆梦 ………………………………………………… 曹昌琼 170

扶贫掠影 …………………………………………… 严丕峻 175

比翼齐飞扶贫路 …………………………………… 魏晓雪 178

剪掉长发的女孩 …………………………………… 石秀容 181

炊烟里的愿景 ……………… 口述/梁 维 整理/朱映铮 186

李叔 ……………………………………………… 罗红梅 189

卢义婵的笑容 …………………………………… 吴 华 193

扶贫在路上 ……………………………………… 任小春 197

让共产党员的光辉在扶贫路上闪耀 …………… 冯 见 201

地炉烟暖岁猪鸣 ………………………………… 邹清平 206

一个就业扶贫干部的一天 ……………………… 常龙云 210

初心——我的扶贫故事 ………………………… 陈 平 214

第一次集体消费扶贫 …………………………… 何春梅 218

我在大巴山里的扶贫故事 ……………………… 邓玲玲 222

倾情帮扶 责任担当

不忘初心担使命 ………………………………… 万明鲜 229

行走在泥溪沟村的日子 ………………………… 宋原立 235

我和我的帮扶户 ………………………………… 张崇耀 239

精准扶贫督查手记 ……………………………… 李扬天 243

龙寨喜逢秀岭春天 ……………………………… 王忠英 247

拄着双拐的扶贫人 ……………………………… 兰松安 252

我和我的帮扶户老王老唐 ……………………… 廖晓伟 256

帮扶笔记本 ……………………………………… 熊本刚 262

第一书记是我"爸" …………… 口述/罗 伟 整理/叶 勇 266

让帮扶成为一种习惯 …………………………… 肖友国 271

我与老周的结对帮扶故事 ……………………… 刘 波 275

情到深处"帮"意浓 …………………………… 蒲智慧 279

门坎坡村没有坎 ………………………………… 周依春 284

倾听他的故事 …………………………………… 江小波 289

这是我爱得深沉的土地 ………………………… 李忠琴 291

产业帮扶 奉献爱心

践行企业责任 助力脱贫攻坚 ………………… 郝 熠 299

甘做扶贫路上一粒沙 …………………………… 蒋登帝 304

富而思源 倾情扶贫 …………………………… 郑启容 307

写好"农"字大文章 …………………………… 何韦均 311

离不开的故土情 ………………………………… 吴春力 314

我的科技扶贫之路 ……………………………… 夏其廷 320

点兵村致富路上的领军人 …………………… 整理/罗跃春 323

爱心助贫 勇担责任 …………………………… 萧 华 327

爱满巴山 …………………………………………… 向 萌 330

努力做一个温暖的人 …………………………… 黄长青 333

让他们成为快乐的羊倌 ………………………… 屈 默 337

我的扶贫小故事 ………………………………… 夏泽江 342

我的扶贫经历 …………………………………… 庞烈芬 345

自主自强 主动作为

誓将穷窝变金窝 …………… 口述/刘启兵 整理/杨云新 351

王大嫂脱贫记 …………………………………… 林励新 355

患癌症不认命 奋进脱贫勇争先 ……………… 黄建碧 358

让荒地变绿色银行 ……………………………… 唐天菊 361

峡谷小镇的蝶变 ………………………………… 李晨曦 363

打通最后一公里 ………………………………… 罗元华 365

旧貌换新颜 长久永发展 ……………………… 王忠英 368

附录: 达州市脱贫攻坚任务完成情况一览表 ………………… 375

后 记 …………………………………………………… 376

决战 决胜

全面 小康

奋力夺取脱贫攻坚战全面胜利

韩淑予

　　近年来，在达州市委、市政府的高度重视和坚强领导下，全市上下认真贯彻落实中央和省委、省政府关于精准扶贫精准脱贫的决策部署，在脱贫攻坚的伟大征程上集中资源、力量，精准发力、砥砺前行，一幅幅脱贫奔康的幸福画卷在达州徐徐展开。

凝心聚力促攻坚

　　自全面打响精准脱贫攻坚战以来，达州市按照"13221"脱贫攻坚工作思路，全力攻坚克难，深入推进精准扶贫、精准脱贫。

　　强化党政同责，建立责任体系。严格执行脱贫攻坚党政"一把手""双组长"负责制。出台《超常推进脱贫攻坚工作的八条措施》，从大幅提高考核权重、优先安排项目资金等八个方面大力度推进，把全市最强的人力、物力、财力向脱贫攻坚一线集结。层层签订脱贫攻坚责任书，保持各地党政正职稳定，不脱贫不调整、不摘帽不调离。

　　强化完善配套，建立政策体系。《决战决胜扶贫攻坚同步全面建成小康社会的决定》《打赢脱贫攻坚战三年行动的工作意见》等重要文件相继出台，形成"1+10+N"政策体系。产业扶贫、教育扶贫、健康扶贫、异地扶贫搬迁、农村危房改造等扶贫政策不断完善，打出了一套脱贫攻坚政策"组合拳"。

强化资金支持，建立投入体系。近五年累计争取扶贫资金280亿元，统筹整合财政涉农资金87亿元。金融精准扶贫余额达到382亿元；建立了总规模12亿元的卫生救助、教育救助、产业扶持等"六项基金"。各级帮扶部门和社会团体、社会组织、爱心人士、爱心企业，累计捐赠捐助资金37亿元，为脱贫攻坚提供强有力的资金保障。

强化精准落实，建立推进体系。对贫困对象精准识别，适时动态调整，解决"扶持谁"的问题。形成"5+2""3+2"帮扶新机制，解决"谁来扶"的问题。打好基础设施、产业培育、民生保障"三大攻坚战"，着力改穷貌、拔穷根、兜穷底；出台《审计监督扶贫专项实施方案》，解决"怎么扶"的问题。严格贫困退出验收标准，确保"真脱贫"，解决"如何退"的问题。出台《防止返贫致贫监测和帮扶工作方案》，持续巩固脱贫成效，解决"防返贫"的问题。

强化多方发力，建立参与体系。坚持政府主导、部门主帮、社会参与模式，汇聚全社会力量合力攻坚。2个中央国家机关、27个省直部门、210个市级部门、861个县级部门联系帮扶828个贫困村、1415个非贫困村，11万余名财政供养人员全覆盖结对帮扶贫困户。"脱贫攻坚——人大代表在行动"、政协"我为扶贫攻坚做件事"精准助力脱贫攻坚。东西部扶贫协作不断深化，浙江省舟山市普陀区、定海区与宣汉县、万源市分别结成对子，在多个领域开展交流合作，投入资金2亿元，发展产业合作项目63个。

强化监管力度，建立监督体系。出台《脱贫攻坚督查巡查工作办法》，以督查巡查推动工作落实、解决突出问题。建立个案问题定点督查、倾向性问题专项督查、普遍性问题全面督查的点、线、面督查体系。通过党政监督、民主党派民主监督、人大执法监督、纪检监察党纪政务监督、审计监督和舆论监督，全方位、多角度、无死角全程监督脱贫攻坚。

强化纪律保障，建立考评体系。出台脱贫攻坚专项考核办法，树立脱贫实效导向。在全省率先出台《扶贫开发工作问责办法》，促进党政领导干部依法依纪履行脱贫攻坚职责。大力实施扶贫领域专项整治，深入开展扶贫领域作风问题专项治理，持续深化"脱贫攻坚纪律作风保障年"活动，以务实作风为脱贫攻坚保驾护航。

实干路上成果丰

在达州市委、市政府的坚强领导下，在各级党员干部和贫困群众的全力参与下，达州脱贫攻坚连战连胜。

脱贫攻坚以来，5万余户贫困户实施了危房改造，保障了住房安全；15万余贫困群众实施了异地扶贫搬迁，搬离"穷窝窝"，住进"新洋房"；完善贫困村水电路网等基础设施建设，改善群众居住条件；全面落实贫困县幼儿保教费减免、贫困家庭学生补助以及助学金、三免一补等各项教育惠民政策，全市无因贫辍学学生；医疗卫生服务体系进一步完善，贫困群众县域内住院实现一站式服务，个人自付比例控制在10%以内；培训贫困劳动力7万余人次；23万余贫困群众通过产业发展实现了稳定增收；建立1000多个乡村电商服务站点，打通了农产品进城和工业品下乡"最后一公里"。

在脱贫攻坚伟大实践中，达州探索出了一些有效的做法，先后得到上级组织和领导的高度肯定。复员退伍军人担任驻村扶贫干部，打造"扶贫铁军"的典型事例在央视《新闻联播》头条播报；2017年9月，渠县、大竹县圆满承办全国异地扶贫搬迁现场会，得到中央、省领导高度认可；大竹县异地扶贫搬迁"双靠近三融合"模式助力搬迁群众就近就地就业的典型经验，被国务院办公厅通报表扬；渠县扶贫开发局局长张渠伟荣获"全国脱贫攻坚贡献奖"，被评为"感动中国2018年度十大人物"，被表彰为第九届全国"人民满意的公务员"；2017年度，达州市和通川区、大竹县、渠县分别被省委、省政府表扬为"脱贫攻坚先进县"；2018年度，万源市、达川区、大竹县、渠县、开江县被省委、省政府表扬为"脱贫攻坚先进县"。

截至目前，全市71.6万贫困人口全部脱贫、828个贫困村全部退出贫困村序列，7个贫困县（市、区）全部摘帽，达州区域性整体贫困得到历史性解决。

如今，贫困群众的土墙瓦房变成了靓丽的小楼，泥泞的山路变成了通村入户的水泥路，一个个贫困山村实现了华丽嬗变，各项特色产业在巴渠大地"次第开花"，越来越多的外出务工人员选择回乡发展……世世代代的巴渠儿女对幸福生活的期盼，正在一一兑现。

收官之年不松懈，慎终如始战犹酣。在新的征程、新的起点，达州市将继续用发展的办法破解脱贫攻坚后续发展中的问题，推进全面脱贫与乡村振兴有效衔接，促进乡村产业、人才、文化、生态、组织等全面发展，奋力夺取脱贫攻坚战全面胜利，让广袤的乡村大地更加美丽富饶！

（作者系达州日报社记者）

荣誉背后的艰辛与深情

——四川省达州市政协助力脱贫攻坚纪实

李敬洲

"现行标准下625万农村贫困人口全部脱贫，88个贫困县全部摘帽，11501个贫困村全部出列……"2021年4月22日，四川省脱贫攻坚总结表彰大会向全省人民庄严宣告，四川省区域性整体贫困得到解决，绝对贫困全面消除，兑现了向全省人民的庄严承诺。

会上，四川达州市政协办公室被表彰为"四川省脱贫攻坚先进集体"，沉甸甸的荣誉中饱含着达州市政协人为民履职的艰辛付出和与群众结下的鱼水深情。

"帮扶一根线，情为百姓牵"

"最近身体如何？送给你们养的小鸡崽长得咋样了啊？还有啥子问题需要帮你解决的没得？"达州市政协研究室副主任杜韦保持着和结对帮扶户张吉仁一家每个月探望一次，半个月一通电话的习惯。

"现在虽然都脱了贫，但是结对帮扶的工作不能落下，这也是结对帮扶中形成的习惯，结下了深厚的感情。"杜韦说。

"入农户，结穷戚。"自打响脱贫攻坚战以来，达州市政协积极响应号召，开展"一对一"结对帮扶活动，一名干部帮扶一个贫困家庭。2015年，达州市政协在省政协"我为扶贫攻坚做件事"活动基础上，进一步深化举措，开展"企业帮村 委员帮户"活动，号召全市政协系统2500余名政协委员和机关干部职工走出机关、走向基层，与3016户贫困家庭"结穷亲"。

说一千道一万，不如领导带头干。市政协主席会成员带头定点联系帮扶8个贫困村，每月入村一次开展"现场办公"，听取村民意见建议、帮助协调解决问题、督导工程项目推进。

"随后，我们继续提升'一对一'结对帮扶的层次，把292个委员企业与258个贫困村'结对'，让这些企业帮助贫困村发展产业、建设基础设施、开展教育医疗救助等"，市政协副主席、"双帮"活动领导小组组长张洪波表示。

据统计，自2015年活动开展以来，"一对一"绝对帮扶活动共兴办实事好事4976件，协调各类资金1.21亿元。

"党建火车头，引领致富路"

2015年，达州市政协机关开始结对帮扶万源市铁矿镇泥溪沟村时，该村党支部情况是"无经费、无阵地、无组织生活"。市政协结对帮扶的第一件事就是指导村党支部换届，重建村委班子。

"通过市政协机关党委与村党支部开展结对共建，村支'两委'班子凝聚力增强了，村里事务逐渐形成了'干部群众一起干'的局面。"时任达州政协机关党委书记龙群星说。

除了政协机关结对帮扶中发挥"党员"这个关键少数外，全市政协系统还探索"党建+结对帮扶""党建+委员企业"等机制。

达州市政协委员谷方勇就是尝到"党建+委员企业"甜头的人之一。谷方勇在自己的企业成立联合党支部，通过支部活动和丰富多彩的"企业沙龙"，企业发展的活力和凝聚力明显增强。在园区联合支部领导下，积极参与"我为扶贫攻坚做件事"和"企业帮村　委员帮户"活动，免费培训返乡农民工14000人次，帮助190个村建立电商服务站，帮助1200名贫困群众实现增收。

"要把脱贫攻坚同党组织建设有机结合起来，真正把党组织建设成带领群众脱贫致富的坚强战斗堡垒。"达州市政协主席、党组书记邓瑜华表示。

据悉，达州市政协在履职工作中积极探索"党员+专家""党员+乡友"等模式，党建工作由机关延伸到委员企业，逐步扩大范围，实现了党的组织对所有党员、党的工作对所有委员"两个全覆盖"，进一步发挥了党组织和党员在脱贫攻坚中的中坚引领作用。

"群众富不富，产业顶梁柱"

授人以鱼不如授人以渔，给贫困户送米送钱只是"输血"，让他们实现自身"造血"才是根本。

政协委员、委员企业和机关干部把帮助贫困村和贫困户发展产业作为"上策"，帮群众发展养殖、种植业，帮他们掌握实用技术，实现增收致富。

委员与机关干部根据自己的情况，帮助结对帮扶户发展"微产业"，如捐赠鸡苗、果树、猪崽、蜜蜂等，帮助贫困户发展一己之力可以发展的"家庭产业"。

发展微产业一方面可以帮助贫困户增收，另一方面可以调动大家自主脱贫的积极性。

委员企业则结合贫困村实际，因地制宜，有针对性、选择性地规划扶贫产业项目，以"一村有一品，产品有其名"的基本思路，把产业的振兴当作结对帮扶的根本任务。

活动中，省市县三级政协委员陈永福在其结对帮扶的万源市石窝镇番坝村，投资5000万元建设3500亩茶叶基地，解决150户400余人就业。市政协委员陈献结对帮扶万源市大沙镇桂花村，投资100余万元帮助村里修建基础设施和扶持"千亩中药材"产业发展，并以培育产业、收购农副产品（土豆、大米、猪肉、土鸡等）等方式实现户年增收1000元。

据统计，全市政协系统委员企业在智力扶贫、富民产业、民生工程、基础设施及医疗救助等方面推出约1161个项目，为所在村镇长久致富打下了坚实的产业基础。

（作者系达州市政协研究室副主任）

山海之盟

——舟山与达州的东西部扶贫协作故事

魏　华　刘　欢

　　两年多前，浩瀚大海边的浙川东西部扶贫协作舟山市帮扶工作组肩负着党中央的扶贫使命，日夜兼程，千里奔波，来到巍巍大巴山区的四川省达州市……

　　巴渠大地上，舟山、达州的各级领导干部和贫困群众想在一起、干在一处，心手相连、众志成城，通过政府主导、企业合作、人才交流、社会帮扶等多种形式的探索，东西部扶贫协作已从最初的单方面"输血"变成了东西部互利共赢的区域协同发展新局面。

顶层设计　携手同行

　　达州是革命老区、贫困地区、秦巴山区集中连片扶贫开发重点地区，贫困面宽、量大、程度深。2014年建档立卡时，全市7个县（市、区）中，有宣汉县、万源市2个国家扶贫开发工作重点县（市）和5个省定贫困县（区），贫困村828个，贫困人口71.6万，贫困发生率达13.16%。宣汉县还是全省贫困人口最多的县。

　　消除贫困、实现小康，是达州人民世代守望的梦想，更是两地东

西部扶贫协作工作的初心。

志合者，不以山海为远。

2018年5月2日，舟山市、达州市东西部扶贫协作第一次联席会议召开。两市在会上签订对口帮扶协作框架协议，决定进一步深化两地多层次、宽领域、全方位的友好合作与交流，实现先富帮后富、最终共同富裕的目标。

与此同时，结为对口帮扶县市的舟山市定海区与宣汉县、舟山市普陀区与达州市万源市积极推动领导交流互访，切实加强组织领导，建立健全常态化工作推进机制。

从此，原本并无交集的两个城市因东西部扶贫协作而结缘。

2019年6月27日，舟山市、达州市东西部扶贫协作第四次联席会议召开，两地在会上签订了《舟山市达州市东西部对口帮扶推动商贸产业合作战略协议》《普陀万源浙川东西部扶贫协作茶叶产业发展协议书》《东西部劳务协作技能人才培养合作协议书》，拉开了两地深入推进扶贫协作的新篇章。

从此，两地进一步深化在产业合作、资金支持、人才交流、社会帮扶、携手奔康等6个板块的涉及经济、社会、民生等方方面面内容的合作。

带着目标出发，怀揣梦想跋涉。两年多时间，舟山、达州两地党政领导互访33次，开展专题研究部署会议24次，促进了双边深入交流，为两地开展东西部扶贫协作奠定了坚实的基础。

一场"先富帮后富"的生动实践

为实现对帮扶地区"造血"功能的培育，两年多时间里，舟山市投入2.196亿元财政资金帮扶达州，全部投向万源市、宣汉县贫困村和建档立卡贫困人口，项目资金用于县以下比例100%，用于保障和改善民生100%。

巨大的支持下，一片片荒山变成了挂满果实、开满鲜花的"花果山"以及满眼新绿的茶山，产业发展起来了，贫困群众实现了稳定脱贫。更可贵的是，扶贫像酵母一样，既改变了贫困现状，更振奋了农民的精气神……这一切，是浙川东西部扶贫协作舟山市帮扶工作组干部们眼中世间最美的事物。

宣汉县：瓜果飘香

今年5月，耀眼的阳光洒满宣汉县观南凤片区的山坡。

满山的大樱桃树挂满果实，今年是试挂果的第一年，却已经让这个片区的贫困户尝到了东西部扶贫协作项目带来的香甜滋味——供不应求的订单、家庭收入增加，走在乡间，欢声笑语不断。

顶着烈日，观山乡观山社区贫困户袁诗现正在自家的果园里料理着树苗，被晒得黝黑的脸庞上挂着笑容。如今，他不仅脱了贫，还成了当地的致富带头人。

袁诗现生活的观山乡距县城约100公里，海拔800—1300米，林业用地23万多亩，位居宣汉县各村之首。当地属亚热带气候，年平均气温21.5℃，年降雨量1270毫米左右，拥有着种植大樱桃的天然优势。

2018年来，依托浙川东西部扶贫协作项目，观山乡、南坪乡成立了农业公司，完善了土地流转、利益联结机制，发动和带领观山乡双扁村、大树村，南坪乡花园村、厂坪村等12个村，种植面积3000余亩，共计投入东西部扶贫协作帮扶资金850万元。

不仅仅是大樱桃，舟山市定海区与宣汉县结为对口帮扶县市以来，两地坚持把产业支持同现代农业园区、脱贫攻坚引领区、乡村振兴相结合，建立"公司+专合社+基地+贫困户"的利益联结机制，共安排8000余万元援助资金发展农业项目，集中打造了脆李、蓝莓、车厘子、玫瑰、枳壳、茶叶6个3000亩产业，蔬菜、青花椒、木瓜、柠檬4个1000亩产业和水产养殖、水果加工等特色产业，带动了1.6万贫困人口增收。

万源市：茶山铺绿

清晨，"四川第一缕阳光升起的地方"万源市的高山上青翠葱茏的茶园如大地披上的翠绿毛毯，入眼皆青翠、绿意沁心脾，空气里氤氲着似有若无的茶香……

漫步茶山，"政府主导、企业主体、股权量化、保底分红"的万源模式带来的成果令人欣喜。特别是，茶叶基地建设始终聚焦贫困户，通过产业项目实施，变"输血式扶贫"为"造血式扶贫"，辐射带动了大量贫困户增收脱贫。

2018年以来，万源市利用东西部扶贫协作帮扶资金建成高标准茶叶基地2.55万亩，涉及贫困村20个，撬动社会资本1.78亿余元，给当地贫困户带来直接收益2300余万元，辐射带动8600余户贫困户26000余人实现增收脱贫，为万源打好打赢脱贫攻坚战作出了积极贡献。

"当时，我们提前进行了用工需求摸排，茶园管理和鲜叶采摘，可以提供4000多个岗位。"万源市白羊乡乡长王君华介绍，该乡茶园面积累计达1.6万余亩，可以解决很大一部分宅乡人员的就近就业问题。根据复工复产工作方案，这些"返岗"人员严格落实疫情防控措施，分区分片开展生产作业,让他们宅乡有活干、能稳收。

与此同时,通过浙川东西部扶贫协作舟山市帮扶工作组干部的牵线搭桥,两年多来,共有23家浙江企业落地宣汉县、万源市发展,实际投资12.9亿元,为当地经济发展注入了新动能,并就近吸纳347名贫困群众就业,通过利益联结机制带动890名贫困户脱贫。

两地合写共赢发展新篇章

根植于达州优势产业与舟山市场需求的完美结合,舟山、达州两地携手大力实施消费扶贫、劳务协作,创新开展的"2+1职教协作""达菜入舟"等项目实实在在地促进了贫困人口稳定脱贫和贫困地区产业持续发展。创新开展的"达菜入舟"项目累计实现消费扶贫收入1.64亿余元,不仅直接惠及贫困人口,也实现了当地特色农业产业既要"种得好",也要"卖得好"。

劳务协作实现"一人就业,全家脱贫"

宣汉县、万源市坚持把"稳就业"摆在突出位置,两年多来,劳务协作项目共培训贫困群众2454人次,提供岗位上万个,利用东西部扶贫协作项目资金开发公益性岗位2358个,累计帮助3337名贫困劳动力就近就地就业,帮助1063名贫困劳动力到浙江就业,帮助778名贫困劳动力到其他地区就业。

定海区和宣汉县坚持把劳务协作作为推动两地全方位、多层次、宽领域开展东西部扶贫协作、助力宣汉县脱贫攻坚"整县摘帽"的重要举措,聚力打造了"职教协作、顶岗实习、市场招聘、专场推介、

就近就业"五张特色名片，创新做法入选2019年全国人社扶贫20个典型案例。

两年多来，定海区与宣汉县创新开展的东西部职教协作"2+1"特色教学，先后促成300余名宣汉职中学生赴舟山就读"2+1"班，毕业学生已成为舟山绿色石化、万邦永跃、海中洲集团等企业重点招引的对象；攻坚突破的海员培训班，已先后促成49名劳动力赴舟山进行海员培训，首期20名已成功取得证书并上船工作。同时，精准发力就近就地就业，通过公益性岗位开发、扶贫车间创建等措施帮助1500余名贫困人口实现家门口就业。

在万源市，劳务协作开启了"滴灌模式"，把关注的目光投向了脱贫难度最高的贫困残疾人群。

为帮助更多贫困残疾人实现就近就地就业，2019年万源市在东西部扶贫协作援助资金中安排了专项资金120余万元，在全市52个乡镇开发孤寡老人和留守儿童看护、社会治安协管、乡村道路维护、保洁保绿等农村公益性岗位405个，其中不低于20%的比例用于安置贫困残疾劳动力，按照每人每月300元标准发放。2019年，成功帮助199名贫困残疾人实现就近就地就业。

"达菜入舟"，丰富"菜篮子"，鼓起"钱袋子"

在两地政府主导下，两地企业和专业合作社按照"政府推动、市场运作、依托企业、发展产业、带动脱贫"的原则，签订了东西部扶贫协作"达菜入舟"项目协议。舟山市"菜篮子"办公室出台专项政策，对相关企业按实际采购额的5%给予运费补助，年补助最高可达20万元。

项目实施以来，累计有 1700 多吨、价值 626.36 万元的新鲜蔬菜从达州市"点对点"运送到舟山市，并已带动达州 3.3 万贫困群众增加收入。

送往舟山的不仅仅有蔬菜，还有优质的牛肉。2019 年，共有 5016 头、价值 6000 余万元的优质肉牛通过"达菜入舟"项目运往浙江省。

三年，共绘奔康同心圆。

跨越 1820 公里的"山海情谊"中不仅饱含着资金、项目的帮扶，还有人才的帮扶以及舟山市全社会力量的广泛参与。今年 2 月 18 日，达州市贫困县脱贫摘帽决胜之战迎来历史性的时刻，万源、宣汉两个国家扶贫工作重点县退出贫困县序列，达州实现了全域脱贫摘帽。

获悉这一消息，浙川东西部扶贫协作舟山市帮扶工作组干部们感触良多。

"初到时，达州正向深度贫困发起攻坚，贫瘠的大山与当地贫困群众渴望挣脱贫困的愿望令我们动容。正是大春季节，高山上的梯田里灌满了水，层层叠叠的梯田倒映着蓝天白云。这幅美丽的山水田园画背后是交通闭塞、基础条件薄弱、很低的人均收入。深度贫困像绵延的大山，横亘在这里多少代人面前。"浙川东西部扶贫协作帮扶工作组达州片区片长、达州市政府副秘书长杨松说，"我们当时只有一个念头，拼尽全力，与达州人民一起搬掉贫困这座大山。"

两年多的时光，怀着深厚感情投身达州脱贫攻坚事业，杨松和他的战友们奔走于山海之间，用艰苦奋斗定义时间，与达州干部群众一道，向困扰千年的深度贫困发起攻坚。

虽然达州市区域性整体贫困得到历史性解决，但在舟山市帮扶工作组干部们眼中，东西部扶贫协作只有进行时、没有完成时，只有创新突破、不能故步自封。

2020年是全面建成小康社会和"十三五"规划收官之年，全面小康，一个都不能少，一个地区也不能落下。

未来，两地将努力克服疫情对东西部扶贫协作工作的不利影响，积极推进两地深度合作。达州与舟山将加强对接，在商贸物流、产业合作、劳务协作、人才交流等方面，认真谋划进一步深化合作与交流机制，全力确保宣汉县、万源市在精准扶贫中扶得起、站得稳。

迎接时代挑战，不负人民托付，舟山、达州将共同携手迈向美好生活。

（作者系达州日报社记者）

一心为民 坚守初心

但将骨灰作底肥

口述/周永开　整理/张　骏

"我一生爱树，死后不要墓也不要碑，在花萼山上栽
一棵树，我在下面作底肥。"

——周永开

军　号

1992年的一天早上，我在万源城遇到了楚恩寿。后来，他跟我一
起上了花萼山。

1985年，万源滑石煤矿工人楚恩寿因检举揭发厂长的罪行被打击
报复。有多年从军经历的他一身正气，在蒙受不白之冤后却一度萎靡
不振。万般无奈之下，他写了一封举报信寄到了达县地区纪委，指名
要我查收。我看到举报信后，当即在信上批示，一定要查清真相。

很快，万源县纪委查清了案件真相，还了楚恩寿的清白。

七年过去了，真是没想到，这次偶然的机会让我遇到了他。

"周书记，您订这么多盒饭，送到哪去？"

"送到花萼山。我们最近在那里拍摄电视剧《血战万源》，剧组有

100多号人呢。"我笑着说道。

"这花萼山条件那么苦,能拍啥电视剧?"

"花萼山过去是红军浴血奋战的地方,那儿留下了许多英雄故事。要让后人铭记这段历史。"

"可这山上现在到处砍树,已经光秃秃的了……"

"就是,这些年乱砍滥伐,让人心痛啊!我打算拍完戏就常住花萼山,去保护这片绿水青山。"

"住在花萼山?"楚恩寿疑惑地问。

"对,住。"

此后一段时间,楚恩寿经常前往花萼山给剧组送盒饭。当他看到荒芜的山头,也感受到了我要扎根花萼山的决心。于是,他在心里暗暗做了一个决定。

1994年5月的一天,我来到花萼山开始守山护林。在山脚,我看见了一个熟悉的身影。身着迷彩服,肩背行囊,腰间别着一把军号的楚恩寿正在小路旁等着我。

"周书记,算我一个。"我和他相视一笑,往花萼山走去。

就这样,楚恩寿跟我开始了20多年的守山护林之路。那一声声嘹亮的军号声,响彻了大山的每一个角落。

如今,这把军号摆放在项家坪村陈列室的展柜里。一把普通的军号,却有着这段让人感动的故事。

还　绿

1994年5月的一天,我和楚恩寿、李如银来到花萼山开始守山护林。我们一行人用了两天时间,先后经过棺材岭、玄天观、烂泥湾、龙王塘、笋子梁，终于艰难登上海拔2380多米的花萼山顶峰老鹰寨。

"这山怎么到处光秃秃的？像个'癞子'一样。"楚恩寿问道。

"这些年，大家都在砍树，然后就运到城里去卖钱。"作为土生土长的花萼山人，李如银痛心不已："现在的花萼山，已经不像个样子了。"

"过去这些林木保护了红军，而今却没有人保护它们……"看着这荒芜的山头，我对他们说："这山里还有那么多文物，珍贵的动植物、中药材都没了家，我们要做的事有很多啊！"

从老鹰寨下来，我主动掏出600元钱从农户手中买下两间茅草屋，和几名护林队员一商量，决定把这里作为巡山护林"指挥部"，在这里安营扎寨。

"红军保卫万源，每天只吃一个土豆还能打胜仗，我们也要有信心。"面对村民们的质疑，我在村民大会上许下誓言："要是护林不成功，我就去跳玄天观。"

后来，我们花费数万元积蓄从汉中购买一批树苗，和楚恩寿、李如银一起，白天巡山植树，穿过溪流、乱石，向开荒、砍柴、打猎的村民做保护生态的宣传，晚上在"营房"里睡地铺。几年下来，我们走遍了花萼山周边10多个乡镇30多个行政村。

"莫砍树，不打猎，为了子孙后代要保护好山林。"在我和护林队员苦口婆心的宣传下，爱林护林成为当地人的自觉。后来，越来越多的村民自愿加入巡山护林的队伍中，成为义务护林员。村民们都说："周老汉这个人啊，硬是把花萼山当成了他的家。我们这些土生土长的山里人，哪还有脸去砍树哦。"

"现在条件好了，我们要把绿色还给大山！"据统计，20多年来，我们护林4万余亩71万株，种植林木1300亩3.1万余株。在我们的影响下，当地村民自发造林1500余亩，林业部门在花萼山实施公益林项

目500余亩。这些山林还被当地村民亲切地称为"清风林"。

1996年，花萼山被万源市评为县级自然保护区；1997年，被评为地级自然保护区；1999年，被评为省级自然保护区；2007年，建成了国家级自然保护区。

如今，伫立龙王塘前，眺望花萼山，披阳叠翠、林木葱郁，百花争妍、蝶舞虫鸣，好一个人间仙境。

"玉 带"

过去，花萼山雄奇险峻路难行，上山只有一条小路，山里的村民们进城要花上整整一天的时间。山里的特产运不出去，村民守着金山银山却只能勉强填饱肚子。

"不管有多困难，这条路一定要修通。"从第一次到花萼山实地考察后，我就多次带领勘测人员上山考察，还筹集了一些资金。在大家的努力下，一步步将公路铺到了花萼山山巅。

1994年，我拿出5000元，当地群众自筹资金2万多元，购买雷管炸药，就地采石，劈山开路，修成了从山脚到项家坪村的便民道。

2004年至2005年，我们又将这条便民山道改建成为机耕道。花萼山首次响起了拖拉机、农用车的马达声。为方便村民们出行，还得对机耕道进行升级硬化。可资金从哪来？村民们犯了难。

"资金缺口大得很哟！工程已启动，怎么办？"时任官渡镇项家坪村主任项尔方带领村文书，一大早就背上干粮到达州找我。我顾不上吃午饭就带着项尔方等人到交通、林业等部门汇报。经多方努力，终于争取到800万元项目资金。

项目资金到位了，新的问题又来了。花萼乡和官渡镇都希望这条路从各自辖区进山。双方争执不下时，找到我要我来定夺。我领着交通局的工程师及群众代表，对两条路线进行实地勘测。最终因官渡路线工程量少、更加省钱而胜出。

通过5年的艰苦奋战，终于建成了12.5公里的水泥路。项家坪村也告别了不通公路的历史。

"金"贝

"川贝甲全国，莘贝冠全川……"如今，这首民谣在花莘山广为传唱。而民谣中，这种叫"莘贝"的中药材，是花莘山百姓的"金宝贝"。

刚开始，在花莘山上守山护林，不准村民砍树、打猎，很多人表示不理解："我们就靠卖这些为生啊，不搞这些搞啥子嘛？"

"像这样搞，只会越搞越穷！我们应该要考虑长远，从根本上致富。"我带领护林队员们挨家挨户做宣传，还想了许多办法，大力搞绿色经济。

花莘山地理环境和气候条件优越，物产丰富，尤其是中药材，仅品种就有260多个。我找当地的老中医，统计清楚花莘山的野生中药材，又找农业方面的专家把脉，选中了花莘山特有的中药材莘贝。

我买来莘贝种子，找到项家坪的村民李秀全："老李，我联系了一家中药材种植基地，你去学怎么种，费用不用你操心。"

从一开始提供种子、提供思路，再到争取技术培训、技术支持，以及联系莘贝的销售渠道，我操碎了心。

通过几年的试种，莘贝种植在花莘山取得了成功。村民们找到了挣钱的"门路"，不断扩大莘贝种植规模。经过不断的示范带动，从一家到几家，再到上百家，莘贝种植面积也越来越大。几年后，项家坪

村成立川映莩贝专业合作社，年产值数千万元。

如今，莩贝蜚声国内外，吸引了不少药材公司前来考察订货。仅种植莩贝一项，每户年收入便达数万元，有的年收入20多万元。

"点"亮

过去的项家坪村，是出了名的穷。直到20世纪90年代，村里都还没有通电，照明全靠煤油灯。每到夜间，整个花莩山都笼罩在一片"黑暗"之中。刚上花莩山，我就听说了一件令人痛心的事。

一天，一户村民因为煤油灯使用不当，导致年幼的女儿全身着火，造成严重烧伤，还没来得及送到山下的医院，小女孩就已经没有了呼吸，永远地离开了人世，酿成了一起人间悲剧。

这件事深深地触动了我。我决心，再苦再难也一定要解决村民们的用电问题。

经过多方奔走，我打听到了一种小型水磨发电机，可以暂时解决照明。于是，我自掏腰包买了一台，回来后就组织村民们挖水塘，建引水渠，准备发电……

那天晚上，山上特别热闹，家家户户都去看稀奇。伴随着机器的轰鸣，项家坪终于亮起了灯光。那灯泡透出的黄色光亮，照得满屋子都亮堂堂的、暖烘烘的。那是山里人第一次看到电灯，第一次感受到电带来的光明和温暖。

由于水量有限，水磨发电机每天只能发电2个小时，供几户人家基本照明。我在心里，盘算着项家坪村将来的事情。

为了解决全村的照明问题，我组织沼气池试点，建设输电线路。2007年，项家坪村终于正式通电。至此，也摘掉了达州市最后一个无电村的帽子。

那束"光"

有一次，我听说项家坪村有一个娃娃，从小就视力模糊，只能勉强看清几米远的地方。为了治好他的眼病，家里花光了所有积蓄，病情却没有丝毫好转。他就是蒋宁聪。

第二天，我就带着蒋宁聪去了达州最好的医院，找到最好的眼科医生。经检查，才发现他是先天性高度近视。我如释重负，带着他去了眼镜店，配了一副眼镜。

"那时，我第一次清晰地看到了街对面的行人，看到了树叶上跳动的光点。父母给了我第一次生命，而周爷爷，给了我第二次生命，如花萼山上的一束光，照亮了我整个人生！"2021年1月21日，在省纪委监委机关举行的"周永开同志先进事迹报告会"上，蒋宁聪几度哽咽。

几年后，蒋宁聪成为花萼山上第一位大学生。毕业后，他毅然选择回到生他养他的万源，成了一名基层乡镇公务员。

龙王塘小学，是万源海拔最高、规模最小的一所学校。由于校舍年久失修，花萼山的孩子们没有读书的地方。了解到这个情况后，我和老伴商量，拿出2万多元积蓄，将破旧不堪的茅草棚改建成了泥瓦房，蒋宁聪和同学们在那里度过了愉快的童年时光。

"看到明晃晃的亮瓦和玻璃窗，脑海里全是新奇和憧憬。我们花萼山上的几十个学生第一次看到了电灯，当时别提有多高兴了。"蒋宁聪回忆时，眼中泛着泪花。

为了鼓励孩子们好好读书，我特意带着蒋宁聪和同学们去河市机场看了飞机，去城里的小学看了现代化的校园。"记得每年六一儿童

节，周爷爷都要到学校来看我们，还送来大堆的文具、书本、衣服和其他生活用品。"项家坪村党支部副书记杜承柳满怀感激地说。

后来，蒋宁聪的妹妹成了村里的第一个研究生。渐渐地，项家坪有了更多的大学生，曾经的山里娃终于走向了广阔的新天地。

"周爷爷给我们带来了知识的光芒，让许多山里娃走出了大山，也给更多的家庭带来了希望。"孩子们这样说。

周永开，男，汉族，1928年3月生，1945年8月入党，四川巴中人，四川省原达县地委副书记。一生追随党，赤诚为人民。新中国成立前，冒着生命危险在川北地区开展党的地下工作。新中国成立后，全心全意为百姓造福，恪尽职守推动地方发展、脱贫攻坚、改善民生和生态建设，是群众心中的"草鞋书记"。离休后带领群众植树造林，在当地建成国家级自然保护区，被亲切地称为"周老革命"。2019年8月，被四川省委授予"四川省优秀共产党员"，12月12日，获全国离退休干部先进个人表彰。2020年12月，被中共中央授予"全国优秀共产党员"称号。

2021年6月29日，被中共中央授予"七一勋章"。2021年11月，获得第八届全国道德模范助人为乐奖。

义无反顾

张渠伟

我生长在农村，小时候家里很穷，日子过得紧巴巴的，对于贫穷，我有非常直观、非常痛切的感受。从那时起，我就有一个梦想——摆脱贫困，并帮助穷人过上好日子。

2014年，我就任渠县扶贫开发局局长。渠县位于四川东部、达州西南部，地处渠江流域核心区，辖区面积2018平方千米，辖37个乡镇（街道）、415个行政村（社区），属省定贫困县，是秦巴山区连片扶贫开发重点县、全省"四大片区扶贫攻坚行动"88个重点贫困县之一。2014年，精准识别贫困村130个，建档立卡贫困户47065户143802人，绝对数居全省第二（非国家贫困县第一），贫困发生率12.1%。怀揣着童年的梦想和一名共产党员的初心，我立下了誓要群众脱贫的"军令状"，义无反顾地踏上了脱贫攻坚新征程！

因为扶贫，我当起了产业"红娘"

脱贫攻坚、产业为先。而要发展产业，回引在外成功乡友是条捷径。于是，我就四处奔波，当起了穿针引线的"红娘"，不顾个人面

子,"厚着脸皮"主动与在外成功乡友联系,动员回引"天下渠商"。

王超的故事。渠县籍退役军人王超在福建发展得很好,当时他在福建从事建筑行业。当得知他要到其他县去搞种植基地时,我就跑到工地去找他。第一次他礼貌性地请我吃了饭,谈到回渠县发展,王超婉言道:"渠县我就不回来了,渠县条件很差,我是渠县长大的,知道这种情况……"一腔热忱遭冷遇,可这并没让我气馁。回到渠县后我四处打听,只有采取乡情不够亲情凑的办法。于是我打起了亲情牌,第二次我带着他的父亲去找他。他父亲说:"你要叶落归根啊,你是渠县人啊,在其他地方发展和在渠县发展不是一样吗?"这次他有点动心了。我趁热打铁,对他许诺:"你的基础设施,你的水,你的路,我们整合项目给你以奖代补!"当第三次我去拜访时,王超二话不说:"走,我跟你回渠县!"最终,王超返乡建起了4个老兵创业扶贫基地,带动了3000多户老百姓致富,人均增收1600元以上。他还组织29名退役军人成立"联合党支部",促成渠县建立"退役军人综合党委",引领他们投身脱贫攻坚,得到中央领导的肯定。

罗庆全的故事。乡友罗庆全在贵阳经销水果,人称"西南水果大王"。我知道后,多次远赴贵州登门拜访,数次陪同回渠实地考察。有一次,在路上,我突然耳石症发作,眼前一片漆黑,眩晕呕吐,但休息一会儿后,仍然坚持全程陪同。就是那次,罗庆全决定回乡。目前,已在11个乡镇发展精品水果种植基地2.3万亩,带动4000多户农民增收,解决了600户贫困群众就业,季节性用工达2000多人,实现了群众人均收入6000元以上。

如今,渠县已建成特色种植基地16.8万亩,黄花、柑橘、柠檬、花椒、生猪成为脱贫攻坚的五大支柱产业。

因为扶贫，我成了群众的"担保人"

易地扶贫搬迁是全国脱贫攻坚的一道难题，渠县的情况也是如此，很多贫困户不愿搬迁。一次，我问一位住在深山的贫困户为什么不搬，他反问我："下山后我去哪里养羊？生活怎么办？"是啊，易地搬迁绝不是简单的一搬了之，必须解除群众的后顾之忧才行啊！

为了保证搬迁群众脱贫奔康，我提出了"产业围绕房子转，房子围绕产业建"的工作思路，建成易地扶贫搬迁集中安置点184个，完成35295人的易地扶贫搬迁，实现了村民务工和企业用工两全其美，产业主和村民都很满意。

万清阳的故事。腿有残疾的贫困户万清阳以前住的地方地势低洼，经常被洪水淹没，为了动员他搬迁到大山村聚居点，我拍着胸脯对他说："别担心，我保证你搬迁后，收入只多不少！"搬迁后，他在柠檬产业基地干些除草、修枝等力所能及的活，每月光务工收入就在1500元以上。现在他逢人便说："搬进新家太安逸了，房前屋后都有产业基地，像我这样腿脚不便的人，在家门口都能挣到钱！"

邓英明的故事。贫困户邓英明一家四口靠种点庄稼维持生活，2016年易地扶贫搬迁时他们家不愿搬。我和乡镇干部一道，多次上门做工作，他都不为所动。一次下雨天，我们又到他家，看到我们泥巴裹满裤腿，雨水和汗水湿透衣服，他有些不好意思，但还是忧心忡忡地说："现在我种点庄稼还能维持生计，搬了怕是要饿肚子啊！"我当场向他保证："请在场的人见证，搬迁后你的收入比以前翻一番。"搬迁后，他到城里当起"棒棒"，后来又通过"农民夜校"的学习培训，成了一名钢筋工，每天收入在200元以上，一个月下来收入5000元左

右，大女儿也在县城的酒店上班，小女儿也考上了研究生，妻子平时就在柠檬园区务工挣钱。

现在，这两家人都过上了幸福的生活，脸上随时洋溢着幸福的笑容。2017年9月，全国政协主席汪洋来渠县视察，看到搬迁群众安居乐业时，高兴地说："你们做得好，功劳真不小！"

因为扶贫，我提炼了"金点子"

"六个一"爱心扶贫。2014年初，项目资金比较紧张，为了让更多的人参与到扶贫中来，我提出动员"天下渠商"，开展"认修一条路、认建一座桥、认挖一口塘、认盖一户房、认发展一片产业、认资助一个贫困孩子"的"六个一"爱心扶贫活动。累计认捐认助9.5亿元，修路412.24公里、建桥23座、维修整治山坪塘355口、建房397座，发展种植业6.8万亩、养殖业99.6万只（头），资助贫困孩子3202个。组织动员2000余名在外乡友返乡创业，累计投资项目140个、资金48亿元。

"九比九看"现场推进。为推动任务具体落实，我提出了"九比九看"现场推进方式：一比六个精准、看资料完善，二比基础设施、看条件改变，三比产业发展、看增收致富，四比医疗教育、看就医就读，五比保障兜底、看政策落实，六比社会帮扶、看认捐认助，七比服务群众、看基层党建，八比村容村貌、看环境卫生，九比典型经验、看总结提炼。每年召开四次推进会，每季度一个主题，随机抽村、分组核查，乡镇党委书记现场汇报，乡村两级现场"报账"、逐项"核账"、阳光"晒账"、"背靠背"评分、"现兑现"问效。经过几年的脱贫攻坚"九比九看"现场推进会搞下来，大家深感体会"脱贫攻坚九比九看，比出一身冷汗"。

　　"铁军扶贫"。渠县是兵役大县，退伍军人多、分布广。他们忠诚执着、敢打敢拼，历年的抗洪救灾、应急抢险，总是冲锋在前。为了发挥这一宝贵的人才资源，让他们在脱贫攻坚一线施展拳脚，经过深入调查摸底后，我向县委建议，选派203名退役军人担任第一书记，13个老兵创业扶贫之家、50个老兵创业基地相继建成。巨光乡金土村第一书记黄小军2018年被推荐为全国人大代表，刘锐、廖洋、贾春华等一大批第一书记获省、市表彰。"铁军扶贫"这一做法，2017年2月15日被央视《新闻联播》头条播报，人民日报、新华社等媒体评价为"延续了退伍不褪色的红色基因"。

　　农民夜校。干部激动，农民不动怎么办？我提出利用农民夜校，全域开展"政策大宣讲·群众大走访"活动，创新推行"点将、点单、点赞"和"三奖一评"（奖荣誉树典型、奖物资促自觉、奖优先激活力、群众差评提动力），激发参与热情，田间地头成了课堂，村落院坝成了讲堂，引导群众带头当好政策明白人、致富领路人、风气引领人，自觉破除"安贫乐穷"和"等靠要"思想，增强脱贫奔康的志气和底气，就连七八十岁的老人都主动参与进来。

　　帮扶工作"十包"和"八个一"。渠县有23369名财政供养人员与贫困户"结对认亲"，为了让帮扶工作落到实处，我走村入户调研，梳理出帮扶"十包"（包摸清实际情况、细化帮扶措施、进行过程跟踪、完善户档规范、户居环境整治、开展政策宣讲、就医就读就业、红白喜事张罗、急难险重帮扶、群众真心认可）责任和"八个一"（一条致富门路、一门实用技术、一套适用家具、一条硬化道路、一个干净厨房、一个卫生厕所、一个整洁庭院、一项健康爱好）指标，解决了帮扶干部如何帮扶、怎么帮的问题，融洽了干群关系，提升了群众的认可度、满意度。

　　"五重工作法"。打赢脱贫攻坚战后，我认真调研、反复琢磨，提出"五重工作法"推进巩固拓展脱贫成果同乡村振兴有效衔接：一是常态动态"两防"监测，确保返贫、致贫始终为零；二是做大做强"两业"帮扶，确保产业、就业助民增收；三是补齐补优"两基"建设，确保基础设施、基本公共服务水平提升；四是彻头彻尾"两貌"转变，确保村容村貌、精神面貌焕然一新；五是共建共享"两乡"提升，确保乡村治理、乡风文明和谐有序。

因为扶贫，我多了三个孩子

这三个孩子来自一个极其贫困的家庭，爸爸冉长清外出打工，妈妈谭其辉患有精神病，多年不言不语，全家就靠70多岁的奶奶王泽玉一人操持。房子是石头垒的，到处是洞，风来漏风，雨来漏雨。我走访时，看得眼圈都有些发红。

这些年来，我经常下乡不在家，爱人多有抱怨。一个周末，我特意带她去看望谭其辉一家。一进门，就见三个孩子穿着破旧的衣服，趴在破烂的桌子上写作业，脚边是几摊雨后的积水。见了我们，孩子们都很懂事地问好。这次探访极大地触动了爱人。她对我说："孩子太可怜了！我也是个当妈的，见不得孩子受罪，我也要来和你一起帮助他们。"

从此以后，逢年过节，她都会装好红包、买好衣服，给乡下的三个儿女送过去。2017年，我帮助谭其辉申请了易地搬迁，他们一家人住进了新房。当我们再去看望时，十多年来从未开过口的谭其辉突然说了一句："谢谢！谢谢你们！"让我们瞠目结舌又激动万分。村民们都说，这简直是个奇迹啊！

2019年8月，大女儿冉莉莉被西南财经大学天府学院录取，学费

1.7万元，我东奔西跑为她筹措学费1万余元，并每个月资助500元生活费；2020年，二女儿考上了大学，我又为她筹措学费1.3万元，并且每月也资助一定的生活费；小儿子目前在渠中读书，我承诺过一直支持到这三个孩子大学毕业。虽然经济上紧张了一些，但看到他们的成长，我心里充满了欣慰……

人心所致，情动于心，如此真心真意帮扶，难道还担心认可度吗？我常常想：扶贫不是施舍与被施舍，而是一种情感的升华，从脱贫攻坚开始时我觉得是一项任务，到帮扶一段时间后我觉得是一种责任，到如今我觉得是一种割舍不下的情感。

因为扶贫，我不惧眼睛失明

大家看我现在戴眼镜，其实在此之前，我从来没戴过眼镜。由于长年的加班熬夜，我患上了严重的"耳石症"和"青光眼"，严重眩晕5次住院，3次在凌晨拔掉"输液管"出院处理紧急事务，左眼视力降至0.02，右眼降至0.4，面临失明。医生告诫我："青光眼是排名第一的致盲性眼病，必须马上手术，否则就会变成睁眼瞎！"可当时正值全县脱贫"摘帽"关键时刻，我哪有时间去住院啊？

思来想去，我没有向组织报告病情，决定先用药水养护，待"整县摘帽"后再行手术！药水养护的效果并不理想，我的视力持续下降。这意味着什么，其实我心里很清楚，但只要14万贫困群众能脱贫，就算眼睛失明，我也无怨无悔！那时候，我只要上街就会走一走盲道，就是为了适应一旦失明后的生活……

让我倍感温暖的是，家人给了我莫大的支持。这些年，我是最不称职的家庭成员，父亲的生日我没时间参加，家庭聚会也经常缺席，但家人从没责怪我。说好要参加儿子婚礼，由于工作我还是没能赶上，儿子没有埋怨，却说："爸爸，你虽然缺席了我的婚礼，但在贫困群众的脱贫路上，你没有缺席，为你点赞！"当没时间去做"青光眼"手术时，父亲宽慰我说："儿子，你做的是大好事，我相信好人一定有好报！"妻子说："你心头能装着非亲非故的贫困群众，就一定能装着我和这个家。你放心，将来如果你看不见了，我就是你的眼睛！"

因为扶贫，我的"战友"付出了太多

"……没有硝烟的战场，你负了伤，泥泞的大山，你走出了路。山上的果实熟了，人们的心热了。"这是"感动中国"栏目组授予我的颁奖词。但我认为，这句话应该属于所有奋战在攻坚一线的扶贫干部。在这场战争中，我的同事和战友们真正践行着："只要干不死，就往死里干。"

"舍小家顾大家"的黄泽栋。黄泽栋是省作家协会派驻渠县岩峰镇大田村的第一书记，每次入户走访，只要有群众谈到自己经济困难，他都会从自己口袋里掏出几十、几百元钱给老百姓送上，两年多时间他个人累计帮助大田村贫困户25户，资助近3万元，可自己儿子读高中却交不起学费，全靠妻子在成都天桥摆地摊挣收入维持生计。

"忠孝难两全"的胡林波。我的同事胡林波，母亲一级残疾，父亲和岳母都身患癌症，一家三个"重病号"。他作为项目股股长，经常下乡规划项目，督促项目建设，奔忙在扶贫第一线，没有时间尽孝，但他从无怨言。

"痛失儿子"的欧平全。欧平全是县农业局的一名下派干部，他主动要求联系交通最闭塞、经济最落后的包山村，并兼任村党支部书记。

到任后，他一心扑在扶贫上，就在他整天忙于修路的时候，17岁的儿子病倒了，开始以为没有什么大问题，就让儿子吃点感冒药，十多天过去了，儿子实在痛得受不了了，才送到重庆大坪医院诊治，检查结果，儿子患的是变异性恶性淋巴癌。住院的50多天里，一直是欧平全的爱人在陪伴护理，他总是匆匆地看一下儿子，又匆匆地赶回包山村。每次临走的时候，他总是说："幺儿，你在医院好好养病，爸爸回去把工作安排好了就来陪你！"儿子含着眼泪说："要得，爸爸，你回去忙完了就来陪我哟！"

8月20日，噩耗传来，儿子已经无法治疗了。由于忙于工作，对儿子病情他一直都没有重视，有谁知道他心中藏着多大的痛啊！10天后，儿子永远地离开了他！

"生命献给乡亲父老"的杨东。杨东曾服役于武警北京市总队第七支队，退伍后在县疾控中心工作，2015年4月，到双土乡燕山村任第一书记。为了改变村上的贫困现状，他到村后白天走家串户了解情况，晚上梳理情况，很多时候由于工作太忙，顾不上吃饭，感觉到胃痛时就吃几片止痛片。一年下来，村民们喝上了自来水，用上了天然气，36户贫困户入住了新居，修通了8公里水泥村道、2.5公里环山机耕道，全村栽植了300多亩塔罗科血橙……2016年9月29日，杨东晕倒在工作岗位上，10月4日以身殉职，生命永远定格在45岁。

"病危不忘扶贫"的邓一清。临巴镇凉桥村曾担任24年支部书记的邓一清，在2018年10月不幸昏倒在攻坚一线，到省肿瘤医院检查出癌症晚期，手术醒来后第一时间通过短信安排村支"两委"工作（短信内容：各位兄弟姐妹们由于本人身体的原因，不能和同志们共同战斗在脱贫攻坚一线，本人心有余而力不足，特别是我村是院坝纪检行先进村，2016年顺利摘帽贫困村，我村正面临着乡村振兴发展的关键时期，望同志们精诚团结，勇往直前，支持村"两委"工作，把凉桥村的各项工作做扎实，争取走在临巴镇各方面工作的前面。有什么困难迎难而上，也可以电话咨询我，我将不惜余力给大家分摊一些困难，拜托大家了）。当他生命进入倒计时，仍然放心不下的是自己的工作，他于2019年6月26日永远离开了脱贫攻坚战场。

2000多个日日夜夜，我八年如一日战斗在扶贫一线，虽然有干不完的活，但总有使不完的劲，撰写宣讲课件12万余字，组织干部轮训13万余人次，反复跑遍了130个贫困村，访问贫困群众38000余名，行程7万多公里。推动渠县累计退出贫困村130个，脱贫146562人，现行标准下农村贫困人口全部脱贫，顺利实现"整县摘帽"，连续五年获评全省"脱贫攻坚先进县"，13次接受国、省"脱贫大考"，3次代表四川接受国家评估检查，3次登上央视《新闻联播》和《焦点访谈》，获得汪洋、赵乐际等中央领导肯定批示，"党建引领退役军人服务管理"做法得到习近平总书记亲笔批示。个人相继获"2018年度全国脱贫攻坚贡献奖""感动中国2018年度人物"、第九届全国"人民满意的公务员""中国好人""全国先进工作者"等荣誉，受到习近平总书记亲切接见。我的事迹被国家、省主流媒体多次专题报道，连续3年赴十多个省市做先进事迹报告。今年7月1日，受邀赴京参加庆祝中国共产党成立100周年大会。

这些荣誉是肯定、是鼓励，更是鞭策，更加坚定了我"守初心、担使命"的信念。我始终坚信，没有等出来的辉煌，只有干出来的精彩。如今，我已走向新的工作岗位（政协渠县委员会副主席），我将继续秉承"勤不言苦、永不言倦"的座右铭，立足平凡岗位，铸就工匠精神，继续努力前行！

（作者系渠县政协副主席）

引领群众 负重前行

男儿有泪不轻弹

谢亚氚

我叫谢亚氚，是省经信厅驻开江县回龙镇盘石村的第一书记，在盘石村我叫氚哥。大伯大婶都这么叫，小孩子大嫂也这么叫，很亲切也很有分量。这"哥"得来不易，这哥也当得比较吃力，借今天这个机会给大家摆会儿龙门阵，分享我们彼此坚守的情操和信念。

到底说点啥呢？说工作？太累。报成绩？太俗。传经验？我还没那么大胆。谈感情？这个倒好，谈谈"氚哥"在盘石村掉的三次眼泪吧。

第一次入户，正好是夏天。我来到观音山涂大爷家，口干舌燥地讨水喝。涂大爷从水缸里舀了一碗水，颤颤巍巍地端到我面前。这碗颜色昏黄，满是杂质的水，让我憋了半天冒了句：涂大爷，这水质……一直是这样吗？涂大爷带我来到屋后一个山坪塘边，满含歉意地说：看嘛，最近天干，没下雨，这塘里的水有点浑，再不下雨噻，这点水也用不上了。我问那怎么办？他说：那只有到山脚下去挑了。

看着面前这一池即将见底的塘水，黄黄绿绿的颜色，还有一群游来游去的鸭子，我的鼻子突然发酸，说了声，涂大爷，该说对不起的应该是我啊，然后落荒而逃。回去后，我立即协调水文队，带着村干部漫山遍野找水源，做方案，跑项目，要资金。再一次来到涂大爷家，他接满一碗清甜透亮的自来水端到我面前，笑得露出了缺牙帮，直说这水像泉水，甜。我和同事相视一笑，也感觉到了甜。

第二次，那又是一个夏天。开完院坝会，看惯了村里整片整片的大爷大娘、伯伯孃孃，突然发现天上掉下一个90后小鲜肉，那叫一个惊奇啊，眼睛冒着光。打听了，这是一户贫困户的小儿子，之前在外打工，现在看政策好，想回村发展。我感觉寻到了一块宝，21世纪，最珍贵的是什么啊？人才啊。乡村振兴、产业发展靠什么？也是人才啊。于是我天天逮着他各种交心谈心，带着他参加各种展会、考察，带着他经营电商平台、农资店，他也氖哥前氖哥后地跟着发展青花椒、皇菊等产业。但当一切准备工作就绪，开始慢慢加油，订单越来越多，皇菊种下土快一个月的时候，小鲜肉跑了。他觉得村里生活太单调，干农活太辛苦，还找不到媳妇，又出去打工了。看着空空荡荡的屋子，还有郁郁葱葱已开始抽条的菊花苗，我眼泪花怎么也止不住，干脆趁没人的时候捂着脑袋任它流。建设社会主义新农村，建设美丽乡村，最缺的是什么啊？还是人才啊。人都没了，还发展个啥？从此之后，我开始推动建立了村年青一辈的后备人才信息库、回乡创业人员信息库，从启动资金、政策配套、技能培训、市场推广各方面，给予回乡创业村民最大的支持。我也相信，通过大家共同的努力，面包会有的，票子会有的，媳妇也会有的。

第三次，那还是一个夏天。我想我这是跟夏天杠上了。之前的房东回村了，工作队要腾窝，我们要搬房子。可工作队有5个人，新房子只有三架床，咋办呢？我只好去找村民借，问了好几户，家里都没有空余的。第二天，我正在办公室整理资料，童孃孃带着小女儿直奔而来，拖着我就往家跑：氖哥，我家有房子，你去看看要不要得？可怜谢书记那一百多斤肉啊，被拖得差点以为自己减肥大业已经圆满成功。

进了房门，童嬢嬢就用她标志性的大嗓门对着我喊：氚哥，你看，我家有电，有水，有气，还有网，想吃饭，有煤气灶，用啊！要洗衣服，有洗衣机，丢进去，洗啊！要洗澡，有热水器，开啊！要上网，有那个啥WIFI，上啊！我小女儿马上要去成都上课了，我也在乡上带孙子呢，家里楼上楼下四间房，你们随便住，不要钱。我家犍牛在西藏，昨天给他打电话了，他也说，你们大老远跑来村里帮助我们，我们也要对你们好才行啊。说完，把钥匙往我手上一拍，拉着女儿就走了。握着手中那串沉甸甸的钥匙，望着渐行渐远的背影，从清晰到模糊，我的心被暖得一股股暖流翻涌，一不争气，又掉眼泪了。

谁说男儿有泪不轻弹，只是未到情浓时。情至深处，泪则奔涌而至。这泪水有远离亲人的孤独，有进退两难的艰辛，也有不被理解的委屈；这泪水，有理想成就现实的骄傲，有付出换取收获的喜悦，也有一步一个脚印的安心；这泪水更有一起吵过、闹过，哭过、笑过，用一脚泥巴和一脸汗水，与乡亲们缔结的浓浓真情。

这就是我的扶贫故事吧！没有惊天动地，也没有豪情万千，只是一股股涓涓细流，朝着共同的理想和目标汇聚。我和所有的扶贫干部一样，有着美好的期望和平凡的身影，在决战脱贫攻坚，决胜全面小康的路上，挥洒青春、挥斥激情，种结梦想。

（作者系四川省经济和信息化厅对外经济合作处副处长）

爱撒贫困路

王发祯

2016年9月，中国工商银行四川分行个人经营业务部高级经理常艺腾主动请缨，来到600公里外的万源市茶垭乡老洼坪村任第一书记。

红军精神坚定扶贫斗志

老洼坪村北靠花萼山国家级自然保护区，平均海拔1000多米，崇山峻岭，沟壑纵横，山大坡陡，土地贫瘠。常艺腾到乡政府报到后，在乡村干部带领下，踏着崎岖的山路，边走边看，村中基础薄弱，公路不通，饮水困难，村民居住环境差，劳动强度大，村民经济困难。当晚，常艺腾住在60多岁的村文书老毛家里。这是一间破旧的农村老屋，关不严的门和窗户，屋顶到处是漏水的痕迹，屋内的桌椅家具都很破旧。晚上，热情的毛文书煮了一碗鸡蛋面，抱歉地说："常书记，很抱歉，没有什么好饮食招待你这远方来的贵客，只能煮碗面给你充饥。"常艺腾见他们老两口吃的是汤洋芋，心里既感激又失落：在成都，廉价的一碗鸡蛋面，却成了山里人招待客人的高标准菜谱。给家里打电话报平安，微弱的手机信号通话断断续续，长途奔波，想洗个澡，才知道这里没有热水器和洗澡盆。他们坐在他家火坑边，聊老洼坪村情、自然环境、贫困户情况和致贫原因。毛文书说：别看这里自然条件差，是个贫困村，可是一个红色村庄。万源保卫战期间，徐向前、李先念、许世友就在这一带指挥红军，在大面山、花萼山与敌战斗，取得了决定性胜利。聊了一会儿，还不到晚上8点，毛文书说："常书记，准备睡了哦。"常艺腾一下愣住了："啊，这么早就睡觉了哇？"毛文书有点无奈地说："是的，我们这里没有电视，没有娱乐活动，早点儿睡觉，关了灯还可以节约电……"

常艺腾内心久久不能平静：如此恶劣的自然环境，如此差的基础设施，如此淳朴好客的老百姓，如此强烈的脱贫愿望，如何履行好自己的职责呢？那一夜，辗转反侧，难以入睡。他暗下决心，要以英勇无畏的革命先辈为榜样，敢啃"硬骨头"，绝不辜负组织信任、老百姓期望，担起扶贫攻坚重任，愿战、敢战、胜战，群众不脱贫，帮扶不停步！"我就不信当不好这个第一书记！我就不信老百姓脱不了贫！我一定要向党和人民交一份合格的答卷！"

补齐短板让穷山村变"安乐窝"

常艺腾在村里住下后，迅速调整心态、转变角色，沉下心来、扑下身子，起早摸黑、爬山越岭，走村入户、上坡下地，摸村情、听民意，在短短一个月内，靠两条腿走遍了全村11个村民小组和93户284名贫困户，了解了村里急需解决的难题和贫困户的家庭情况，村中落后的基础设施成为制约村民摆脱贫困的"瓶颈"。

环境恶劣，基础落后，是老洼坪村贫穷的一大原因。该村属典型的喀斯特地貌，水源奇缺，村里有一首歌谣唱道："老洼坪、望天井，十

年九旱无收成，苞谷馍馍胀死人……"村民祖祖辈辈挑水度日。为解决村民"吃水难"问题，常艺腾向"娘家人"四川省分行汇报，希望得到资金帮助，为村民修建蓄水池。分行党委得知后，非常重视，组织相关部门和人员进行现场研究论证，立即下拨110万元专项资金修蓄水池。

资金解决后，常艺腾和驻村工作组一起马不停蹄带领村民找水源，修水池，安水管。此时正值隆冬，老洼坪上大雪纷飞，滴水成冰。为早日让村民喝上自来水，他带领施工队起早贪黑，奋战在工程第一线。尽管手脚冻僵了，也和大家战斗在第一线。施工的同志看到后说："常书记，这体力活笨重劳累，你不用干，给我们指挥就行了。"常艺腾说："谢谢大家的关心，这也给了我锻炼的机会。"因为常艺腾身体力行，大家干活劲头十足，仅40多天，就修建了200立方米蓄水池2口、300立方蓄水池3口，安装管道42公里，全体村民都用上了自来水，白花花的山泉水流进家家户户，村民像过节一样在山野里欢呼。通水那天，83岁的聂继合老人喝了一瓢流进缸里的水，拉着常艺腾的手，激动地说："常书记，我这辈子做梦都没想到，还能喝上自来水，我们村民太感谢您了。"那一刻，让常艺腾看到了山民的淳朴和期望，体会到了前所未有的成就感。

交通不便，农特产品外运困难，严重制约该村经济发展。村民出行、劳动，常年在崎岖的山路上奔波。这里到处是天坑、暗洞，给老百姓的生命财产安全带来巨大隐患。2015年底，一个小孩放学回家，不小心掉进村民邱洪余家门口的天坑里，幸亏有人及时抢救才未酿成大祸。村主任朱廷飞将情况告诉常艺腾，立即引起他的警觉，天坑治理刻不容缓。他立即向省工行申请治理资金，同时组织村干部做好警示标识。资金到位后，立即组织施工，用钢筋混凝土填平天坑，在上面修了一条大路。完工那天，几十个村民在上面反反复复、来来回回走了一遍又一遍。邱洪余老人拉着常艺腾的手连声感谢："这个天坑让我担惊受怕几十年了，常书记，你可为我们干了一件大好事啊！"常艺腾还争取资金修通了4.3公里环村水泥路，连通了全村11个组，还修通了7.4公里连户路，让村民从此不再行路难，农特产品也不断运到山外。常艺腾还先后向帮扶单位和当地政府争取资金修复地质灾害2处，升级改造农村电网20余千米，安装助农取款机2台；修建了村级活动中心、农家书屋、卫生室、社工站，安装了电视网络、宽带网络，让全村"村村通""村村响"，极大地改善了老洼坪村整体面貌形象。18户边远偏僻的贫困户实施了异地搬迁，住上了舒适的新房。搬入新房的张宗林住上新房结了婚，高兴地在自家门前贴上对联："住上新房子，过上好日子；娶上新娘子，早生好儿子"，横批"永记党恩"。省、市、县（市）各级领导到老洼坪村扶贫调研慰问，对扶贫工作给予高度评价。邱洪太老人看到山村巨变，在自家墙壁上写诗赞道："不过短短时光，变化超出人们想象。我们有了这美丽的村庄，奇迹般地改变自己模样。水泥大道代替泥泞古路，破旧土屋成了幢幢新房。农民群众洋溢欢声笑语，灯火辉煌像仙境一样。"

资金"贷"动产业兴村拔掉穷根

常艺腾在走访调查中了解到，该村贫穷主要是因病，缺乏启动资金和技术，无产业，让致富梦大多变成空想。他因人制宜制定帮扶规划，落实致富措施。

贫困户唐久培长期患有皮肤病，妻子邓正珍被确诊为肝癌晚期，夫妻俩每天药钱就要500多元，这个昔日的"万元户"，因病变得一贫如洗，连儿子的养牛场也被拖垮了。常艺腾利用工商银行平台优势，

辗转四川、重庆两地联系医院，到慈善总会寻求帮助，为邓正珍争取到了终身免费用药的医疗救助。同时，为老人儿子争取了10余万元贷款，帮助恢复了养牛场，让一家老少看到了脱贫的曙光。

为解决老洼坪村医疗难问题，在省民政厅关心下，联系省革命伤残医疗和红十字医院与老洼坪村结为帮扶对子，多次到村开展义诊活动，免费为村民送医送药67人，为行动不便的病人送轮椅6把，送拐杖8副，安装假肢1副。还请川北医学院派工作组对该村多发病进行病因调查，免费为全体村民进行全方位体检，并建立了村卫生室，解决了村民就医难的问题。

常艺滕在与村民交流、谈心中了解到，村民想致富，就是缺乏资金和技术，想法落为空想。外来媳妇简文波借钱买了几头肉牛喂养，因缺乏资金，一直成不了气候，便找到艺滕说："常书记，我们也想过上好日子啊，可是，你看我的养牛场因为缺钱，每年就养这几头牛，除去成本、劳力，就所剩无几了。"常艺滕将情况向省工行汇报，但工行从未给农户贷过款，便向省工行申请在老洼坪村试点开发一个品种，得到"娘家人"的认可和赞同。常艺滕来回奔波于达州、成都和北京。功夫不负有心人。2015年12月25日，工行在老洼坪村发放了全国第一笔无抵押农户贷款——致富创业贷。简文波拿到16万元贷款，扩建了圈舍，买了小牛，她的小波家庭农场肉牛存栏达到51头，成了老洼坪村远近闻名的致富带头人。

工行"致富创业贷"落地，犹如久旱逢甘露，迅速在老洼坪村发展壮大，许多蓄力已久的村民用贷来的钱，发展黑鸡、山羊、肉牛等养殖业，发展蔬菜、花卉、瓜果等种植业，发展农家乐、采摘业、家庭农场等家庭观光旅游业。产业发展蒸蒸日上，全村拥有农业公司2家，专业合作社5个，家庭农场5个，农家乐3个。8户养殖大户帮扶

60多户村民发展产业，31户贫困户有了固定土地流转收入，80多名贫困人口在家门口务工有了收入，1000余农民的农特产品销售有保障，呈现出欣欣向荣的崭新局面。2017年，老洼坪村成功退出贫困村序列。2018年，该村顺利通过省、市、县三级脱贫考核和评估，顺利退出贫困村，并成功建为"脱贫攻坚示范村"和"四好村"，成为万源脱贫攻坚的一面旗帜。

父母蹲点举家搬进贫困村

常艺滕告诉我："在老洼坪村任第一书记，给了我前所未有的生活体验，生活虽然充实，但要干的事太多，特别忙碌。长时间的劳苦奔波，体重一下减少20多斤。2016年清明，我回成都探亲，父母见我比以前瘦了、脸黑了，心疼得流下了眼泪。当得知我每天自己做饭，有时煮一顿吃一天，有时一天吃一顿，父母心里非常难受。"

于是，父母做出一个让他意想不到的决定，要去老洼坪村照顾常艺滕。想到父母年近古稀，还要为自己辛苦奔波，于心不忍，坚决拒绝了。可谁想到，常艺滕刚回村不久，两位老人竟收拾东西，悄悄来到万源。当常艺滕到火车站接到白发苍苍的父母时，鼻子一阵酸楚，眼泪忍了又忍。母亲对他说："我们放心不下，来给你煮饭，说说话，你就放心去工作，我们支持你。"

父母到来，让常艺滕像树苗扎了根，给他莫大的信心和力量，工作劲头十足。

从那以后，老洼坪驻村工作队，又多了两位年近七旬的老人。两位老人和儿子一直住在村里，煮饭、洗衣，还种了菜养了鸡。老两口上午和村民一起探讨种养技术，传授种植西瓜等技术；中午做好饭菜，让儿子把更多的时间用在脱贫攻坚上；下午就去村民家串门，征求大家意见，寻找致富门路；晚上，帮儿子整理资料，反映群众的困难和问题。老百姓见到两位老人，无不竖起大拇指，称赞说："我们村里又多了两位编外干部。"父母的到来，给常艺腾增添了信心和力量，他暗自发誓："我一定要让老洼坪村早日脱贫，让父老乡亲过上好日子！"

获得赞誉继续迈步不停留

常艺腾在村中的工作，老百姓看在眼里，记在心里，早就把他当成可信赖的自家人。村民经常挂在嘴边的是："有啥难处找常书记""我相信常大哥""就按常大哥说的办"等，朴素的话语表达了村民对常艺腾工作的信任和认可，成了村中的"荣誉村民"。

常艺腾在村中的工作得到了各级党委、政府的肯定。2015年至2019年间，常艺腾先后获得中国工商银行"十大杰出青年""优秀共产党员"，四川省"优秀第一书记""五一劳动奖章"，四川省银监局"四川银行业扶贫工作先进个人"，达州市"十佳优秀第一书记""优秀党务工作者""农村青年致富带头人""感动万源十大人物"等称号，其事迹先后被新华社、人民网等媒体宣传报道。常艺腾却告诫自己，荣誉是对我的鼓舞，只能说明过去，未来还需要自己去努力、去拼搏。

2018年，老洼坪村退出贫困村序列后，常艺腾卸任该村第一书记。按达州市委和万源市委要求，省工行同意挂职万源市委常委，分工协助市委书记工作，协助抓扶贫攻坚和金融工作。

（作者系万源市广播电视局原党组副书记、副局长、万源市政协文史委委员）

让青春绽放在扶贫路上

唐有全

2017年4月，我被市政协选派到万源市铁矿镇泥溪沟村担任第一书记。四年多来，我吃住在泥溪沟村，用青春和热血强力推进泥溪沟村脱贫攻坚工作。2019年，因驻村工作实绩突出，被四川省委、省政府表彰为优秀第一书记，被达州市委、市政府表彰为"精准脱贫决战年"先进个人；2020年，被四川省脱贫攻坚领导小组表彰为"脱贫攻坚奖先进个人"。

情系困难学生　当好弟弟妹妹贴心人

2017年7月，我在走访群众时了解到贫困户刘元珍正为其孙女杨兰上学的事发愁，刘元珍，女，70岁，家中四人，其子杨廷宣、杨廷文均是残疾人，单身在家；杨兰系其领养的孙女，16岁，刚刚考上中专护理专业。家中经济困难，杨兰上学学费及生活费让全家陷入了沉默。知道了这些情况，我心里酸酸的，我也是生于农村、长于农村的农村娃，通过高考上大学、参加公务员考试才走上工作岗位的，深知农村娃上学的重要性。我立即到刘元珍家中劝说："娃娃上学是好事，读书才是根本出路，费用的事情我们一起来想办法。"一回到办公室，我就立即通知村组干部收集全村困难学生上学情况。了解初步情况后，我立即组织村组干部分析研判，将拟资助学生划分三个类别，分别找相关部门、爱心组织资助。2017年9月，我协调达州市总工会到泥溪沟村开展"金秋助学 爱心圆梦"活动，为村上10名贫困大中专学生送去2000至4000元不等的爱心助学金，共计3万元。杨兰受到特别教育资助4000元，顺利入学，现已在成都读大学二年级。

四年多来，我积极为困难学生服务，累计帮助34名学生上学，争取协调教育资助资金20余万元。

创新建立"爱心超市" 努力提升基层治理水平

2018年11月，我已到泥溪沟村工作一年半。我发现：随着帮扶力度的不断加码，由于政策享受、获得实惠的不均等，群众户与户之间的矛盾日益突出，攀比风气愈发盛行。如何化解这些矛盾、抵制攀比之风，同时把帮扶物资发放同建设和谐乡村、树立文明新风、共同助力脱贫攻坚相结合，达到激励先进、鞭策后进的目的，是一个值得思考的问题。

在联系领导和帮扶单位的关心和指导下，我带领村组干部主动到这方面先行一步、有一定经验的兄弟村考察学习；并结合泥溪沟实际，指导村支"两委"干部利用帮扶单位和社会爱心人士捐赠物资，创新建立了泥溪沟村"爱心超市"，制定了《泥溪沟村"爱心超市"积分管理办法》及相关管理制度，探索"小积分、大治理"村民自治管理模式。每季度对家庭环境卫生、遵守村规民约、决战脱贫攻坚等情况进行量化评分，按分数划分等次。群众按等次从"爱心超市"领取对应奖励，以此鼓励群众自觉践德、以德积分、以分换物。

在我的指导带领下，泥溪沟村累计开展"爱心超市"评分活动 8 次，参与活动群众 2000 户次，累计发放价值 70 万元物资。通过评分活动，群众爱环境讲卫生意识明显提高，群众矛盾逐步化解，攀比风气逐渐淡化，群众感恩奋进意识普遍提高，群众满意度和获得感也大幅提升，基层治理水平迈上了新台阶。《学习强国》《达州日报》《达州新闻》对泥溪沟村"爱心超市"先进经验进行了宣传报道。

不忘初心勇担当　不拔穷根誓不还

2019 年 7 月，正值泥溪沟村即将接受退出贫困村检查、万源市即将接受退出贫困县检查的关键时期，我的父亲在重庆市梁平区意外坠伤，腰椎爆裂性骨折、双脚脚跟粉碎性骨折，在重庆住院治疗。我是家中独子，父亲的生活起居全靠母亲照料。2019 年 7、8 月，是我人生最艰难的日子、家庭最需要我的时候，我没有忘记入党初心，没有忘记拔除穷根使命，承受工作、经济、精神三重压力，选择了连任泥溪沟村第一书记，履行不拔穷根誓不还诺言。那两个月，我往返奔波于重庆、大竹、万源之间，工作日在村上加班加点干工作；周末去重庆照顾父亲，四处筹钱攒足医药手术费；还得挤出时间回大竹看望即将临盆的妻子、需要接送上幼儿园的儿子。

2019 年 9 月 23 日，次子出生，我都没能陪伴在妻子身边，依然战斗在脱贫攻坚第一线。等到工作安排妥当后，我才请了 5 天陪产假回家照看妻儿。

2019 年 11 月，泥溪沟村顺利退出贫困村序列。2020 年 10 月，泥溪沟村全部贫困人口脱贫摘帽。2021 年 8 月，告别泥溪沟村干部群众座

谈会上，"我是农村出来的娃，就应该为大家多跑点路、多干点事，能为老百姓做点事很快乐。你们见到我主动叫我一声唐书记，叫我进屋喝茶坐坐，我就很欣慰很知足。"此时，我已热泪盈眶。我婉拒了群众放鞭炮送行，和干部群众一起合影留念。

（作者系达州市政协办公室行管科科长）

不拔穷根就不走

郝金梅

　　2015年5月，当脱贫攻坚号角吹响，我主动请缨到达川区虎让乡庙垭村担任"第一书记"，负责驻村帮扶工作。如何让这个贫困的小山村早日拔掉穷根是我努力思考并认真加以实践的重要课题。四年中，我用实际行动践行了一名区政协委员的责任和担当，在脱贫攻坚工作中做出了自己的贡献，让小山村旧貌换新颜，成功退出贫困村序列。

认识庙垭：从走村入户开始

　　庙垭村是全区最偏远的贫困村、后进村之一，到城里单程都有70多公里，平均海拔500米，自然条件差，基础设施薄弱，经济发展缓慢。

　　到村后我用了两个月的时间，走访了全村6个村民小组所有在家的农户，对79户贫困户的情况更是铭记于心，哪家有几个贫困人口，哪家致贫原因是什么，哪家有什么需求，我都做了详细的记录，形成一本厚厚的走访笔记。我以村民小组为单位，召开贫困户座谈交流会，广泛宣传国家精准扶贫政策，听取意见和建议。针对该村贫困原因，我牵头制定了村级长远脱贫规划和年度实施计划，为帮扶部门制定帮

扶工作方案提出了切实可行的建议。我对工作的敬业态度和务实精神，得到了干部群众的一致认可。

建设庙垭：从解决实际问题开始

通过对村情的掌握，我很快便理清思路，并采取一系列措施解决村实际问题。

抓党建增强合力。要想贫困村脱贫，必须要有强有力的村级班子。针对庙垭村党组织涣散、党员结构亟须改善、党员状况存在年龄结构老化、文化素质偏低的状况，我多次组织召开支委和党员会议，研究党建工作。从修改和完善村级组织制度建设入手，完善各项工作、活动制度；利用"三会一课"、村社干部会议学习党的最新理论成果，使党员干部进一步加深对"党员身份"的理解和定位；召开专题会议，研究党员发展工作，两年来，村支部发展了2名大学毕业生党员，发展1名优秀年轻干部进入村委班子，切切实实向党组织输送新鲜血液。同时，还经常找村支"两委"成员、组长、党员谈心，虚心向他们请教，听取他们对村里发展的意见，用自己的实际行动来团结影响"两委"班子成员。村支"两委""活"起来"转"起来，为开展扶贫帮扶工作打下了坚实基础。

抓基础改善民生。基础设施落后严重制约着村里经济的发展。我把基础设施建设当作脱贫攻坚的首要任务来抓，带着村干部多次向区乡领导汇报争取项目，给老百姓做思想工作筹集资金，发动村里在外成功人士爱心捐助。2016年，完成3.3公里村道路硬化；完成8口病害山坪塘整治；新建3处集水井、修建5口蓄水池；完成了村级办公室、老龄活动室、文化广场的新建工作，还为广场添置篮球场、双杠、乒乓球台等体育设施。向上积极争取15万元资金用于村级化解历史债务，减轻了村级财务包，村容村貌也有了较大的改观。

调结构增强造血。庙垭村地处山区，土地贫瘠、资源匮乏、耕地较少。我一方面聘请农业专家来对庙垭村土质进行检测分析，找出适合栽种的品种，另一方面扩大对老百姓的宣传，让他们转变观念，改变传统种植习惯，增强科学发展的意识。目前庙垭村栽种"云新核"核桃600亩，川凤大米800亩，合同订单栽植福春椒和中药材透骨草共300亩。培育养殖大户12户，带动小型散户160户，引导村民脱贫致富。在核桃栽植过程中，我与老百姓一块扛起锄头，锄草、挖坑、扶苗、垒土，说说笑笑间，融洽了干群关系，也让大家在心底里对这个城里来的第一书记和政协委员竖起了大拇指。

改变庙垭：从温暖群众开始

如何消除部分贫困户存在的"等靠要"思想，激发贫困户的内生动力，增强贫困户的"造血功能"，是我"扶志"帮扶的重要内容。在帮扶工作中，我用实际行动温暖着贫困户的心。

在走访中，我看到贫困户李玉钦一家四口居住在一间泥砖房内，妻子患有精神病，他自己也患有肺气肿，大儿子患小儿麻痹变成残疾，现在重庆念大学，小儿子初中毕业在家待业，生活条件极其贫困。我立即从自己口袋里掏出200元钱递给了他，并嘱咐他们不要灰心，要用勤劳双手一步步脱贫致富。李玉钦非常感动，逢人就夸第一书记好。以前对干部有意见的群众再也没有埋怨的声音了。

此外，通过汇报和争取，赢得"娘家"区统计局的大力支持。区统计局党组利用各种节假日和党员活动日慰问了村里贫困党员、贫困

群众，为村上捐赠了电脑、化肥等物品，共计12万余元。同时，统计局职工还与村里贫困户建立了结对帮扶机制，共为该村送去贫困帮扶资金2万余元。

我用我的行动感化着、感染着贫困户，不少贫困户发展致富产业，贫困群众也实现了多途径脱贫。2016年底，庙垭村顺利通过省、市验收，实现脱贫摘帽。目前正在争创市级"四好村"。2017年5月，当第一轮第一书记轮换时，我选择了连任，我深知还有11户贫困户没有实现脱贫，要保住脱贫成果，防止返贫，让老百姓真正过上好日子，还有很多的工作要做，但办法总比困难多，总会找出适合贫困村、贫困户增收致富的办法和路子。我默默地下了决心，不拔掉庙垭村的穷根我就不会离开这里。

（作者系达州市达川区统计局行政审批股股长）

"白面书生"的扶贫故事

李贤明

初冬的柳家坪村，被清晨淡淡的薄雾笼罩着，显得宁静而安详。站在柳家坪村的一制高点上向下看去，一条刚刚竣工的通村公路犹如一条玉带蜿蜒缠绕在村所处的大山上。公路两旁栽种的近300亩核桃树苗已经吐露新叶。看着眼前的一切，我感到柳家坪村乡亲们离他们的"小康梦"又近了一步。

"白面书生"赢信任

4月22日，开江县干部驻村帮扶动员大会召开后的第二天，作为刚刚委派为永兴镇柳家坪村驻村"第一书记"的我，就背着铺盖，带着换洗衣服来到这里开展帮扶工作。

"来的是个'白面书记'""一个不懂农村工作的机关干部，到村上能干啥子？"……面对村民甚至一些村干部的质疑和不信任，我心里暗下决心，不管多难，一定要干出点名堂来。于是我主动走进群众中间，像亲戚串门一样跟他们拉家常、问冷暖、听心声，了解他们的所思所盼，并力所能及地为他们解决实际困难。

今年51岁的村民李明万因患脑溢血瘫痪多年，家中只有他和70多岁的老母亲一起生活，家庭没有固定收入，经济十分困难。为了帮助他，我为他申请办理了低保和贫困救助。村里老人多，很多老年人因为距离县城远、身体不好，很少到正规的医院体检。为此，我与县卫计局取得联系，协调县人民医院医生携带仪器"送医上门"，为村里200多名群众免费健康体检。王德兵家养殖的麻鸭得了瘟疫，陆续死了上百只，得知情况后，我立即请来县畜牧局的专家，让疫情第一时间得到了控制……渐渐地，我与群众的关系近了、感情深了，连他们看我的眼神都不一样了，我这个"白面书生"也得到了当地群众的认可和信任。

打通"咽喉要道"获赞誉

群众的信任让我的干劲更足了，我决定同村"两委"班子和驻村工作组成员一道，甩开膀子大干一场。柳家坪村海拔800米以上，全村只有一条8公里的山路，出行难给当地村民生产生活带来极大不便，也严重制约了当地经济的发展。

针对这一情况，我组织村"两委"干部、村民组长、村民代表召开专题会议，在充分听取大家的意见和建议后，一个通村公路建设规划在会上得到了全票通过。但是，将近100万元的修路资金哪里来呢？我一方面向联系单位和主管部门积极争取项目资金，另一方面带着村"两委"干部走门串户，组织和发动群众筹集修路资金。在大家的艰辛努力下，资金终于筹齐了。接下来，我又带领村"两委"班子成员、驻村工作组成员与村民们一道开山炸石，铺路理渠，先后投工投劳2000多个，短短三个月时间，便打通了柳家坪村进出的"咽喉要道"。

"感谢马书记他们把路给我们修好了，现在把粮食往车上一装，十几分钟就到镇上了！"村民李德全高兴地说。

产业发展促梦圆

既不愿流转土地，也不愿种植新兴作物、尝试新型生产模式，这是大部分贫困村民的共同想法。为了让贫困户看到规模化种植的效益，我和村"两委"成员组织30余名贫困村民，来到普安镇宝塔坝万亩莲藕基地考察学习，现场感受产业发展带来的变化。看到普安镇宝塔坝如别墅一般的农家小院、堆积如山的莲藕，村民们受到了很大的启发。

在返程的车上，我引导村民们谈感受、说体会。话匣子打开后，大家一致表示，要想改变村里的现状，只有改变传统观念，引进新产业，进行规模化发展。

随后，我与村"两委"干部经过多方考察，引进了重庆福来农业开发公司，在全村推行"公司出力+农户分红"的产业发展模式，即公司与贫困户签订协议，提供代耕、代种、代收全程服务，并向农户按亩收取一定服务费，最后收益按"七三"分成，农户占七成，企业占三成。这种方式得到了永兴镇政府的大力支持及群众的普遍欢迎。目前公司已发展薄壳核桃300亩、中药材350亩，全村人均增收500余元。

看着村里的面貌一天天发生变化，村民们都高兴地说："原来做梦都不敢想的生活，看来就要实现了！"

（作者系开江县永兴镇党委副书记）

白马村的脱贫攻坚之路

雷宾胜

柏林镇白马村距大竹县城25公里，2014年被确定为省定贫困村。该村有贫困户223户，贫困人口573人。这里基础设施落后，交通闭塞，严重制约了当地的经济发展，村民致富之路十分艰难。

作为这样的贫困村的驻村第一书记，我深感担子很重，我必须带领全体村民摆脱困境！自2016年6月来到白马村的第一天起，我就深深地扎根在了这片土地上。

到村第一时间，我开始了全面走访，发现全村道路未硬化、未使用安全饮用水、很多农户广播电视信号不通……这些问题都亟待解决。我决心带领村民脱贫致富，把路修好，把基础设施搞好，让他们的生活有保障。

扶贫，既要"输血"，更要"造血"。在我看来，改善村居设施，只是基础扶贫，而培育产业项目，才是脱贫关键。要让贫困户从骨子里激发出活力，释放出劳动致富的动力。对此，我积极牵头，建立白马村"开富农业合作社"并不断发展壮大。先后引进了福建琯溪蜜柚、汶川清脆李，开展生态养殖，争取产业发展项目资金，为老百姓谋实实在在的利益。

在这之前，这里的村民年均收入只有2000元，自从他们加入"开富农业合作社"后，不仅增加了务工机会，而且通过土地流转的方式，一年的收入增加了5000多元，一年的总收入达到7000多元。合作社不仅实实在在带动了白马村村民脱贫致富，同时也带动了整个柏林镇的经济发展。村民非常感谢合作社的存在，因为合作社让他们的生活过得愈来愈好。

合作社是如何带动村民们脱贫致富呢？具体而言：首先，吸纳了周边的闲置劳动力，使贫困户增产创收；其次，白马村集体经济组织收取天九中药材合作社、开富农业合作社管理服务费；最后，通过集体入股分红等多种形式获取收入。至2018年底，村集体经济收入达到11.2万元。

在改变白马村贫穷落后现状的历程中，当地村民的住房安全也是我的心头大事，尤其是如何解决房子能住的大问题。有些村民住在偏远的山上，他们的房子垮塌了，向我反映，我及时赶到现场察看，最终在我和村民的共同努力下，让这些村民们住进了新房子。

除了解决贫困户的住房问题，全村的水电基础设施也得到相应的改善，交通便利度也得到了提升。如今白马村的基础设施建设，例如道路硬化、河道桥梁治理、饮水工程、异地扶贫搬迁等工作，一项一项地得到落实，完全改变了过去的落后面貌。

产业脱贫做起来，致富路子走起来，白马村贫困户的腰包是越来越鼓，生活水平是越来越好。从我2016年上任以来，在我和村民近三年的共同努力下，全村已实现脱贫170户434人。至2019年底，还有23户36人未脱贫。正所谓脱贫不脱政策，脱贫不落下一个人。在未来的工作中，我依旧秉持让村民日子过得越来越好的初衷，力争按时按质按量完成脱贫攻坚任务。

　　诚然，第一书记驻村，关键是要驻心。在白马村的这三年多，我早已将心融入了这片土地和村民当中，和乡亲们建立了深厚的感情。村民们时常怀着感恩之心，他们非常感谢我对贫困户切实的帮助。基层群众的幸福感和获得感是我工作的出发点和落脚点，能得到他们的肯定，我感到由衷的快乐。我深信未来在全体村民的共同努力之下，白马村实现整体脱贫摘帽的时间不会迟到，村民们的生活也会越过越好。

（作者系大竹县文化体育和旅游局干部）

在琵琶村的帮扶故事

符　璐

我叫符璐，是宣汉县漆碑乡琵琶村"驻村第一书记"。先后在"金秋助学"项目中资助大学新生15人，并争取到市妇联"绿色生态种养基地"实施"土鸡养殖补贴"项目等，切实提高了群众收入。

"符"贫"璐"上不动摇

"我们村来了一个女娃子，说是第一书记，年纪轻轻的啥都不懂，还扶啥子贫嘛！""城里来的干部，待不了多久吧？"初到村里，不少村干部和群众都向我投来了怀疑的目光。

但是经过我4年的坚持不懈和努力，村民的目光从质疑慢慢变成了信任与肯定。"村里经济发展了，群众收入增加了，水泥路也修到了家门口，村容村貌变了样，咱们符书记确实不一般。"

对标"五项职责"　强化责任担当

琵琶村地处宣汉东北部，距离县城110公里，全村建档立卡贫困户

101户，357人，是典型的老弱边穷地区。我当时来到村里的第一件事就是了解民情，找准工作的切入点。在进村入户调查中了解到，这个村有不少村民"等、靠、要"思想严重，攀比之风盛行，比的不是谁家勤劳致富，而是看谁家得了国家多少救济，得了多少照顾，把脱贫致富寄希望于国家政策和干部帮扶上。针对这种思想状况，我决定从精神扶贫入手，把扶贫的着力点放在扶志和扶智上。一方面，利用农民夜校、"村村响"、微信群等平台，宣传党中央精神，激发群众内生动力，主动谋发展、创事业。另一方面，紧紧抓住教育扶贫政策，凡有适龄学生的，逐户走访了解学习生活情况。

杨光兵的女儿杨柳由于学习成绩不好，初中毕业后就早早地随父母外出务工去了，但是由于年龄小，又没有一技之长，工作并不顺利。我知道这个事情之后，主动跟杨柳取得联系，分享学习心得、成长经历，杨柳听后深受启发，主动联系原来的班主任，继续读书。目前，已在高职院校读二年级。同时，争取帮扶单位在全村实施"金秋助学"项目。目前，已资助大学新生15人。

发挥"纽带作用" 凝聚发展动力

琵琶村地处山区，基础设施较为落后，道路年久失修，山坪塘损坏严重，我向帮扶单位领导汇报情况后，共争取各级资金40余万元，重点对道路、环境卫生等基础设施进行完善。

为切实提高群众收入，我结合在家留守妇女、老人较多的情况，规划了家庭养殖、种植产业，争取了市妇联"绿色生态种养基地"的项目，经费3万元，为全村每户贫困户送去化肥2袋。实施"土鸡养殖补贴"项目，为每户贫困户送去猪仔1头，撬动了增收杠杆。

逢年过节，我都会联系帮扶单位给贫困家庭赠送棉被、毛毯、电扇等生活物资，改善群众家庭生活条件，为帮扶户购买"扶贫保"、女性安康保险，切实增强了群众的幸福感和获得感。

构建"鱼水关系"　赢得满意口碑

农村这几年政策越来越好，不少外出务工的群众又回到了村上。其中王曾权因为十多年前拖欠村集体款项，全家外出务工，多年不归，村干部和群众对此都有很多不满的意见。近年，由于他妻子生重病，想回到村上希望给予政策的帮助，在群众评议阶段没有通过，王曾权着急地通过联系找到了我，给我说明了家庭近年来的状况，也对以前的行为表示了懊悔。我迅速召集村"两委"班子，先是做通了干部的思想工作，希望大家摒弃前嫌，理解王曾权近年来的遭遇，帮助他争取政策的支持，然后再通过分组做通群众的思想工作，最终通过评议纳入低保。由于在外住院不方便回来报销，我又担任起了"报账员"，多次前往县医保局、乡医保办办理保障手续、大病救助手续，还亲自找到惠民帮扶中心领导，说明情况，申报救助。今年过年，王曾权专门制作了一面锦旗"暖心相助如沐春风"，从江苏带回来赠送给我。

（作者系宣汉县妇联副主席）

又见梨花开

杨晶芳

  我出生在渠县千佛乡花石村，因为村里栽满梨树，山前山后都是石头，人们以采石为生，"花石村"便由此得名。我从小最喜欢梨花盛开的美景，可12岁那年，年仅51岁的父亲身患重病，无钱医治，英年早逝。当那年的梨花飘落，春风正唱着悲歌！

  贫寒家境，催人奋进！大学毕业后，我光荣地成为一名公务员。2015年初，单位计划派员到当时的经开区斌郎乡何家村担任第一书记。我主动申请驻村扶贫。早春三月，当我第一次走进何家村，却邂逅了意外的惊喜！村里到处盛开着梨花，格外惹眼。又见梨花开，不禁让我有一种回到渠县老家的感觉！是啊，我们即将坚守的贫困村，不就是自己的第二故乡吗？

  当天下午，我迫不及待地组织召开了村民院坝会。会场上，一阵阵咳嗽声让人压抑。会后我才知道：何家村历来是梨花飘香的花果山，但三十年前，开始大肆采煤，最初村民收入可观，但很快资源枯竭；更糟的是不少人得了严重的尘肺病，一些人陆续离世，会场上咳嗽的都是老病号，个个都是药罐子，还丧失了劳动力。到了秋天，连采收梨子的背篓都提不起！很多人因病致贫，丧失了生活的信心，有人甚至选择不再治疗，苦度残生！

尘肺病！尘肺病！怎么又是尘肺病？又见梨花开，我本以为是美丽的重逢，但"尘肺病"这三个扎心的字眼，又让我回忆起悲伤的童年！因为在12岁那年，做了一辈子打石匠的父亲就是因为得了尘肺病痛苦离世！在何家村，我竟然又遇到了这么多尘肺病人！他们一个个都像极了我父亲当年痛苦的身影！

接下来，我一边制定何家村基础建设、产业发展、民生保障等脱贫规划，一边立即联系市中医院进村义诊。可医疗队进村的第一天就遭到拒绝！病人都说尘肺病是活阎王，你们扶贫干部何必搞这些假过场？大半天下来，竟然没有一个病人配合医生接受检查。在一处聚集了十多个病人的院坝里，有人甚至当众怀疑我是在利用病人给医院拉业务，自己从中谋私利吃回扣……

面对拒绝甚至诋毁，我急忙耐心解释，可医疗队却转身就要撤离。我急忙央求挽留，带队的老专家生气地说："小杨书记，你驻村扶贫想出成绩我们理解，但这种顶起碓窝耍狮子的事情，费力不好看，我们才不干！"那一刻，我真是老鼠钻风箱，两头受气，五味杂陈，蹲在院子里哭泣起来！

看到我情绪失控，大家都围拢过来，在众人的试探询问中，我才被迫说起了尘肺病和父亲的悲伤往事，也道出了我在何家村与尘肺病抗争的决心！那天下午，村民们才真切地知道：这个来村里没几天的年轻女娃娃，原来已经把他们当成了自己的亲人！

第二天，我和医疗队继续走在入户义诊的路上。村里的梨花又开始飘落！触景生情，我又想起了12岁那年的悲伤过往；但穿行在何家村的梨花林，看着枝头结出的细小果实，我告诉自己应该忘却悲伤，乐观憧憬春华秋实的美好希望！

从那以后，医生经常进村义诊，病人们也对康复充满信心！渐渐地，村里的咳嗽声越来越少了，自来水、硬化路、新房子、产业园越来越多了！2015年春节后，又是一个梨花盛开的季节，在村里的迎春坝坝宴上，喜笑颜开的村民、特邀前来的医生、扶贫干部的身影、洁白梨花的美景！让人感慨年年岁岁花相似，岁岁年年人不同！当2017年的春天来临，又见梨花开！何家村不仅摆脱了尘肺病的阴影，而且实现了整村脱贫！我也有幸成了省委、省政府表扬的脱贫攻坚"先进个人"！

就在今年春天，当我到网红打卡点梨树坪游览，心中的记忆再次被点燃！环湖路上，栽满了梨树，正开着梨花！我不禁喜从中来，又见梨花开，振奋满胸怀！

（作者系达州市统计局总经济师）

扶贫一线的默默坚守

王　祥

我叫王祥，是大竹县文化体育和旅游局的一名普通干部。2016年3月，我积极响应组织号召，到大竹县朝阳乡木鱼村担任第一书记。

五年来，我扎根木鱼，餐风宿雨，千方百计建强基层组织，回引致富能人，培育特色产业，发展乡村旅游，在脱贫攻坚和疫情防控一线坚守奋斗、倾情付出，为决战决胜脱贫攻坚和打赢疫情防控阻击战贡献了自己的微薄之力，书写了一段扶贫战疫佳话。让木鱼这个曾经贫穷落后的封闭小山村实现华丽蜕变，一跃而成为美丽大竹·宜居乡村、就业扶贫示范村、乡村振兴示范村、市级四好村、省级旅游扶贫示范村。推动新建2家农业产业龙头企业，6个专业合作社。木鱼池黑山羊生鲜肉、绿色生态大米荣获"四川扶贫"集体商标，无花果、映霜红桃、中华鲟、鸭嘴鱼等特色农产品远近闻名。多次参加四川扶贫年货大集大竹分会场活动，成功承办的大竹县玉米套作大豆机械化播种现场会、达州市大中型水库移民后期扶持试点项目现场会，受到各级领导的广泛赞誉。人才回引、旅游扶贫、疫情防控等工作经验被中新网、四川发布、华西都市报、达州日报、达州电视台、达州先锋等媒体宣传报道。

打造"头雁"队伍　激活干部活力

"群众富不富，关键看支部。"一个村要想发展得好，关键是要有一个强有力的党支部、一个好班子。上任伊始，我始终牢记组织的寄语，狠抓基层组织建设，深入调查研究，吃透村情，了解到村里最亟须解决的问题是干部队伍建设问题。为此，我积极向乡党委汇报村"两委"班子运行情况后，将退伍军人秦学勇、致富能手张贞美、返乡优秀农民工秦胜玲等列入村级后备干部培养，并通过"两委"班子换届将他们纳入村级领导班子。目前，村"两委"干部对工作有激情、对群众有感情、干事情有效率，为木鱼村率先退出贫困村系列、进一步巩固脱贫成果，打赢疫情防控阻击战奠定了坚实的组织保障。五年来，我与村"两委"干部一道，东奔西走，积极争取项目资金和帮扶资金，实施易地搬迁23户，农村危房改造78户，新建通村通组道路33.84公里，生产便民路17.95公里，整治山坪塘4口，灌溉渠道4公里，移动信号基站3座，人畜饮水工程3处，垃圾池23口，完成旅游标识系统1套、新（改）建标准村级卫生室1个，文化活动室1个、广播室1个、农家书屋1个。木鱼村村容村貌及周边环境大幅改善，安全饮水、优质用电、电视手机信号实现全覆盖，路修好了，文体娱乐场所也有了，村民看着村里可喜的变化，从心底里支持党支部的工作。

培育特色产业　拓宽致富门道

木鱼村辖区面积13.56平方公里，海拔800余米，山多地少，土地贫瘠，劳动力缺乏。如何结合本村实际发展产业，无疑是脱贫攻坚的重头戏。在综合考虑市场需求、群众意愿和自然条件等诸多因素后，我和村"两委"干部因地制宜采取集中规划、连片实施发展无花果基地200亩、映霜红桃基地300亩。然而，由于品种属于晚熟品种，县域市场尚未开发，群众担心经济效益差。为此，我积极争取到帮扶单位"娘家人"的支持，组织动员县域8家旅游企业全面参与脱贫攻坚工作，共落实5家企业与村委会签订购销协议，形成供销关系，解决村民的后顾之忧。同时，引进大竹县新宏景牧业发展有限公司、大竹县智邦农业开发有限公司、大竹县聚乐农业专业合作社，建设现代化大型黑山羊生态养殖基地1个、水果四季采摘园1个、覆膜有机水稻基地1个。通过土地流转、订单种植、黑山羊寄养等方式，培育了木鱼池生态大米、无花果、映霜红桃、高山生态葡萄、伊拉兔、豪猪、黑山羊等系列农副产品，辐射带动全村190户贫困户脱贫，有力地促进了村域经济快速发展和群众稳定增收。同时，创新探索稳定脱贫增收机制，着力打造了"支部+基地+贫困户""公司+支部+贫困户"发展模式和以樱桃、桑葚、蟠桃、钙果、软枣、黑老虎为主要品种的"四季采摘、休闲木鱼"的乡村旅游品牌。实现贫困户每年稳定增收15万元，村集体经济每年稳定收入约5万元。

牢记初心使命　真情为民服务

金杯银杯不如百姓口碑。记得刚驻村的那会儿，入户走访，群众不理解，牢骚满腹，经常吃闭门羹。为此，我毫不气馁，慢慢与村民建立感情，帮助高龄的贫困户更换残疾证、看望慰问生病的困难群众、解决孤寡老人入户路、接受群众咨询、化解矛盾纠纷，渐渐地村民习惯我的存在、习惯找我办事。随后，通过"民情联系卡"缩短了与村民之间的距离。无论何时何地，只要村民给我打电话，我都第一时间想办法帮他们解决。村里陈贤凤老人丧偶多年，一人照顾瘫痪多年的儿子，生活物资匮乏。接到她的电话求助，第二天我便帮她配送必备的生活物资，解除后顾之忧。家住深山的钟明学老人，年老体弱多病，腰椎受伤，不能独立行走，时常摔倒在地。了解到钟明学家具体情况后，我多次到乡民政办、东柳敬老院汇报老人的特殊情况，邀请上级有关部门到村调查。经过多方努力，老人顺利入住东柳敬老院，享受幸福晚年。村民王世刚42岁，脚掌被截肢，肢体二级残疾，丧失劳动力，仅靠70多岁的父母种植蔬菜为生，一度对生活失去了希望。我主动与其建立微信联系，帮助他销售蔬菜，鼓励他重拾生活信心。尤其是疫情袭来，利用结对帮扶机制，建立宣传、执勤、采购队伍，优化服务，助力群众"收入不断、物质不断、生产不断"，耐心细致地接受群众咨询，被村民亲切称呼为"小胖书记"。尊重，带着真心真情，一心为民办事，搭起了我和村民之间的桥梁；真诚，让我走进了贫困村民的心间。"有事找王书记"，也成了木鱼村最新的俗言俚语。

五年来，我不因贫困村退出而懈怠、不因贫困户脱贫而放松、不因疫情防控而顾此失彼。时刻以饱满的热情，务实的态度，扎实的作风，默默坚守在防疫战贫一线，用真心真情温暖全村百姓，践行了一名共产党员的责任与担当。我先后荣获全国易地扶贫搬迁现场会筹办工作先进个人、大竹县脱贫攻坚贡献奖、感恩奋进十佳贡献个人、达州市优秀第一书记、四川省优秀第一书记称号。

（作者系大竹县文化体育和旅游局干部）

用行动坚守初心

杨博文

　　我叫杨博文，现任达州市高新区幺塘乡新民村党组织第一书记。我想先给大家看一组照片：蓝天白云下，青山绿水，果树成林，微风拂过，稻田里掀起阵阵绿波，红瓦白墙的农家小楼静静立着，干净的乡村小道，蜿蜒远方，不由得让人想起陶渊明笔下的桃花源。这，就是新民村——我的第二故乡。

　　还记得，几年前我第一次到新民村，天下着细雨，车开到村头就无法前进，没有硬化的公路被雨水打湿，到处坑坑洼洼、泥泞不堪，我们只能徒步入村，办完事回到车上，全身沾满泥浆、筋疲力尽。一了解，才知道新民村是省级建档立卡贫困村，属于幺塘乡最偏远的村子之一。那时，全村无一条硬化公路，相当一部分村民挣扎在贫困线上。

　　近年来，在党和政府的正确领导、帮扶单位和社会各界的大力支持下，新民村已于2018年实现了整村脱贫。目前，全村贫困人口发生率为0，所有村民医疗、养老全覆盖。适龄儿童保学率100%，困难学生享受教育资助不漏一个，村民居住环境也有了极大改善，真正实现了"两不愁、三保障"。

　　曾经在新民村的经历仍清晰如昨，当年面对如此贫困落后的乡村面貌，我真的很心酸！共产党员的宗旨、初心和使命告诉我，我来到这里，一定要带领大家过上富裕幸福的美好生活。从此，新民村成了我的第二故乡，村民都成为我的亲人。

要让村民把自己当亲人，有事没事就得往村民家里走，工作再忙再累，也要经常去了解他们的生活，才能让贫困情况由枯燥的数字变为具体的详情。

还记得2018年6月，新民村携手爱心企业家对贫困学生艾国操进行了爱心资助。在之前驻村的时光里，我了解到贫困户艾国操家孩子才11岁，父母都因病去世，与90多岁的奶奶相依为命，婆孙俩仅凭低保维持基本生活，根本无力承担孩子的学习费用。我也是两个孩子的父亲，看到孩子这样的情况，心酸不已。于是，我通过原工作单位搭建的平台，四处联络周边企业家提供爱心助学。最终，高新区凯悦春天家具董事长袁凯欣然应允全力帮扶孩子、无偿提供孩子学习期间的所有费用，直到完成学业。整个资助过程亲力亲为，并多次看望婆孙俩；给孩子送去必要的生活用品、衣物和文具，与孩子亲切交流，不仅关心他的学习生活，也让孩子感受到了久违的父爱和家庭的温暖，我也想凭借此事，一定程度上起到以点带面的作用，让更多的爱心企业家能参与到脱贫攻坚这个光荣的事业中来。

今年新春开始，一场新冠肺炎疫情席卷全国，也给我的驻村工作带来了挑战。从正月初二接到防控疫情通知开始，我连续一个多月吃住村里，没有回过一次家。新民村外出务工的人员较多，其中还包括湖北、重庆等疫情较重地区的返乡人员，这给防疫工作增加了挑战。我和其他村干部一起，严把"神经末梢"，筑牢疫情防线。在进村入口设置疫情检测点，对进出人员测体温、进出车辆进行登记、每天骑着车带着大喇叭绕村进行流动宣传，确保村民人人知晓。最艰难的莫过于每天三次对从湖北、重庆这两个地区回来的隔离人员进行身体检测。面对来势汹汹的新冠病毒，尽管有严格的防护措施，但说句实话，心里不怕是不可能的，每天要忍受身体疲劳和心里害怕的双重煎熬。经过一个月的艰苦抗疫，新民村无一例疫情发生，全体村民的生命安全得以保障。

抗击疫情后期，一直在家里的妻子儿女终于有机会来到村里和我短暂相聚。一双儿女下车后飞奔着向我扑来，和我紧紧相拥！孩子的一声"爸爸"，我早已是泪流满面！既有久别重聚的欣慰，也有饱含着有家不能回的辛酸，虽于家有愧，但于责无悔。

回顾这一路走来，平凡而艰辛。我用自己的实际行动坚守着共产党员的初心，用真情感动村民，助力脱贫攻坚奔小康。宁静的乡村里，没有闪烁的霓虹，没有鲜花和掌声，不需要豪言壮语，也没有惊天动地的伟业，我和我的战友们，愿像蜡烛一样，燃烧自己，照亮村民，努力把曾经偏僻的山村变成真正的世外桃源。

（作者系达州市税务局干部）

为了心中那份承诺

口述/雷传峰　整理/刘　强

　　我叫雷传峰，今年33岁，现任渠县公安局临巴派出所副所长。2015年4月，我被县公安局选派到东安镇斌山村担任第一书记。几年时间里，我立足村情，以抓党建为引领，夯基础兴产业，办实事促民生，用真情感动群众，用发展造福村民，用行动赢得了群众称赞。通过全村党员干部和群众的努力，2018年斌山村退出了贫困村序列。

　　说实话，接到去斌山村任第一书记通知的那刻，我心中就产生过一丝顾虑，对于农村基层工作自己一窍不通，该如何去开展工作？加之妻子又刚刚怀孕，顿时心里有一种无处述说的无奈，对精准扶贫工作心存畏难情绪。但作为一名公安干警、共产党员，听从党的召唤，服从组织安排，应该义不容辞。我首先做通了妻子的思想工作，满怀激情去面对新的征程，开启了自己的扶贫之旅。暗下决心，斌山村不脱贫，自己不离村，用实际行动去兑现心中那份诺言。

　　斌山村是由两个自然村合并组建而成，由于村干部变换频繁，干部之间缺乏沟通，长期推诿扯皮"窝里斗"，导致班子软弱涣散，先锋模范引领作用不强，群众因循守旧，人心涣散，不思进取。由此，我将存在的问题书面上报乡党委政府，对村班子进行了调整，将工作活力强的年轻人充实到村"两委"中来，壮大了干部队伍，为各项工作的开展奠定了基础。

与此同时，我还利用组织生活会和党日活动，组织党员干部认真学习党章和习近平新时代中国特色社会主义思想，鼓励党员积极建言献策，广谋发展出路。切实开展批评和自我批评，找准自身在思想、工作、纪律、作风上存在的问题，提升党员的综合素质，增强支部的凝聚力、战斗力和向心力。

在此基础上，指导村"两委"健全了各项规章制度，强化了党员的教育管理，完善村"两委"议事规则和决策程序。推进村务、党务、政务"三公开"，增强了透明度，让群众心中明白，还干部一个清白，缓解了干群关系。同时，我还利用召开帮扶工作座谈会，就斌山村党的建设、集中安置点建设、村级集体收入、贫困户脱贫、妇女创业等议题广泛征询群众意见建议，共谋全村脱贫致富之路。进一步拉近了干部与贫困户之间的距离，助推了全村脱贫攻坚工作的开展。

熟悉民情、村情、摸清家底是工作的"敲门砖"。从任职斌山村第一书记的第一天起，我上门入户走访，摸村情，与村民拉家常，交朋友，听群众说真话、讲实话，甚至是气话、恼话。面对面与群众交心谈心，宣传讲解党的政策，鼓励群众因地制宜，变被动为主动，大力发展种养业，壮大家庭收入，继而实现脱贫致富，从根本上转变了"等靠要"思想，激发了群众干事创业激情。

为尽快赢得党员群众的信任、理解和支持，我提议印发了"斌山村便民服务联系卡"，一户一册方便群众。在具体工作中，我视村民为亲人，把村民的事当成自己的事。我通过几个月的入户走访，对斌山村的自然环境、组织建设、基础设施、经济发展、文化教育、医疗卫生、社会保障等方面的情况进行了系统了解。多次召开村组干部会，

立足斌山村实际，制定了以"产业结构调整为重心，强化班子队伍建设、基础设施建设、农村文化建设，提升帮扶成效，着力改善民生，奋力脱贫奔康"的发展思路。

但我心中明白，基础是发展的根本，产业是发展的保证。2015年11月，我与村"两委"一班人共同努力，积极引进渠县德康公司发展养猪业，采取入股和加盟代养的方式，修建一处占地约20亩的生猪养殖场，可容纳母猪100头以上，预计年出栏商品猪3000余头。此项目于2016年5月投入养殖，截至目前，已完成年存栏母猪100头和年出栏生猪2500头规模养殖。

2016年8月，我对斌山村基础设施现状向县公安局作了专题汇报，得到了局党委的大力支持，挤出办公经费15万元，完成了村小学至土溪镇洪溪村"穿心"公路2.8公里土坏路面建设，打通了干群心中的"连心路"。2017年度公安局又下拨帮扶资金，及时将村一组、二组及五组涉及的三口"问题"山坪塘实施清淤整治，增强了全村抗旱防灾能力。

2018年1月，通过与村"两委"的共同努力，引进花椒种植业主2户，在斌山村一组、二组和六组流传土地600余亩发展花椒产业，目前已全部投入生产，附近村民40余人长年在基地务工，年人均收入8000元以上。引进渠县渔果农业有限公司，流转土地3000亩发展柑橘产业和水产养殖，解决贫困户长年就近务工70多人，年人均增收12000元；同时，村集体经济年增收10万元，一举摘掉了空壳村帽子。2019年，利用公共服务经费及村级集体经济收入，完成了村级主干道路灯亮化工程，使全村3000余群众受益。从2015年至今，全村新修入组入户水泥路22公里，实现了组组院院通水泥路，产业发展迈上了新台阶，成为全村助农增收新亮点。

可以这么说，在担任第一书记的几年时间里，我把一切精力都用在了帮扶工作上，经历过的事，总是记忆犹新。记得刚到斌山村任职时，就有个别群众上门找我扯皮闹事，有进门"兴师问罪"的，也有上门"寻衅滋事"的，但经过"惹事"群众"刁难"的次数多了，反而没了来时的惊慌失措。在后来的群众工作中，我总结出了"嘴勤""腿勤""手勤"的群众工作法。所谓"嘴勤"，就是先发制人，主动迎合对方，问明来意及诉求，不能等到他开口了才应对，以致乱了方寸。至于"腿勤"，就是坚持"群众无小事"，不管事情做不做得到，多跑路多关怀，日子长了麻烦也就迎刃而解。最后说到"手勤"，也就是力所能及为群众办实事，在群众面前承诺的事情必须办好，做到"有求必应"。

在日常工作中，我积极为村民服好务，为村民办好事，办实事。斌山村二组村民黄庆儒，年近60岁，因智力低下一直未成家，后与一患有精神病的中年妇女非婚生育了三个儿女，因家庭贫困，无法缴纳社会抚养费，其名下的三个儿女无法正常入户。2015年8月，我来到黄庆儒家中，调查核实其子女基本信息，并向乡党委、乡政府如实汇报，通过县乡计生部门的认可，免去黄庆儒的违规生育社会抚养费，使其儿女在派出所顺利入户。

2017年1月，在入户走访中，我得知村民徐昌珍的儿子黄杰常年卧病在床生活不能自理，一直未办理居民身份证。但其享受的特困待遇，要求提供本人身份证才能通过年审资格，不然特困补助款就会停发。面对黄杰孱弱的身体，我看在眼里急在心里，并将具体问题向局领导作了汇报，特事特办，现场为黄杰采集了半身照片，带回派出所交由户籍人员办理了身份证件。事后，黄杰的母亲徐昌珍老人老泪纵横地拉着我的手，心怀感激地说："雷书记，你真是一个为民办事的好

干部啊！"

欲问秋果何累累，自有春风雨潇潇。如今的斌山村村容村貌发生了巨大变化，新建的村级活动阵地宽敞明亮，各种办公设施齐全，拓宽了服务群众方便之门；入户水泥路如一条条镶嵌在山岭沟壑间的玉带，环绕村前村后，连通家家户户；三个村民集中安置点如三颗耀眼的明珠，促进了全村户居环境的改善；种养业发展迈出了新步子，成为稳定脱贫攻坚成果的保障。群众的精神面貌也得到了提升，呈现出社会和谐，人心思干的良好态势。

自己的辛勤付出也得到了上级的肯定。2016年，我获得达州市个人三等功奖励，2017年被四川省公安厅评选为"万警进万家"先进个人，2018年7月被渠县县委表彰为优秀共产党员，并破格提拔为临巴派出所副所长；2019年10月荣获渠县脱贫攻坚贡献奖；2020年5月被省委、省政府表彰为脱贫攻坚先进个人。

面对斌山村未来发展，我决心以时不我待，只争朝夕的奋进精神，团结带领全村广大党员和群众，抓住乡村振兴这一发展机遇，充分利用大斌山古战场遗址，以及相邻的礼义城、三教寺古文化遗址的挖掘传承，以农旅结合发展为着力点，进一步增加群众收入，与全村人民一道，携手奋进在致富奔小康的道路上，为谱写斌山村的明天贡献自己的青春和热血，用实际行动去兑现心中那份承诺。

（口述者系渠县公安局临巴派出所副所长）

洒下一片真情

口述/王维红　整理/李彦达

　　我是王维红。2019年6月，带着组织的信任和领导的重托，我以第一书记的身份走进了渠县三汇镇太平村，将自己对工作的激情，对群众的热情，对未来的豪情，全部挥洒到了这片土地上。

　　为尽快掌握村里的情况，刚到村上，我来不及歇息，顶着烈日，一户户走访，用真情实感与群众打交道，努力摸清群众所需所急。看到贫困户艰难的生活现状，我暗暗下定决心，一定尽心尽力为他们排忧解难，让他们早日摆脱贫困。

发展花卉种植增收

　　到了村里不久，我得知村民张童在外种植花卉致富的情况后，迅速与他取得联系，经过反复动员，张童终于同意回乡带动周边群众一同创业致富。

　　令我没想到的是，第一步土地流转就遇到重重困难。村里家家户户都有关于土地流转所担心的问题，好不容易回乡的张童不禁打起了退堂鼓。

为打消大家的顾虑，我挨家挨户做思想工作，村民们相继在土地流转合同上签字盖章。在克服重重困难并得到广大村民的支持后，一座座花卉种植大棚出现在村里。如今，花椒基地、甲鱼基地也相继建成，村民们再也不用长途跋涉外出打工，在家门口既能挣到钱，还能把家庭照管好。

关爱孩子身心健康

去年，我对村里贫困家庭儿童情况摸底的时候，发现了一个特殊的小男孩。他名叫友骏，两岁时摔成重伤，从此不能正常走路，到现在已经做了7次手术。眼前这个瘦弱的孩子，不禁让我心痛不已。

我也是位母亲，我能感同身受，当别的孩子欢呼雀跃的时候，他只能在一旁默默地羡慕着。从那以后，我常常去看望小友骏，给他买营养品，陪他读书、识字、讲故事。渐渐地，小友骏变得开朗起来，每次离开的时候，都拉着我的手依依不舍。

为了让更多的留守儿童、困境儿童得到帮助，我发挥了在妇联工作的优势，联系了专家、学者到村里开展健康知识讲座、家庭教育知识讲座、母亲课堂、绘本故事阅读活动等，让老百姓学到科学育儿知识，让下一代健康茁壮成长。

村子发生可喜变化

在过去一年里，太平村新建了党员活动室、妇女儿童之家，整修了村办公楼前活动场地，实施了农村巾帼互助队等项目；维修了通组公路、安装了路灯、新建人畜饮水池一座；开展了"洁美家园""最美家庭"创建评比活动，宣传树立了一批"孝老爱亲""勤劳致富"典型，在全村形成了自力更生、脱贫光荣的良好氛围。

回首一年前，单位选派我当第一书记时，我的内心有点犹豫，孩子还小，照顾不到家庭，有很多顾虑。这个时候，家人给了我莫大的理解和支持，让我卸下思想包袱，轻装上阵。经过一年时间的基层锻炼，我历经了磨炼、得到了成长、学会了感恩、明白了责任、懂得了担当，有疲惫和心酸，更有收获与感动。

如今，脱贫攻坚已进入决战决胜时期，我将继续脚踏太平村这片热土，情暖这方百姓，用青春书写使命担当，用奋斗点亮百姓幸福。

（口述者系达州市妇联家儿部部长）

驻村帮扶二三事

廖运正

2015年4月，我还在宣汉县政协机关工作，被组织选派为新华镇大洞村第一书记，一直到2018年5月底结束任职。虽然时间不长，但这段经历却像海滩上五彩斑斓的贝壳，在我的记忆里挥之不去，历久弥新。

一次现场会

2016年4月18日，大洞村二组临近公路的一处田里，人头攒动，许多群众从四方八方赶来，听镇农技员赵剑英讲解海椒移栽及管理技术。这种现场会，在大洞村近些年的历史里，还是第一次。

这还得从2015年说起。为快速增加群众收入，实现脱贫致富，根据大洞村田少地多、地处偏远、在家壮劳力少的特点，我和村"两委"通过调研，决定发展点见效快的产业。于是通过县政协机关，引进了明友专业合作社，由群众自行育苗、栽培，专业合作社提供种子、技术指导和最低价回收服务。经过宣传，很多群众都愿意尝试一下。

但在购买种子时出现了一点问题，专业合作社要求现金交易。当时村集体几乎没有资金，群众没见到效果也不愿给钱。眼看事情就要陷入僵局，作为海椒引进种植的发起人，我动员家人拿出2万元预做垫付，并约定在海椒收购时扣还。当然，后来经过研究，作为一项帮扶惠民措施，决定种子款全部由村委会承担，我垫付的资金也在一年后归还。

为了让海椒种植户掌握移栽及种植技术，我们联系镇农技站。镇农技站站长赵剑英先在会议室给群众讲解，然后又到附近准备好的地块亲自演示。他不愧为专业人员，边动作边讲解，只见他熟练地挥舞着锄头，一会儿就在地里刨出几个规则的沟壑，然后讲行距、间距，怎么施底肥，怎么移栽，等等。周围有群众说："耶，这个工作同志比我们都懂得多些！"

这次现场演示起到了很大的带动作用。当年，全村实际种植海椒育苗约200亩。从8月下旬开始，专业合作社每隔几天就提前一天通知大家摘海椒，第二天就有小型货车专门到农户家里收货，一直到11月采摘结束为止。

经统计，当年海椒亩产一般都在1500斤左右，高的可达2000斤。仅此一项，全村当年就可实现收入30多万元。海椒种植受到了群众的普遍欢迎，一些缺劳户，或者壮劳力外出务工家里只剩下老弱病残的群众尤其如此。贫困户杨丕书，70多岁，儿子褚星中二级残疾无劳动力，儿媳妇外出务工带着褚星中方便照看，老人独自在家，收入全靠国家政策兜底，当年也栽种了一些海椒，有了自己的收入。好几次，她都问我，怎么不继续发展海椒呢？

后来，由于明友专业合作社主要负责人其他投资失败，不得不外出发展，大洞村的海椒种植也就画上了句号。

一则日记

2017年8月22日，天气晴朗。

早上起来，我习惯性地看了看QQ天气：今天最高39℃、最低26℃。

一边诅咒着这鬼天气，一边骑上摩托往卢子山赶去。头天我已和脱贫户杨耀军联系好了，要去他家里看看。

派驻到新华镇大洞村任"第一书记"，今年是第三个年头了。大洞村去年已通过各级顺利验收、实现了整村脱贫，但事情还是一如既往的多：年初村委会换届、去年实施的异地搬迁后续工作、部分还没实施的村整合资金项目，等等，我原本打算今年"好生歇口气"的想法早已经抛到九霄云外去了。

杨耀军就在新居等我。他家是去年的异地搬迁户，家里共4口人，两个大人、两个小孩，大的去年刚考上幼师，小的正在上初中，致贫的主要原因就是居住条件艰苦和孩子上学。杨耀军之前都是在兰州务工，去年确定他家符合异地搬迁条件后，我多次打电话动员，他才决定回来。

"新房子住起来还是舒服些吧？"一见面，看着宽敞整洁的房间，我就直接问道。"那是当然，要不是你们，我现在还在那山尖尖上住呢。"杨耀军一边给我倒开水，一边回答。

"不出去打工了？"

"暂时不出去了，我准备在这一片发展葡萄、车厘子，先种上15亩试一下。"他指了指新居后面的山坡，显得很有底气。

我知道他的底气从何而来，上个月，村上推荐他到县里参加了为期10天的农业实用技术培训，燃起了他的创业之心。他停了停，又补充说："能在周围挣到钱，又能照顾屋里，哪个愿意出去？"

回到村办公室，我不停回味杨耀军的话。是啊，谁愿意出去呢？"金窝银窝，不如自己的狗窝。"全村总人口1800多人，常年在家的仅仅600余人，许多人是全家外出务工。我们应该想个什么样的办法，才能吸引他们回流同时脱贫致富呢？

一次林中"游"

2018年3月30日，我以卢子山上有许多野葛为噱头，邀请多年好朋友、县政协委员、利根葛业老总李柏燚来实地考察。我和村支书王家才、村主任周昌奇，金坪村第一书记于清（来交流经验）一起陪同。

我们驱车到了简家池——大洞村最偏远、海拔最高的地方。春寒料峭，所幸天气还好，太阳烘烘给人一丝丝暖意。简家池有两层院落，都已破败，只居住着两三户人家，地势四周高，中间有一片田地。王书记介绍说：只要把公路一拦，这就是一个天然的养殖场，而且地处偏远，交通不便，对周边环境影响不大，可谓得天独厚。

王书记拿着弯刀在前面带路，路几乎看不到了，只有一丛丛灌木和齐人高枯黄的茅草，一些平坦的地方依稀还看得出是荒芜的田地，有的田中间还长出碗口粗的树木。王书记说，他们小时候在这些地方放牛，是一条大路。我们一路爬坡上坎，很多时候都是猫着腰，甚至爬行。最难受的就是无处不在的荆棘，稍不注意就会划破衣裤，甚至见血。李柏燚为了保护他心爱的皮大衣，干脆脱下抱在怀里。

我们走走停停，停停走走，短短1.5公里路程，我们就走了差不多一个多钟头。经过艰难的跋涉，终于穿出了灌木林，到了齐家坪的公

路上。大家互相看看，都很狼狈，不仅哈哈大笑起来。

　　沿着公路旁边的几片山，到处都是坚硬的岩石，漫山都覆盖着绿色的葛根叶子。我对李柏燚说："我没骗你吧，你看，这全是绿色无污染野生的野葛，绝对比人工种植的品质要好得多。"王书记、周主任也表示，不会收取任何费用，还保证组织人力。但李柏燚经过综合考虑，认为野葛虽然多，但大都长在石头缝隙里，挖的话既会毁坏山体，成本也比较大，还是不挖为好。

　　虽然事情没成，但这次非常有特色的林中旅游却也趣意盎然，令人回味。

　　　　　　　　　　　　　　　　　（作者系宣汉县审计局副局长）

群众叫我"草帽"书记

陈　涛

2017年7月7日对我来讲，注定是难忘的一天，因为这一天我走向了新的岗位——开江县长田乡岩门子村第一书记。来到岩门子村委会的第一天，映入眼帘的是一间狭窄的办公室，桌面上散乱地堆着各种资料，独有的两台电脑，一台连着打印机，另一台用作业务办理。面对这样的办公环境，我的心里有些着急了。

通过查阅资料和座谈了解到，岩门子村由过去刘家堡村和岩门子村合并，人口较多，全村辖7个村民小组，705户2322人，劳动力1570人。村民经济收入主要靠在家务农和外出务工，收入来源单一，尚未发展村集体产业，缺少经济支柱。2017年建档立卡贫困户有162户468人，作为一个非贫困村贫困人口如此之多，如何实现贫困户顺利脱贫，走上致富道路，成了摆在眼前的头等大事。

在贫困户精准识别的基础之上，为了有效达到因户施策，顺利开展帮扶工作，我开始了长达一个月的入户走访。每到一户首先对其居住条件和生产、生活条件拍照，再与农户进行交谈，笔记本上密密麻麻地做好了记录，一户一户开"处方"。7月正值烈日当头，为了避免中暑，村支部书记郝士成送给我一顶草帽，也正是因为长时间戴着这

顶草帽，我被老百姓们戏称为"草帽"书记。

到任之初，村委新建办公场地已经竣工，但因资金短缺问题迟迟未能入驻，而现有办公场地很难满足当前的工作需求。了解到实际情况后，我及时向帮扶单位开江县司法局主要领导汇报。为着实解决实际困难，开江县司法局先后为村上捐赠了4台办公电脑，打造了村级人民调解室和公共法律服务室，并配备了相应的办公座椅。同时，在长田乡党委、政府的大力协调下，争取了5万元用于购买办公设备。为了节约经费开支，我与村"两委"奔波于各大办公用品商店，货比三家，采齐了办公用品，于2018年5月顺利搬迁至新建办公场地。原有狭窄的办公环境和凌乱的资料摆放局面早已不见了，如今便民大厅、会议室、档案室、调解室等各项功能完善，设施齐全，资料摆放整齐，各项工作开展有序。

"梁叔，吃饭没有，吃了赶紧过来这边大家一起看电影咯！"今天我们农民夜校流动课堂给大家播放一部讲扶贫工作的电影《十八洞村》。为了营造良好的脱贫攻坚氛围，树立脱贫斗志，我与村"两委"商议，在傍晚时分，百姓茶余饭后，利用投影仪把农民夜校流动课堂搬进院坝之中，以大家喜闻乐见的方式开展宣传工作，树立脱贫斗志，并进行面对面的交流，解答百姓心中疑惑。此举不仅营造了良好的脱贫氛围，更拉近了干群关系，收到了良好的效果。

岩门子村集体经济发展欠缺，这一直是我到村后的一块心病。在实地考察了本村情况后，通过村"两委"商议，一致同意在上岩门子规划发展500亩青花椒产业，下岩门子规划发展"稻田+"水产养殖产业。

为了产业发展能够顺利实施，我与村"两委"不惧风雨走家串户和召开院坝会，向农户讲解政策，转变农户传统的种植观念，为他们树立信心，最终得到了广大村民的支持。

花椒产业经过前期土地整理后，花椒苗已栽种入土，目前长势喜人，已落实专人进行管护。为扩大花椒种植规模，在县委组织部调研集体经济时，我与村"两委"提供了集体经济发展方案，积极向上争取了100万的产业发展资金。2019年下半年将继续扩大500亩的花椒种植规模，2022年将进入盛产期，除去成本，保守估计集体经济将有50到60万元的纯收益，且能带动村民就近务工增收。"稻田+"水产养殖产业154亩，也已落实专人负责，由总公司统一进行技术指导，正稳步推进。

岩门子村，这个曾经山高路远，道路不畅的村，在驻村工作队的团结协作和村"两委"的共同努力下，正悄然改变。在过去的2018年，岩门子村顺利实现了贫困户43户139人的脱贫验收，脱贫攻坚各项资料归类有序；村集体产业开始步入正轨；基础设施建设逐步完善，村民出行方便了，生活质量改善了，2018年岩门子村被评为省级"四好村"。在过去的一年，岩门子村各项工作年终考核综合排名第一，受到了乡党委、政府的一致认可。党建工作更是走在前列，2019年6月，被长田乡党委评为"先进基层党组织"。

（作者系开江县司法局干部）

奋战在扶贫路上

唐　旭

　　我曾是一名武警战士，2018年12月转业到开江县人大常委会工作，2019年6月任回龙镇崔家坝村驻村第一书记。从一个进村必须带根"打狗棍"的不知所措的"扶贫新兵"，到现在脸膛发黑、脚粘泥巴，成为能和每家每户一起挤长板凳、摆上半天龙门阵的"扶贫老兵"；从乡亲们一开始口中客气生疏的"唐书记"，到现在一见到就高兴喊着"小唐快到家来"的亲热熟稔……300多个日夜积累的信任、成果与改变，让我更加坚定了和乡亲们一道脱贫致富的信心与决心。

　　驻村工作中，我始终坚持把学习习近平新时代中国特色社会主义思想和党的创新理论作为提高自身政治素质和本领的主要途径，进一步增强"四个意识"，坚定"四个自信"，做到"两个维护"，以党的创新理论指导工作实践。在上级党委的正确领导下，在县人大全力帮扶下，在村广大干群同志们的帮助下，我认真按照县委组织部的要求，紧密结合农村工作实际，牢牢抓住"两不愁三保障"这个关键，通过抓班子，带队伍，兴产业，促发展，迅速掀起干事创业的发展热潮，不断加强农村基础性工作，努力打造充满活力、和谐有序的善治乡村，村容村貌不断改善。

　　入村伊始我遇见人就先打招呼说"您好"，避免了喊不出名字的尴尬。在日常生活中慢慢熟悉，在点滴小事中加深记忆。初来乍到，不认识路我就请村里人帮忙带路，然后大致画个简图，来回多跑几次就熟悉了。当得知一组贫困户、退役军人、老党员邓思林对村上工作不是很理解和支持时，我先后五次来到他家中和他促膝长谈，详细讲解扶贫政策，帮助解决房顶漏水的实际问题，强化感恩教育，帮助其打开心结。从最开始的满腹牢骚，到后来见到我就要拉着去家里话家常，再到之后每一次"党员活动日"，他都准时参加。疫情期间，当六组组长魏祖楷心急如焚地找到我："唐书记，现在山上柑橘大家都已采摘在家，眼看着一年来辛苦就能换来回报，却因为疫情的阻挡而无法下山销售，只能等着变烂，这可怎么是好？"我立刻安慰魏组长说："老魏先不要着急，你先挨家挨户去做好果农工作，稳定好大家的情绪，不要随意下山，我来想办法。"接着，我一边主动向镇党委汇报情况，争取得到上级领导的支持，一边与村"两委"一班人商讨，想出了网上订单、专车配送上门的方式。不到四天的时间，就帮助果农完成了因疫情影响滞留的 12 万余斤柑橘的销售。因山上柑橘口感极佳，及至后来供不应求，果农们只需在家把柑橘打包装车，就销售一空。看到果农们喜笑颜开的面容，让我明白了天下无难事，只怕有心人的道理。

　　在汗水和苦闷中咬牙挺过了最艰难的时期，我相信只要适应村上的工作生活，只要脚踏实地，沉下心来，就一定可以把扶贫工作做好。我带领村"两委"深入村组调研，广泛征求村民意见和收集群众最期盼解决的问题。先后共同努力完成了一、二、五组约 3 公里生产便道的硬化，解决了老百姓出行不便的问题；当了解到本村大荒寺有无公害柑橘基地 1500 余亩，村民主要经济来源就是靠种植柑橘，但取水难取水远的问题长久以来成了老百姓的心病。为此，我积极上山调研了解实情，主动向县人大常委会主任马林汇报，并多次邀请相关部门负责人实地考察调研，积极争取项目支持。终于在各级领导的关心帮助下，已立项投资29万元拟建四口蓄水池，目前各项审批已完成，开工在即。任职期间，村里的基础设施不断得到改善。同时，2019年完成了9户21人脱贫的目标，全村实现了现有60户建档立卡贫困户155人的全面脱贫。

接到上级防控通知后，作为驻村第一书记的我，大年三十即投入战斗，第一时间组织召开村委会，按照责任划分，带领村"两委"对全村6个小组进行了一户不漏地摸排。主动要求在入村要道检测点执勤，积极进村入户，先后劝阻4户村民推迟了办喜事时间，最大限度地减少群众聚集，真正做到组与组、户与户相对独立、互不进出，区域清楚、责任明确，使疫情进不来、管得住。同时，还和村"两委"一道加强对湖北和重庆返乡人员健康监测、全面摸排人员往返情况，真正做到不让任何隐患进入村内。自采取系列措施以来，本村疫情防控工作取得了阶段性的成效，实现了无一例新型冠状病毒感染肺炎确诊和疑似病人。

习近平总书记强调，脱贫摘帽不是终点，而是新生活、新奋斗的起点。崔家坝村脱贫攻坚和近期的疫情防控等各项工作都有序顺利地开展，群众对党的感恩之情进一步提升，整体工作走在了全镇的前列。老百姓对我有了进一步的信任和支持，村"两委"班子整体战斗力明显增强。我希望能以实际行动践行一名转业军人退役不褪色的铮铮誓言，以实际行动践行一名转业军人的初心和使命。

(作者系开江县人大常委会干部)

共圆黄金梦

口述/胡元合 整理/杨云新

在第一书记这个光荣的岗位上,我与宣汉县黄金村村"两委"的同志们勠力同心,带动群众,圆梦"黄金"。

我是黄金镇中心校的一名教师。2019年1月,我被县教科局选派到黄金镇双堰村(2021年春并入黄金村),接手村党组织第一书记工作。我服从组织安排,迅速进入了角色。第一步,是对双堰村的基本情况做深入了解,做到心中有数,实施有针对性,为有效开展工作打下基础。双堰村位于镇东北部,距场镇15公里,最高海拔1300多米,平均海拔800米,立体垂直气温明显,属丘陵地带,被界定为贫困村。全村辖6个村民小组,共有485户2165人,其中建档立卡144户619人,贫困发生率28.6%。

怎样改变村里的落后面貌,按时完成脱贫攻坚的光荣任务?通过反复思考,黄金镇的历史文化底蕴启发了我。在历史上,黄金镇几度更名,最终定名黄金镇,蕴含着当地群众的崇高梦想。几多仁人志士,为了圆梦,付出了智慧和生命。但是梦想总是那么遥不可及。双堰村隶属于黄金镇,我决心与支部的班子成员一道,带动群众,开辟财源,奋力淘金,实现黄金梦。

　　我和村"两委"班子成员共同剖析，认为一直没有实现黄金梦的原因之一，是传统型农业导致原地踏步，走不出贫穷的怪圈。只有调整结构，培育支柱产业，龙头产业，带动农民增收，才能大步向前。针对群众普遍习惯了外出务工、"吹糠见米"的增收问路，组织引导，加大劳务输出的力度，提升了务工效率；针对双堰村山林面积大，结合实际，在三组发展农户种植青花椒60亩，目前已经挂果两年，有了一定的收益；引进公司投资500余万元在五、六组发展天麻种植，集育种、种植、烘干处理一条龙。现已种植近300亩，带动周边居民200余人就业，工资收入近100万元；壮大集体经济，采用集体+公司+农户模式，种植青花椒和青脆李，2019年收入13000元，增加了人均收入。

　　成立了"青花椒采收与整形修剪一体化技术推广"项目，并支持经费3万元。现在三组已建成青花椒采收与整形修剪一体化技术推广示范基地一个，力求以科技带动，促进产业发展。其次，以天麻种植为龙头，以公司技术为支撑，继续扩大天麻种植规模，吸引更大外资投入，动员全体农户积极参与，真正带动群众致富。经过近几年农业综合开发、土地流转等措施，群众的生产、生活观念有了很大转变，从种田的束缚中走了出来，解放了生产力，积极接受新生事物，创新意识有所提高。群众参与产业发展的热情日渐高涨。

　　实现了金山银山的梦想，还得把人居环境打造成金窝窝，才名副其实。为此，我们加强基础设施建设，改善人居环境。双堰村地理位置偏，辖区面积广，贫困人口多，基础设施落后。要想在短短几年内得以改善并非易事。我们从双堰村的实际情况出发，针对当前急需改善的基础设施，编制出分期分批实施的项目规划。为了争取项目，在我供职的县教科局大力支持下，在县涉农各部门之间，开始了不厌其烦的"化缘之行"。双堰村总计投入扶贫领域资金为674.8万元，其中产业投入27万元、基础设施投入620.8万元(道路修建硬化10.27公里、渠道整治及新建6.2公里、新建人饮10处、维修整治山坪塘1处、新建阵地建设3处、住房集中安置1处等),现全部投入使用。2020年6个扶贫项目;2021年2个,都已开工,投入资金共213万元。现在双堰村社社通水泥路,户户通自来水,群众乐开了花。

2021年春,双堰村同黄金村合并,成立了新黄金村。我决心与村班子成员齐心协力,打响新一轮"黄金梦"战役。在争取项目的同时,我们还组织编制了黄金村新一轮扶贫开发规划,同时,政府将黄金村纳入乡村振兴示范村,后期上报了5个拟建项目,涉及资金233万元,主要集中在基础设施改善方面。为了做好这些项目的各个细节,我经常在村办公室加班到午夜过后,甚至通宵达旦。这是我的工作常态。孩子多次问妈妈,我好久没有看到爸爸了,他在哪里?

在其他设施建设方面,陆续建成见效。农网改造全面完成升级改造;4G网络全覆盖,80%的农户安装了宽带,户户通电视信号;村新建卫生室,解决了群众的就医难问题;房屋改造基本结束,其中易地扶贫搬迁共28户98人,危房改造40户,广厦行动144户,土地增减挂钩57户,安居保障房1户,危房排危加固9户。

村民们想想过去,看看现在,感慨道,共产党服务人民,脱贫攻坚,让我们真正实现了黄金梦。

(口述者系宣汉县黄金镇中心校教师)

远程陪伴

口述/文德国　整理/杨云新

　　我叫文德国，是宣汉县天然气服务中心职工，2021年7月，组织安排我担任东乡街道办桐油村第一书记。在这个村工作时间还不长，暂时没有更多可聊的事情，还是谈谈我在庙安乡洞子村帮扶的故事吧。

　　2018年，桐油村三组的曾勇、桂贞德两家人，成为我的对口帮扶对象。曾勇在成都搞建筑，桂贞德在南方的外省务工，如果动员他们回来刨土地、搞种植养殖业，可能不切合实际，因为多年来已经习惯了这样的生活，再说我也不敢保证他们回来就比在外地收入高。但也不能因为他们远在异乡，就让帮扶流于形式，还得把帮扶做到家，见效果。如果到他们务工的地方去面对面完成任务，更是脱离实际的笑话。想来想去，我决定以远程助力的办法，帮扶这两家。我们加了微信，天天聊会儿天，交流思想和信息，分析劳务市场的形势，掌握劳务需求，结合自己的知识结构、身体状况、技术专长等，优选最安全、最快捷、最找钱、最稳定的工种。

　　我在微信中了解到，桂贞德在海上作业，晚上只剩下他一人留守船上，已经厌倦了这种单调孤独甚至带有恐怖色彩的夜晚，想在陆上找事做。通过深入聊天，得知他没有其他突出的技术，在陆地上干活，也是做重活，费力，得到的报酬远远赶不上海上的收入。而他上班的海上船舶，安全设施达标，通信良好，淡水和其他生活用品供应齐全，活路也不重，放弃了实在可惜。我就劝他，丢掉这份工作，再找到就可能会耽误较长时间，时间就是金钱。我与他交流了自己的想法，并主动提出由我陪伴他度过海上的漫漫长夜。他以为我是在开国际玩笑。我说不是玩笑，是说到做到。我说每天晚上和他视频聊天，我就能够面朝大海，与他面对面，零距离。他说可以试一下。从此，我们的视频聊天夜夜上演，聊海上的惊涛骇浪、风云变幻、甲午海战、郑和下西洋、蛟龙潜海、海燕搏击、历史与现实，天上与海上，陆地上的惊喜和寂寞等，聊家乡的脱贫攻坚、日新月异、奇闻逸事等。在不知不觉中，聊进了梦乡，彼此的夜，变得短暂而充实，浪漫与多彩，香甜而温馨了。

花开花落，几度春秋。桂贞德在海上打捞起每月两万余元的收获。家乡的危房，得到了异地搬迁。曾勇一家，我也通过远程聊天，陪伴他获得了较好的收益，危房也实现异地搬迁。两个孩子分别就读于大学和中学。

或许是我的对口帮扶有点子有办法，赢得组织信任，才让我担任了桐油村第一书记。在新的岗位上，我将交出合格的答卷。

（口述者系宣汉县天然气服务中心职工）

"明月"照我心

覃芷洁

我叫覃芷洁，中共党员。2016年，我满怀期许地向组织递交了一份申请书，如愿成为宣汉县东乡镇明月村"驻村第一书记"。

走进明月村的第一天，只见一间低矮的铁皮棚外，杂草丛生、蚊虫飞舞。村民们围着一个衣衫褴褛、蓬头垢面的人，七嘴八舌地数落着："你就是一个懒汉，你就是一个包袱。"我正想走近，忽然听到一声大吼："你们滚开，我就是个穷光棍，我就是死了也不关你们的事儿！"接着"哐当"一声，关上了门。向村民了解情况后才得知，这个人叫龚小胜，父母早亡，哥哥十年前离家出走，至今没有消息。因患有红斑狼疮，没人愿意靠近他，更没有任何女孩愿意走进他的生活。我想，龚小胜一定是孤独、无助和痛苦的，于是，我暗下决心一定要带他走出那个铁皮棚！

第二天，我早早地起床，带着棉被、衣服、大米第一次去看望他，想给予他更多的关怀，想让他体会到人情的温暖，但是没想到初次的走访换来的却是冷漠与谩骂。第二次，我没有带任何东西去看望他，因为不想让他觉得我是在怜悯他，所以我便站在铁皮棚外向他宣讲了两个多小时的帮扶政策，他默然地听着，仍然是满脸的不信任。第三次，我几经周折请来了皮肤科专家，为他检查治疗，他有些讪讪地，依旧是不搭理我，我只有灰溜溜地回到村委办公室。

当时我是真的不知道该怎么办了，我内心有点想退缩了，可是一想到晓玲姐口中的"犟牛"，想到明月村村民对美好生活的向往，我不能忘了当初递交申请时的铮铮誓言。对，我也要犟下去，于是我开启了"犟牛"模式。通过一次又一次的走访，面对他的冷嘲热讽我也依旧坚持了下去，龚小胜终于向我道出了他的心声："想脱贫、想致富，更想有个温暖的家。"多么质朴的愿望，对小胜来说却是他梦寐以求的生活。于是我四处奔走筹集资金，找解决方法，让他很快住进了新楼房。如今，小胜的病情已经得到了控制，成了村里的一名护林员，还谈了个女朋友，用小胜自己的话说："我又活回来啦!"

接下来的日子里，我忙碌着一户户走访了解情况，一场场院坝会宣讲政策，一次次帮扶困难群众，一项项推动产业发展。却时常没顾及独自养我长大的母亲和我独自抚养的儿子……

记得2019年的那一夜，已经20多天没有回家的我，正在村委办公室准备脱贫摘帽资料，妈妈打来电话："芷洁，宝儿生病啦，你能不能回家一趟呀?""妈，宝儿怎么啦?""宝儿好几天高烧不退，医生说情况有些严重，这些天我连着照顾她，腿脚也拖不动了，你倒是带他去大医院检查检查呀。""妈，您辛苦一下，我这实在是走不开呀……"接完那通电话的一刻，我的眼泪夺眶而出，妈妈本就体弱多病，这些年却毫无怨言地帮我照顾儿子，自己累得实在拖不动了才告诉我。检查结束后，我急匆匆赶回家才知道，儿子因高烧不退引发了脑膜炎，整整半个月才好。我真是一个不孝的女儿，也是一个不称职的母亲，但我必须把群众的冷暖记在心中，把百姓的幸福扛在肩上呀。

三年扶贫路，是参与、是付出、更是见证。我钟爱的明月村成了

县城美丽的后花园。这里山绿了，水清了，花红了，果满枝头，勤劳的村民过上了幸福美好的生活。明月村带给我的感动、喜悦和勇敢将永照我心，砥砺前行！

（作者系宣汉县公交公司办公室主任）

四年帮扶路　一生驻村情

吴名墩

2017年初，单位轮换第一书记，我主动请缨到贫困村开江县回龙镇陈家沟村担任第一书记。

从刚入村时的踌躇满志，到驻村期间的酸甜苦辣，再到即将离开时的依依不舍，我深刻体会到基层工作的繁重复杂、基层干部的敬业奉献、基层群众的朴实可爱，更深深体会到驻村第一书记担子沉重、使命光荣！

还记得，2019年12月25日，那是一个寒冬腊月的清晨，疲惫了一天的我还在鼾声如雷。突然，一阵急促的电话铃声吵醒了我。"吴书记，向贤碧家中发生了火灾……""有没有人员伤亡，我马上到！"望着眼前的一切，老人心急如焚，家里烧得面目全非，儿子在外地打工，一个人在家带孙子。"吴书记，你一定要帮帮我……"望着老人沧桑而又无助的眼神，我心如刀绞，"一定要帮助她渡过难关"。我们立即行动帮她筹集过冬物资，也第一时间向单位领导报告。帮扶单位通过"扶贫一日捐"，大家你100，我200，募集资金近5000元。当我们把慰问金交到她手中时，老人拉着我的手，颤抖地说："谢谢吴书记，谢谢你们，要不是你们的帮助，我差点就不想活了……"

我们的工作也有不被理解的时候。在一次低保评定小组会上，李善国因为对评议不满，大闹会场，在我给他讲道理的时候，他撂下一句话，"不给我评低保，谁都别想评……"那一刻，其他村民都望着我，我满脸涨得通红。后来，我们到他家反复给他摆政策、讲道理，评定工作才顺利进行。但仔细一想：在精准扶贫中，群众"不患寡而患不均"，如何从制度层面避免扶贫政策享受不透明、不公平这些问题？经过多方调研，我们创新建立"三级评议"制度，让群众全程参与民主评议，让惠民政策在阳光下落实，构筑起基层廉政"防火墙"。慢慢地，得到了大家的认可和支持……

脚下沾有多少泥土，心中就沉淀多少真情。经过几年的发展，陈家沟村成为全县"果林+"产业核心区，真正实现了"山上峨城山，山下花果山""文明新风焕然一新"。致富带头人谭奇剑几年前对我说："吴书记，我最大的梦想就是养10头猪，卖了好给儿子讨媳妇。"经过几年持续不断的努力，2020年他家全年生猪养殖达到300多头，收入近100万元。党员龙爱民的跑山鸡飞出大山，销往成都、重庆，每年盈利上百万元。

如今的陈家沟村基础设施日臻完善，产业发展初具规模，村容村貌明显改善。一条条宽阔的公路、一排排漂亮的新居、一张张幸福的笑脸，见证着陈家沟村的沧桑变化，更诉说着全体村民稳定脱贫、启航乡村振兴的美好愿望。

第一书记任期结束了，乡村振兴帷幕已拉开。"往事成追忆，未来犹可期。"祝愿陈家沟村能借着乡村振兴的东风建设得更加美好！

（作者系开江县纪委干部）

以党建推进脱贫攻坚

口述/张　凯　整理/杨云新

　　我是山东人,妻子是河南人,原来在外省工作。我们通过媒体得知宣汉文化底蕴厚重,物产丰富,山好水好人好,又正在开展文旅扶贫,夫妻俩就商量着要来宣汉工作,贡献力量,没想到顺利地圆了梦想,别人戏谑我们是整体入蜀,全家援宣。我在宣汉工商质检局工作,报到不久,就赶上遴选第一书记这趟早班车,我被任命为庙安镇中山村第一书记,很是欣慰,感到实现了我的初衷。

　　村支书带领我们几个支部委员,深入每家每户,倾听群众呼声,掌握群众诉求,发现村上的党组织虽然健全,但是党建工作还成问题,主要体现在党员先锋模范作用不强,个别党员的觉悟甚至不如一般群众。村支部决定,扶贫先抓党建,以党建推动扶贫。恰恰在这时,镇党委确定了以"脱贫攻坚党旗红·奔康路上争先锋"活动为载体,以"培养全科干部、培树全责党员、培育全民产业"为抓手,强化"组织引、党员带、群众跟"的工作举措,着力把农村基层党组织打造成脱贫攻坚的领导核心和"一线指挥部"。我们结合本村实际,把党建工作与脱贫攻坚结合起来。第一是组织党员学党史,明宗旨,践初心,勇担当;第二是开展党性强不强,就看脱贫攻坚能否打硬仗;第三是开展一个党员一面旗帜，引领群众致富奔小康；第四是开展坚持党建引领、能人带动、核心示范、全民创业，带领群众一届接着一届抓，一年接着一年干。

为了给党员加压，落实到行动上，规定每个党员不仅要写心得体会，还要写党建与脱贫攻坚日记，每个季度集中交差阅示每个党员的日记，看日记是否天天记，是否假而空，记的是否鸡毛蒜皮之事。同时强调，写日记不是目的，而是通过这个手段，自我加压，切实做到熟知党史，增强党性，脱贫攻坚，服务群众。每个党员都坚持一天不挪地写了日记。我们要求每个党员至少带动一个村民小组建成一个规模种植、养殖场，每个党员向支部表示了决心，均完成了任务。按照镇党委的要求，深入开展以"诚信、守法、感恩"为主要内容的公民道德教育活动，学习《庙安脱贫攻坚100问》《庙安脱贫攻坚三字经》；采取遍访贫困户和会议、广播等多种形式，教育引导群众励志脱贫，不再"蹲在墙角晒太阳，等着别人送小康"。每个党员还分片包干，开展道德教育治贫，激发贫困群众内生动力。村里先后涌现出一批全市脱贫奔康示范户、全县脱贫奔康示范户、全县道德教育模范户。先后建成了脆李、猕猴桃产业扶贫示范园区，中药材枳壳种植基地；新建了李子酒厂，甜型、半甜型李子酒远销各方。而今的中山村，已经是"庙安花果山"国家AAA级旅游景区的一部分，2017年被评为四川省脱贫攻坚文化扶贫示范村，2018年被评为达州市"四好"村，2021年被评为宣汉县先进基层党支部，我被评为四川省"优秀第一书记"。

（口述者系宣汉县市场监督管理局干部）

扶贫路上苦干实干

难忘宣汉扶贫路

冯利琼

2020年2月的一天，我手机上出现了一条"四川省31个县退出贫困县序列"的推送消息，我急切地点开，详细看了看，很快在里面找到了"宣汉县"，我忽然松了一口气，心中默念道，终于脱贫了。此刻的我，仿佛还是一名宣汉的挂职干部，回到了五年多以前，回到了那段我去宣汉扶贫的岁月。

从成都到宣汉　因贫困而结缘

2014年10月，我接到省检察院安排我到宣汉县挂职的通知，主要负责省检察院定点帮扶工作。那一刻，我对宣汉这个陌生的地方充满好奇，这究竟是一片什么样的土地，会让省检察院帮扶长达六年之久？我一边查阅资料、一边向在宣汉工作过的同事打听，才知道，宣汉不光是国贫县，而且还是四川省贫困人口最多的县。可想而知，这个县要摆脱贫困的任务会有多么艰巨。我怀着激动而又忐忑的心情，迈上了前往宣汉的路程，那时，我充满遐想、斗志昂扬。

10月14日，我终于踏进了宣汉的土地，呼吸着来自大巴山的新鲜空气，感受着宣汉人的豪放热情。没有想到，从此以后，我就深深地爱上了这里。

从机关到基层　因帮扶而生情

18岁参加工作后，我就一直在省检察院机关，28年的机关工作生涯中，岗位的变动也无非机关大楼里东边与西边、楼上与楼下的距离。当来到距成都千里之外的宣汉时，我的工作也发生了彻底的变化。作为宣汉县委常委，我的第一职责就是帮扶。为尽快找准角色定位，我将工作重心主要集中在对宣汉贫困现状的了解。我用三个多月时间，把全县54个乡镇跑了个遍，走访了近百个村和上百户群众。这段时间，我走的路可能比我在机关工作一年走的还多，确实效果也很好，我瘦了好几斤。但一路走下来，我一直被触动着，至今，我都忘不了第一次走进农家小院，看到留守老人那无助的眼神；忘不了在大雨天的泥路上，孩子们仍然步行10多公里上学的身影。城乡差距大、区域不平衡、农村条件差，是我对宣汉贫困的初识。我也在思考着，该如何用自己的微薄之力，来为这里的扶贫事业添上一份力？

为尽快找到破题办法，少有基层工作经历的我，常常向当时分管扶贫的县委常委李良同志请教。在他帮助下，我结合分管工作，确定了自己的帮扶思路，就是12个字："锦上添花、雪中送炭、无中生有"。

"想明白就干。"是宣汉县委书记唐廷教同志常挂嘴边的话，我耳濡目染，也是这样，马上开始了真刀真枪的扶贫之路。

从农村到县城　因收获而喜悦

我"锦上添花"的头号对象就是柳池乡金竹村，这是省检察院对口帮扶的联系点。在省检察院五年时间的帮扶下，全村发生了翻天覆地的变化，累计投入的2000多万元帮扶资金，产生了巨大效应，整个村子路网通畅、产业兴旺、公共服务设施齐备。在我到宣汉时，金竹村就已是非贫困村，当地群众的生产生活水平走在了全县前列。于是，我在落实好省检察院定点帮扶任务的基础上，重点在提升金竹村的"软件"上狠下功夫。通过走访发现，这个村支部的党建工作比较缺位，群众对村"两委"班子满意度普遍不高。为此，我专门召开全村党员大会和"两委"班子谈心谈话会，并向县委组织部和当地党委作了如实反映。后面，组织选派了当地政府农村工作经验丰富的正科级干部到村担任第一书记，并对两名不作为的村组干部进行了调整。新的村"两委"班子很快焕发出新的活力，在一年内就发展了1名党员、培养了2名入党积极分子，实现了该村三年发展党员"零的突破"。班子配强了、后继有人了，金竹村的发展充满着希望。

对于"雪中送炭"，我是最急切的。根据安排，我还负责漆树土家族乡松林村的挂包工作。这是全县最穷的巴山大峡谷片区里的一个村，第一次到这个村调研，就碰到有群众向我反映饮水困难的问题。经了解，这个村的一组、二组共780人饮水极度困难，天气连续晴上一周就要靠挑水维持饮用，人畜饮水得不到保障，更谈不上灌溉用水，加上当地山势陡峭，不少群众在挑水路上摔断了手脚。调研回来第二天，我就带着水务部门工作人员前来实地查勘，选择了三个点修建安全饮水工程。两个月后，我去现场验收，在拧开入户水龙头的那一刹那，一股清澈的水流涌了出来，这家人嘿嘿地笑了，我也笑了。我接了一杯水喝下去，水是淡的，但此刻我的心是甜的。

作为下派干部，我有着省检察院这样既大又强的"娘家"，能借助这个大平台来为宣汉争引项目资金，是我做好"无中生有"文章的关键。我当时分管商贸经济和服务业，认识到宣汉作为内陆贫困山区，既没有先天的口岸优势，也没有高效的交通网络，农村丰富的土特产品卖不出去，农民的增收渠道没有拓宽。所以，我选择从商贸物流入手，主动亮身份、带队伍，多次到上级商务部门争取支持，成功争取到"第二批国家级电子商务进农村综合示范县"项目落户宣汉，宣汉电商发展的大门从此被打开，农民的好产品也不再愁销。过程最艰辛的，还是招引商贸物流龙头企业——天津亿联集团入驻，从考察到互访、从谈判到签约，累计飞行里程达1.2万公里，先后历时六个多月，终于在2015年7月23日成功签约，一个在县城占地近300亩的项目开始落地建设，不仅为宣汉带来了15亿元投资，更是开启了宣汉商贸物流的新时代。

从扶贫到奔康　因难舍而牵挂

原定于在宣汉两年的挂职时间，因省检察院帮扶县调整到了古蔺县，我在宣汉的挂职时间也就定格在了一年。这一年里，我品尝了秋时桃（乡）出炉的稻米，戏玩了罗盘（顶）冬季的大雪，领略了庙安（镇）春天的李花，体验了渡口（乡）夏季的清凉，宣汉这方山水、这地人文赋予了我太多太多。这一年的扶贫之路，让我与宣汉结下了一生难舍的情缘，在宣汉，我感受到了困难群众被慰问时的那种感激之情，也感受到了贫困学生被资助后所付出的格外努力，更感受到了落后地区被帮扶后迸发出来的自强不息。为了摆脱贫困，他们无时无刻不努力着，我被他们深深感动着。

告别宣汉之时，我接到省检察院一个电话，电话那头告诉我，宣汉的一个贫困村，几十户村民向省检察院写了封联名感谢信，表达对我的挽留之情。那一刻，我流下了不舍的泪水，虽有遗憾，但也无憾。

离开宣汉都快五年了，我依然时常关注着她。

我得知柳池乡在2016年撤乡建镇了，马上也将并入普光镇，成为经济开发区的重要版图。这个省检察院曾经的联系点，终于摆脱贫困、走上富裕。

我得知巴山大峡谷景区已经建成了，曾经全县最穷最差的地方，成了最美最富的地方。

我得知亿联建材家居五金城已成为宣汉的城市新名片，商贸物流园区是达州市最大的县级商贸物流地。

我得知宣汉县2019年已整县脱贫。

我期待着宣汉早日传来全面建成小康社会的消息，也期待着宣汉传来越来越多的好消息。

（作者时任四川省检察院政治部宣传处副处长）

把责任扛在肩上

口述/李　皓　整理/肖秋冬　阮　江　潘孝锦　刘新见

　　我原本在开江县骑龙乡担任党委书记，2016年5月，组织上把我调到了全县贫困村数最多、贫困人口最多、脱贫任务最重的任市镇。全镇共有7个贫困村，3014户8567人贫困人口。到任前县委书记给我谈话，要我不辜负组织信任，勇挑重担，把任市镇脱贫攻坚做好，做出成绩。对于组织的安排，我立马欣然赴任，决心用实际行动感谢领导的信任。

力求脱贫攻坚实效

　　一到任市镇，我就把"扶贫先扶志、脱贫先去懒"作为打好脱贫攻坚战的长远之计，结合乡风文明建设专项扶贫行动，引导各村（社区）制定村规民约、建立"红白理事会"，扎实开展"传家风、立家规、树新风"和"感恩奋进"主题教育活动1000余场次，组织各类技能培训300余期，鼓励发展家庭农场、专合社1200余家，塑造脱贫典型634户，其中响滩桥村65岁的贫困户李生桃，8岁时因触电失去双臂，凭着顽强的毅力独立生活了下来。在我的鼓励下，她组织家人开挖鱼塘，建起养殖场，种植水果和草药，其先进事迹在全市范围内引起强烈反响。同时还成功创建省级"四好村"6个，其中，伏龙寺村被中央文明委授予"全国文明村镇"荣誉称号，竹溪村荣获全省首批乡村治理示范村。这些年，通过政策宣讲、技能培训、榜样引导等方面的努力，全镇贫困群众从思想上祛除"等靠要"的懒惰思想，思发展、奔小康的氛围越来越浓厚。

打好基础设施建设、易地扶贫搬迁、教育医疗住房保障"三场硬仗"作为打好脱贫攻坚战的重要工作，把有限的项目资金用在最需要、最困难的地方，先后打捆整合涉农财政项目资金1.2亿元，实施易地搬迁463户、受益群众1441人，新建23个村级党群服务中心和7个文化广场；硬化村组道路200余公里，辖区131个村民小组扶贫道路全线贯通；修建饮水工程30余处，新建污水处理厂3座，改造卫生厕所4379户，改造CD级危房1400余户；群众期盼多年的绕场路、第二人民医院、便民服务中心、初级中学、中心幼儿园等一大批民生工程竣工投用，全镇公共服务水平得到全面提升，脱贫基础全面夯实，为群众改善人居环境、享受家门口的医疗教育、发展致富产业提供了坚强保障。

我们始终把发展壮大特色产业作为打好脱贫攻坚战的根本之策，以"稻田+""果林+"特色产业为抓手，以壮大集体产业为载体，大力发展"大闸蟹+小龙虾+珍珠蚌"等特色产业1万余亩，建成"省五星级现代农业园区"1个，培育龙头企业5家、家庭农场100余家和村集体经济合作社18家，为贫困群众提供各类工作岗位2000余个，全镇贫困人口人均纯收入6年翻了近三番，2020年人均收入达到6515元，脱贫攻坚实现了由"输血式"向"造血式"转变。

用热心、爱心、耐心做好脱贫攻坚工作

脱贫攻坚不是一蹴而就的事情，工作中经常遇到这样或那样的问题，我和全镇干部一起用热心、爱心和耐心，解决脱贫攻坚战中遇到的各种困难。

由于农业产业大多周期长、见效慢，加之缺乏资金、技术，害怕面对市场风险等现实客观原因，特色产业发展初期很多贫困群众对加入村级集体经济，存在不信任和抵触情绪，参与积极性不高。为此，我组织班子成员采取走村入户和院坝会形式，充分摸底调研，创新集体经济发展思路，抢抓民生渔业发展有限公司企业总部和基地核心落户我镇的资源、资金汇聚优势，着力破解村级集体经济在启动资金、土地流转、管理人才方面的难题，并设立产业发展引导资金，与技术成熟的水产养殖龙头企业共同组建产业联盟，增强扶贫产业风险抵抗能力，通过全方位宣传发动，彻底打消了群众顾虑，全镇23个村（社区）率先实现村级集体经济建设全覆盖，为脱贫奔康打下了坚实的产业基础。

易地扶贫搬迁是解决"一方水土养不活一方人"问题，实现贫困群众挪穷窝、摘穷帽的有效方式。脱贫攻坚以来，我镇共实施易地扶贫搬迁463户1441人，占全镇贫困人口的16.8%，如何保证搬迁群众"搬得出、留得住、能致富"，是我们必须要思考的课题。在搬迁群众"挪穷窝"的过程中，我们同步建设污水处理设施、安装村道路灯、新建图书室和诊所等基础配套，不断提高农村公共服务能力，用最温暖的初心改善老百姓生存环境。与此同时，我们积极对接县级有关部门，将易地扶贫搬迁后扶资金托管到农业龙头企业，签订固定分红协议，按比例给易地扶贫搬迁贫困群众进行分红。并加大公益性岗位分配和就业技能培训倾斜力度，围绕易地搬迁集中安置点加大特色产业布局，大力发展乡村旅游，让搬迁群众有事可做、有活可干，持续巩固易地扶贫搬迁成效，不断提升群众幸福指数。

与建档立卡贫困户结兄弟

2016年5月，我一到任市镇，主动承担刘昌洪家的帮扶联系人。刘昌洪由于没有多少文化，家庭人口多（6口人），2014年被确定为建档立卡贫困户。

我一到刘昌洪家，先后看了他家的住房和包产田地，我拉着他的手坐下问道：家里有几口人？有几个孩子？每个人的身体状况怎样？家里的经济收入主要靠什么？收入怎么样？……

接下来我对他说："老刘哇，今天我对你家的情况有了一个初步的了解，建议把你家里的山地、坡地充分利用起来，搞果树种植；把你家房前屋后的非耕地利用起来养鸡子、鸭子。"他不停地点头说："要得要得。"

回到镇上后，我一方面找信用联社任市营业部给刘昌洪联系无息贷款，另一方面帮刘昌洪寻求橘子树苗、椪柑树苗、柿子树苗。

过了几天，我要刘昌洪带好身份证到镇上找我，我和他一起去信用联社办理了50000元的贷款手续。

6月初，又通知他到镇参加果树栽培技术学习。学习后，刘昌洪发动全家人到家里的山地和坡地打树窝，不几天，1米多高的橘子树苗、椪柑树苗、柿子树苗都先后送到了刘昌洪家。刘昌洪全家人都特别高兴，起早贪黑地栽树、浇水、施肥，干得热火朝天。

大概是6月10日的样子，我带着果树技术员到刘昌洪家察看果树

栽植情况，果树技术员在地里给刘昌洪分别讲了橘子树、椪柑树、柿子树的管理方法。

第二天，我又托人给刘昌洪家送去了2000只半大鸭子。

就这样，刘昌洪家逐步开始向脱贫致富道路迈进，生活开始发生变化，日子一天比一天过得幸福。2016年底，按照"一超六有"标准，全家超标脱贫；2020年底，刘昌洪家人均纯收入达到8200多元。

尽管刘昌洪家发生了很人变化，但我还是坚持每个月要到他家去看看，让他家在脱贫致富道路上一步比一步更坚实。一次《四川日报》记者采访刘昌洪时，他对记者说："没有李书记对我家的帮扶，就没有今天的我，他好比我的好兄弟。"

（口述者时任开江县任市镇党委书记）

大成成大事

口述/李海达　整理/杨云新

　　我叫李海达，担任宣汉县大成镇党委书记五年，带领党政一班人，以决战决胜脱贫攻坚的执着与坚忍，推动全域实现高质量脱贫奔康，向组织和群众交出了优秀答卷。我虽然不是军人出身，却有一股子军人的战斗作风和组织能力。或许正是这个原因，县里组建退役军人事务局，把我调去担任"一把手"。

　　凝心聚力动真格。我始终把脱贫攻坚作为第一政治责任抓紧抓实，挂图作战，倒排工期，每周专题研究，制定帮扶规划，解决重大问题；亲自现场督导，每月通报，严格问责。村干部因脱贫攻坚工作推动不力被免职的或因实绩突出予以提任都有。抓好党员干部、乡土人才和乡友乡贤三支队伍，凝聚全社会力量。常态化推行红黑榜和积分制管理，对拒不赡养贫困老人的反面典型加以教育，对脱贫先进予以表彰，有效激发群众内生动力。

　　精准施策出真招。少说多干，务实低调，我把更多时间用在思考和推动发展上。制定"全民困难程度倒排序工作法"，识别新增贫困户79户141人，实现动态精准识别。坚持三产整合发展，先后建成巴山牡丹园、玫瑰产业园和蜀宣花牛+优质牧草现代农业产业园，初步实现全域产业、全域旅游。坚持创新创业，产业就业，大力培育产业带头人和创办扶贫产业。先后引进回乡青年、致富能人28人，成立扶贫车间（基地）5个，股份经济合作社23个，社区扶贫工厂2个。坚持因地制宜，大力扶持本地优势特色微产业园，如菜园、果园、花园和养殖小区。2020年全镇咸菜产业收入达2000万元，大地村豌豆尖实现收入120万元。创新利益联结机制，发展村集体经济组织11个，回龙村领办的县森山农业开发有限公司成省级扶贫开发龙头企业，向215户贫困户累计分红22.5万元。

亲力亲为用真情。我出生在农村，长在大山，始终以最朴实的点点滴滴践行着一名共产党人的初心使命。2016年到任后，我半年实现遍访贫困户2043户。坚持定期全覆盖回访，督导全镇891名帮扶责任人真帮实扶。率先垂范，主动啃硬骨头，到基础条件最差的千岭选择最穷的7户，每月3次到户帮扶，解决具体困难；帮助贫困老人崔庆林养蜂，实现年增收2000元。崔庆林每次新酿蜂蜜时都邀请我去品尝一番。推动扶贫服务延伸，专班服务宁波大成农民工。在防控新冠肺炎疫情工作期间，我亲自推送务工信息，有力克服了疫情不利影响，实现了稳就业稳收入。

决战决胜脱真贫。咬定"两不愁，三保障"目标不放松，数年如一日地抢抓脱贫攻坚政策东风，我坚持项目亲自规划、亲自督促、亲自检查，以最快的速度、最大的力度推进项目建设。五年来，建成通村通组路65条200公里、人畜饮水项目56个，解决2250户村民的饮水问题、235户安全用电，实现道路组组通、网络户户通、户户用上放心水、家家都有致富路。我把住房安全放在突出位置，坚持专班推进，实施广厦行动3500户，易地搬迁366户，建成聚居点8个，实现了户户住上好房子。海拔1000多米的香炉山片区3个村6个组20多公里道路全线贯通，圆了群众千年夙愿。

接续奋斗见真章。干成干好，说到做到，我用实干、实绩赢得了群众口碑，成功通过国家、省级检查验收，被表彰为全市优秀党务工作者、四川省脱贫攻坚先进个人。在面对组织的提拔调动时，我主动申请继续留在大成。我以前瞻的思维、独到的眼光，在高质量脱贫时统筹推动乡村有效衔接，建成县脱贫攻坚引领区、乡村振兴示范区、省级现代肉牛园区、全国产业强镇，现正在阔步迈向国家级现代农业园区。

（口述者时任宣汉县大成镇党委书记）

我是扶贫"牛人"

陈泽胜

"规划的200亩水果产业，是经过专家选出的优质苗木，实行统一管理、统一销售后，将人均增收1000元以上。"我在院坝会上为村民规划致富蓝图。

我叫陈泽胜，个子不高，瘦瘦弱弱，是开江县乡村振兴局干部。工作27年来，我没有惊天动地的事迹，有的只是一颗充满炽热真情的为民心和一股使不完的"牛劲"。我常说："干工作不干则已，要干就一定要干好，干出一点模样来！"

我是"老黄牛"
有股勤勤恳恳，尽职尽责的干劲

2002年，开江县从县农委划分出扶贫移民局，担任县农委办公室主任的我被安排到新单位工作，这一干就是13年。

"全局只有6人，工作任务重""单位工作职责需理顺，底子需摸清""扶贫是新任务，需要从头开始学"……新单位成立面临着诸多难题。

正值壮年的我，主动承担起办公室和扶贫股的工作。不熟悉扶贫工作的我，为完成领导交办的任务，常常上午下乡检查、下午处理材料、晚上学习业务。短短一年的时间，我走遍了全县227个村、社区，资料记满了厚厚的5个笔记本，全面掌握了贫困村经济发展现状、群众愿望、扶贫工作方针政策等大量信息，被领导和同事赞誉为扶贫工作的"活字典"。

忙了工作，忘了身体。"一天忙得不可开交，家庭也很少照顾，连身体都未放在心上。"父母和妻子看着我渐渐消瘦的身躯，支持转为了抱怨。

食欲下降，常常伴随腹胀和腹疼，我察觉出了身体不适，可忙得不可开交，哪里顾得上自己的身体？我总在心里想，等忙完这次，就去医院看看。就这样，一拖就是几个月。2003年2月4日，正在草拟方案的我突然吐血晕倒，同事们赶紧把我送到县人民医院检查，经诊断为肝硬化，并联系到成都华西医院进行手术治疗。

"你安心治疗，将身体养好，工作上不要操心。"局领导多次看望安慰我时无比关怀和心疼地说，医生也强烈建议请假休息半年。"扶贫任务太重了，单位人又少，我放心不下。"做完手术一个月后，我便返回了工作岗位。

我是"孺子牛"
有股无私奉献，清正廉洁的狠劲

"扶贫关乎人民群众的根本利益和社会发展，我们扶贫人要把好廉洁关，让钱用在刀刃上，发挥最大效益。"这是我经常挂在嘴边的话。

2012年，我验收讲治镇双河村整村推进项目时，发现村道少硬化

了30米，银杏少栽1.4万株，立即现场下达了整改通知书。承包人找到我，送上6000元的红包，希望给予关照。我一口回绝，并监督承包人严格履行合同，为国家挽回经济损失2万多元。

对他人严，对自己更严。我的老家普安镇天星坝村有100多米的村道未硬化，亲朋好友多次找到我，希望早日纳入规划解决。考虑到全县多个贫困村的道路问题尚未解决，我认真进行了解释并予以拒绝。

类似的情况很多。特别是近年来扶贫工作上升到国家战略层面，国家对秦巴片区给予了大量的资金和项目扶持，经过我的项目资金就达6000多万元。很多亲朋和商人找我要项目、给好处，我都以违反规定为由予以拒绝。

同时，我在领导的指导帮助下，创新实施"阳光扶贫"行动，完善项目管理、验收等制度，每项扶贫工程都要经过村民大会讨论、实地踏勘、可行性论证、项目竞标、项目公示等程序，扎紧扶贫工作制度的"笼子"，全力铲除滋生腐败的"土壤"。

"做事要对得起'共产党员'的称号，对得起自己的本心！"我认真地说道，纪律的口子一旦打开，就很难收拢。

我是"拓荒牛"
有股用心耕耘，稳健扎实的韧劲

开江县是省级贫困县，有着近6万贫困人口，扶贫责任重大。

"磨刀不误砍柴工，要真扶贫、扶真贫，关键要按照县委的'六个一批'和'十大扶贫行动'要求，制定好扶贫规划，引领扶贫发展。"近年来，我带领扶贫股一班人，深入各贫困村，了解致贫原因，找准问题症结和制约农村经济发展的主要矛盾，精心拟定扶贫规划，得到上级部门和县委、县政府的认可。

为了帮助贫困村发展产业，激发群众自力更生创业致富，我与各职能部门多方协调，积极沟通，按照"合作社+农户"和"公司+基地+农户"的模式，发展银杏1万多亩、油橄榄2000多亩、生姜500亩、优质核桃500亩，劳务培训3000多人，稳健扎实地推动贫困群众增收致富，全县农村人均收入由5000余元增长至7000多元。

一分耕耘，一分收获。我由一名不懂扶贫的门外汉成为精通业务、熟悉政策的行家里手，各项工作得到组织和领导的肯定，多次被表彰为"四川省十年扶贫开发工作先进个人""全市扶贫工作先进个人"和"开江县'争先创优'好党员"，2017年被全国总工会评为"五一"劳动模范。

（作者系开江县乡村振兴局干部）

在回龙村帮扶六年

何能荣

2014年秋，渠县岩峰镇回龙村被列入脱贫攻坚的帮扶村，由市总工会、团市委、达州水务集团定点帮扶。2016年1月，集团公司派出的驻村队员因病不能再坚持帮扶工作，我主动请缨来到回龙村参加驻村帮扶工作，方知回龙村共有1035户3099人，其中贫困户222户639人，贫困发生率较高。这个在大山深处的村落三面环山，耕地大都沿着山地开垦，自然环境较差，人均耕地面积仅1亩多。群众收入以种植经济作物和外出务工为主，群众增收致富渠道少，经济发展特别缓慢，脱贫任务十分艰巨。

作为水务集团的党员，作为退役军人，我暗下决心，宁愿自己脱层皮也要让回龙村贫困村民脱贫。

改善设施助力脱贫

我在走访中尽快熟悉了每户村民的名字和家庭情况，并从中得知，村上还有部分村民用不上自来水，吃不上干净水，就向集团党委反映这一情况。从2016年开始，水务集团陆续为回龙村进行水网工程建设，铺设供水供管道近6公里，扩建供水1处，新建人畜集中供水工程3处，解决村民吃水难问题。贫困户没有收入，跑水务集团公司拉赞助，出资7.5万元到养猪场，每年给贫困户分红。回龙村临江，为了预防汛期发生洪灾，我跑各部门得到他们的支持，为该村修建500米河堤，并完成了连接三组至一组唐家河5米河面便民桥一座；修建完成了五组石河堤一座，改善五组150余亩良田的灌溉；新建了4口山坪塘，整治2口山坪塘。水网、水利工程的建设，保障了村民的生命财产安全，并为村民的生活带来了极大的便利。

要脱贫，先修路。由于多种因素的影响，回龙村有一段路面一直未硬化，我积极协调奔走村组7.5公里"断头路"路基项目。经与其他两家帮扶单位商定，筹集了16万元用于解决这最后一段土路的开通和硬化。目前，全村道路总共32公里，新建联组道路12公里，村道路灯亮化5公里。回龙村"断头路"硬化项目的完结，打通了联系群众的最后一公里，村民的脱贫路也随之畅通。

"用水问题和出行问题解决了，住房问题却还存在着隐患。有一少部分村民还住在危房里面，需要实施危房改造。"这是我最担心的。在政策和帮扶单位的共同努力下，帮扶小组用三年时间分散安置了53户贫困户，异地集中安置45户贫困户，并新建了面积达96平方米的卫生室，配备4名合格医生。如今，文化室面积达80平方米，藏书达1800余册，有移动、电信和4G通信网络。为解决回龙村委会办公设备老化问题，我联系公司前后出资8.8万元，给村委会办公室新置办了会议桌、电脑和打印机等，方便快速办公。集团公司品牌杨义杰志愿服务队利用休息时间义务为村民修水管、更换水龙头等，为村民服务。

消费扶贫爱心助学

"每逢元旦、春节等节假日,帮扶我的何书记会给我家送米、油、白糖等生活物品,还有慰问金呢!端午呢,就送粽子;中秋就有月饼。遇到小春耕种的时候,我还会收到种子、农药、化肥这些急需品。"有一个村民经常向别人讲述道。他说的这位帮扶人就是我。他父亲以前是抗美援朝的老兵,在战场上受了伤回来,已经90岁了,经常生病。我得到这个信息后,记在心中。回到市里跑多家药店买药,到超市买食品,给老人带去了温暖和慰藉。

不只是送,还要形成互动。针对部分贫困户农副产品滞销的情况。我联系水务集团帮扶干部职工认购、自购、推销的途径来帮助村民销售自家生产的大米、鸡蛋、土鸡、土鸭、红薯粉、脐橙、柚子等农副产品。这种消费扶贫的方式,解决了困扰村民的销售难问题,增加了村民的收入,使帮扶双方构成了一个互动的双箭头。

"再苦不能苦孩子,再穷不能穷教育。"为解决回龙村困难学生入学难问题,我每年积极联系水务集团向团市委"爱心圆梦"项目捐款3万元,使回龙村每年困难学生能够继续追逐知识,圆梦校园。

"有一个叫王春燕的孩子,母亲早早就生病去世了,父亲智力上又存在一定缺陷,家里还欠了几万元的外债。""平日就靠她父亲打打零工,做做农活来供两个孩子读书。我也不想看到孩子在该上学的年纪却离开校园,留下遗憾。"这是我的真实想法。我耐心做王春燕、王燕两个贫困学生的工作,鼓励她们上学;帮助她们联系学校和购买书籍等,使王春燕得以在达州中医学校顺利毕业,现在她又考入四川绵阳医学院进一步深造。

巩固成效实现乡村振兴

　　村民的物质生活得到提升，丰富精神文化生活的任务也不能落下。村里留守老人较多，精神文化生活单调，我联系镇上给每个村民小组放一场电影，还联系达州水务集团参与的巴山文艺帐篷轻骑队来到回龙村举办文艺汇演，给回龙村村民们带来了一场精彩的文化盛宴。此外，我希望农民夜校并非想象中做样子似的花架子，农民夜校按照每月三期的标准，精准制订教学计划达到教学目的。为了提升群众参与的积极性，课堂上还会设置有奖问答环节。积极发言的、回答得好的"学生"能够有机会得到肥皂、香皂、毛巾、洗衣粉等物质奖励。这既增强了夜校教学的趣味性，也较有效地解决了群众"不想看、看不长"问题。

　　转眼间，六年时间过去了。2014年全村有贫困户222户639人，到2018年整村脱贫。从23.4%到现在的0.5%，贫困发生率的极大降低使回龙村摆脱了贫困。我经过多年的倾情帮扶，踏遍回龙村的土地，留下无数脚印和汗水。现在的回龙村，有通村硬化路，有安全饮用水，有生活用电用气，有卫生室，有文化室，有宽带网，有产业，有集体经济等，逐渐成为"村美、业兴、家富、人和"的美丽小山村。

　　（作者系达州水务集团有限公司驻渠县岩峰镇回龙村帮扶队员）

那个难忘的夏天

——我所亲历的脱贫攻坚普查工作纪实

何云芊

脱贫攻坚普查工作根据中央统一部署，在2020年夏天拉开帷幕。我作为万源铁矿镇泥溪沟村脱贫攻坚工作队队员，参加了镇上的内部普查工作。

我们都知道，脱贫攻坚普查是全面调查展示脱贫攻坚成果、为习近平总书记适时向全世界宣布脱贫攻坚之战取得决定性胜利提供最详细、最精准的数据支撑的一次专项工作，也是脱贫攻坚尾声阶段最重要的一次工作。而我们的内部普查工作，就是要在县际交叉普查来临前，先做好自己内部的普查，摸清底数和相关情况，形成内普台账，为即将到来的县际交叉普查的顺利开展做好准备。因此我们斗志高昂，在6月中下旬的半个多月时间里，大家每天起早摸黑，下村入户，进行清查摸底、了解建档立卡户现时工作、劳动、生活等各方面的情况，摸清他们的居住地址、打工厂矿、联系方式、收入状况、脱贫攻坚以来享受的帮扶措施和惠民政策明细，汇总形成详尽的内普台账表格，同时还要把这些资料一一录入普查平台系统。

内普一结束，我又接到新的任命，作为万源县际普查队的一员，赴宣汉参加县际交叉普查。普查队伍的上岗培训时间和正式普查时间都与儿子高考和高考出分、填写志愿冲突，"完美重合"。家庭与工作难以兼顾。我在万源驻村的六年时间，儿子也从读初一的小小少年变成了读高三的大小伙子，本来因为驻村在万源，离达州市区较远，平时已经疏于陪伴孩子，这又是高考期间，是儿子人生第一个最重要的时间点，儿子父亲也在任贫困村第一书记，无法赶往绵阳陪儿子高考，怎么选择？儿子高考只有一次，脱贫攻坚普查工作上下百年也只有这么一次。高考我不在，有儿子自己的努力；普查我没有参加，将会是一名脱贫攻坚从头到尾全程参与的一线战士永远的遗憾！于是，我取得儿子的谅解后，毅然选择了赴宣汉20天的外普工作。

接受新的使命后，我作为万源赴宣汉普查第24战区普查组指导员带领24组普查团队于7月下旬进驻宣汉塔河镇，却又逢塔河遭遇30年一遇的"7•16"特大暴雨洪灾，场镇进水最深处达1.5米。面对塔河洪灾后艰难的工作环境和庞大的普查工作量，我们迎难而上，普查组内部立下铁的纪律和军令状：务必遵守工作纪律、务必向宣汉人民学习、务必树立万源干部良好的业务素质形象和政治素质形象、务必牢记总的工作原则是"在实事求是的前提下，全面反映宣汉高水平、高质量的脱贫攻坚成果"，克服种种困难、保质保量完成普查任务。

要做好普查工作，不掌握当地真实的镇情、村情，不熟悉自己普查片区的整体情况是不可能的。普查组进场后，和镇村两级干部第一次见面会时，我作为指导员就对镇上党政主要领导明确提出，普查组和塔河党委政府必须互相真诚以待，抛开不必要的顾虑和担心，统一思想和认识到"全面完成脱贫攻坚普查任务、全面反映宣汉塔河脱贫攻坚工作成就"这一点上来。见面会上，普查组与塔河党委政府达成共识：互相积极沟通、布局整个普查工作，遇有工作相对复杂的户头大家必须牢记"真"字、"诚"字，共同想办法，顺利推动普查工作。

塔河普查组6名普查员分为在3个小组，分工普查塔河的8个村，每个小组任务为360户左右。从7月20日起，普查组正式开始了漫漫普查路。6位普查员起早、归晚，进村入户，平均每天每组走访普查近40户村民。他们原则性灵活性相结合，对于普查核心指标和村民享受政策情况用原则性开展工作，必须实事求是调查和勾选，和村民沟通交流又有充分的灵活性，以村民们能听懂、能接受的方式开展普查，普查员钟磊、曹文英、杨佳等6位普查员都是来自万源各乡镇的基层工作者，他们熟悉基层工作，熟悉脱贫攻坚工作，熟悉脱贫攻坚政策，熟悉与老百姓打交道的方式，在拉家常中就已对走访村民的大概情况有了大致了解，为普查的准确度再添砝码。

普查组内部有一套完整的工作机制，有力推动了我们普查工作的顺利推进。普查组定责到人头，指导员必须及时沟通普查员与整个万源普查组数据审核员之间的数据审核事宜、所有核实工作和修错工作必须及时进行，同时指导员必须及时传达各种工作口径和指标解释，做好数据复核工作，对整体工作要心中有数。普查员必须谁普查、谁负责，为自己的普查数据负责，把错误控制在最小最少。每天不管多累多晚，必须召开会商会，就当天工作进行会商，学习讨论相关工作口径、工作解释、工作手册和当天遇到的特殊情况和处理方法，总结经验教训，力求第二天的工作更为顺利。

普查结束后，我们团队每个人都写了满满一本厚厚的工作笔记，这本工作笔记是在短短半个月的工作中诞生的、写满的，里面有我们每天分配的工作任务，每天的工作痕迹，每天的工作总结，每天的讨论学习内容，每天遇到的特殊情况和处理方法，我们戏称笔记为普查宝典，纷纷表示要永久地保存，纪念这段难忘的时光。

这次普查组在塔河的普查工作，得到当地党委、政府、镇村干部和协调组成员大力支持配合，相互以诚相待，结下了深厚的战斗情谊。我们顺利完成了普查任务，收集整理录入了宣汉5万多户建档立卡户20多万建档立卡人口的100多万条数据！真实客观地反映了当地的脱贫攻坚成效！我们啃下了宣汉普查这块硬骨头！

（作者系达州市侨联经济联络科科长）

扶贫路上　为母则刚

龚小书

　　我是市委党校派驻通川区碑庙镇大石村的驻村工作队员，也是两个孩子的母亲。2018年7月，我主动申请下乡扶贫，丈夫因此和我产生了激烈的矛盾！因为那时我们的女儿刚满4岁，儿子才两岁半。丈夫苦劝无果说："龚小书，你这个属马的女人，怎么比牛还倔？"我一听就生气："哼！女人怎么了？在通川区45个贫困村，就有7名女性第一书记，其中6个都是孩子的妈妈！"扶贫路上，哪有什么男女之别？不都是女人当男人用，男人当牛用吗？

　　其实我深知，在"二孩母亲"和"扶贫干部"这两个角色之间，一定会有很多矛盾，但我相信自己可以搞定！

　　可驻村第一周，我就慌了神！虽然大石村早在2017年底就脱了贫，但产业发展才刚起步，扶贫干部依然忙碌！充实的白天过得很快，可到了晚上，我还是很想孩子。驻村头三天，我都要和两个宝贝视频很久。可周四晚上，我再三拨打视频，丈夫就是不接，说手机坏了。我也没在意，只当他在闹情绪！周五晚上回家，儿子已经熟睡，我没开灯，用力将他搂进怀里，一顿又亲又蹭！可儿子却突然惊叫着大哭起来，我吓坏了！开灯一看，儿子的左眼角鲜血直流！一个正在结痂的伤口被我无意中擦破了！

　　原来，就在周四早上，婆婆带着两个娃娃去逛超市，又提东西又拉孩子，忙乱之中，儿子重重地摔倒在台阶上，眼角被瓷砖的尖角撞伤，险些伤到眼球！伤在儿身，痛在娘心！凌晨时分，哭得筋疲力尽的儿子终于睡着了，我却一直泪流满面，辗转难眠！儿子的意外受伤，对我高昂的扶贫热情无异于当头一棒！那个周末，丈夫又多次劝我放弃扶贫。看着受伤的儿子，我心里惊魂未定，也动摇了继续驻村的决心！

　　第二周周一傍晚，我找到村党支部书记李毅，准备向他辞行。

　　在村口，他正带着一群孩子放学回家！还背着一个两岁多的男娃娃，我知道这是村里王婆婆的小孙子。五年前，在广东承包工程的李毅放弃外出，在村里办了一所幼儿园，每学期仅收学费800元，面对实在贫困的娃娃，李毅甚至分文不收！三年前，李毅当选村党支部书记，可村里人却还是更喜欢叫他"李大爹"！

　　见我找他，李书记将背上的男娃娃抱给我，让我等他给孩子们辅导完作业后再说。一群孩子拿着书本争相喊着李大爹，我再也插不上话。也许是我身上有一股奶粉味道，王婆婆的孙子在我怀里特别听话，还一个劲儿地喊我妈妈……

　　临近黄昏，我终于和李书记搭上话。"李书记，我有个想法……我想……"见我吞吞吐吐，李书记有些性急："你这个妹儿娃子，有啥子困难就说嘛，你们城头的干部来我们山咔咔头扶贫，我们都很感恩，只要有我李毅在，就没有什么困难解决不了……"我定了定神，心里终于拿定了主意，说："李书记，我想在村办公阵地腾出一间房，建一个留守儿童之家，这样一来，我们扶贫干部都可以帮着照看孩子，不能总让你一个人辛苦"！

　　周末回家，丈夫也理解了我的决定。为了减轻婆婆的负担，我们

把四岁女儿送去了大竹外婆家。面对孩子的姐弟分离，虽然有太多酸楚，但扶贫路上，为母则刚，我必须迎难而上！

从那以后，大石村成了我长期扎根的家！只有周末才辗转达州和大竹两地看一眼孩子。有时工作太忙，连续两三周顾不上家，两个孩子成了我最揪心的牵挂！有一次周六加班，女儿下午突然流鼻血，我以为只是小问题，可到了晚上，血还是没能止住。面对朋友圈的各种关心，看着手机视频里女儿满脸血痕，我在遥远的山乡心急如焚！焦急时刻，好心的村民骑着摩托车将我送下了山；凌晨3点，我终于将女儿送到重庆儿童医院，一诊断，居然是鼻黏膜严重受损。医生说：如果孩子再晚去一点时间，就会严重贫血，面临生命危险……

那一刻，我愧疚自己不是一个称职的妈妈。可扶贫路上，为母则刚！试问哪个妈妈不爱自己的娃娃？哪个扶贫干部没有家？哪个家里没有爱的牵挂？但如果我们都只顾小家，那脱贫攻坚岂不是成了一句空话？虽然小家有牺牲奉献，但在扶贫考场，我们初心无悔写答卷！

如今，我驻村扶贫已快满两年。虽然对孩子，对家庭有太多亏欠，但我们的坚守付出也收获着贫富变迁！大石村170户脱贫户无一人返贫，全村基础建设一应俱全，集体产业成为全市样板，500亩血橙、脆桃、青红脆李正花开深山，硕果满园！在村里的"留守儿童之家"，越来越多的孩子都亲切地叫我"书妈妈"，虽然我和他们没有血缘关系，但却日久生情，亲如一家！这难道不是鱼水深情最亲切的表达吗？

（作者系达州市委党校派驻碑庙镇大石村驻村工作队员）

同奔小康　共赴春天

徐　通

　　通川区位于达州市主城区，地处秦巴山区集中连片特困地区，属省级贫困县。2013年8月，通川区历经第三次行政区划调整，区情发生变化，建档立卡贫困人口从8567人增至25131人，贫困发生率从5.71%增至8.33%。2014年，通川区深入贯彻党中央、省、市关于脱贫攻坚的决策部署，紧紧围绕在达州率先全面建成小康社会的奋斗目标，以"绣好一针一线、不漏一户一人"的工匠精神，举全区之力向贫困宣战。2017年底，通川顺利通过脱贫摘帽省级考核验收评估，成功实现45个贫困村整体退出贫困村序列。2018年8月，经省政府批准，通川区正式退出贫困县（区）序列。

　　当笔者日前再次重走当年的扶贫之路时，眼前是一幅幅人勤房美、感恩奋进、自强自立、同心同向的美丽画卷。一条条平坦通畅的乡村道路，一栋栋美丽洁净的新居，一片片各具特色的产业基地，一张张充满喜悦的灿烂笑脸，映衬出通川区脱贫攻坚的累累硕果。作为达州市脱贫摘帽的先行者，通川区在脱贫攻坚路上探索出不少新方法新路子，突破创新，成为通川区脱贫攻坚路上最为响亮的一张名片。

聚力攻坚　交出新时代答卷

"公路修好了硬是方便，以前坐车要三四个小时才能进城，现在从我们这儿到城里不到一小时车程，这都是党委、政府在为民办实事！"金石镇火箭村村民刘家明竖起了大拇指。

这些年来，通川区把交通项目作为"开山斧"，实施"交通三年振兴计划""交通三年提升行动"，推进脱贫攻坚；以交通发展为硬支撑，撬动乡村全面脱贫，总投资10.71亿元新改建国、省、县、乡公路279.2公里，实施通村通组公路硬化851公里、村道公路加宽改造460公里。

山门乍开，货畅其流，物有所值。山里的跑山鸡、土鸡蛋、米豆腐、熟食猪等土特产成为城里人眼中的"抢手货"，价值翻了几番。像我这样的城里居民，想吃到农民家里的"熟食猪肉"需要提前一年预订。

扶贫无小事，事事系民生。作为一名共产党员，我时刻牢记全心全意为人民服务的宗旨，在本职工作上下苦工，针对致贫原因制订帮扶计划，在教育、医疗、危房改造、饮水安全等方面因户施策。

据统计，全区实施危旧房和土坯房改造22617户，完成异地扶贫搬迁5924人，整治山平塘398口，建成安全饮水工程846处，新建通村通组道路181公里，开通农村客运班线32条，投入"金通工程"营运车辆50辆，成功入选四川省"四好农村路"示范县（区），"进村柏油路、出门坐公交"的目标基本实现。

"那个防返贫保险是用不上了，我们现在自食其力，每天在家门口就能有100多元的收入，这都是家乡的发展给我们带来的收获哟。"碑庙镇陡坑村67岁的王秀珍向我讲述自己的近况。

立足"常态"抓机制、强保障。我们探索推进"391"防返贫监测机制（3级监测网络、9个部门联动化解风险、1项基金救助保障兜底），在严格落实"五个一"帮扶机制的基础上，深化拓展贫困村"5+2+3"、非贫困村"3+2"帮扶机制，切实强化法治保障，通川区首创"一村（社区）一法律顾问"工作，助力脱贫攻坚，相关经验在全国推广。

在脱贫攻坚的主战场上，我们勠力同心、背水一战，啃下了一块块"硬骨头"，灭掉了一个个"拦路虎"，攻克了一个个"难险关"，取而代之的是产业百花齐放、百姓安居乐业、乡村完美蝶变。

紧抓产业　铺实脱贫致富路

"我们这儿的脆李从来都是供不应求，每年七八月份前来收购青脆李的卡车络绎不绝，如果是游客自摘，还要再贵5元，网上订单接都接不完……"金凤村党总支书记曹动政介绍说，每到三月李花盛开的季节，这里游客如织，上千亩的李花同时绽放，整个村里不见花枝见雪城，着实让人流连忘返。

目前，通川区环凤脆李种植以北外镇田家塝村、插旗山村、张金村，罗江镇金凤村，北山镇点兵村为核心，现已发展至6个乡镇、37个专业村、19个专业合作社，种植面积已达3万亩，挂果面积2.7万亩，年产量达3.3万吨，年产值2.4亿元。

走进位于蒲家镇八口村的秦巴蓝莓主题公园，一条6.5米宽的柏油马路贯穿整个园区，在近万亩蓝莓种植园内，一垄垄有机蓝莓长势喜人……

"全区现已建成蓝莓核心区1万亩，仅八口村就连片栽植蓝莓2500余亩，包含特早熟、早熟、中熟、晚熟等多个品种。"据通川区农业农村局茶果站农艺师张化权介绍，八口村内已建成蓝莓鲜果采摘体验区、农耕文化展示体验区、酵素文化展示体验区等八个体验区，并规划建设面积8500余亩的蓝莓产业种植区和蓝莓产业深加工区，带动周边乐云、画眉等村致富奔康。

小果子撬动大产业。通川区坚持把产业发展作为推进脱贫攻坚有力抓手，以现代农业园区建设为载体，持续做靓通川农业特色、品质和品牌，打造出了国色天香采摘园、苏氏阜莓、蓝莓基地、点兵脆李、云寨石门、车厘子等39个特色精品示范基地，秦巴电商谷建成投运，新建乡镇电商服务站10个、村级电商服务点52个，成功创建为省级城市共同配送示范区、省级电子商务示范区。截至目前，通川区特色产业基地和园区达到18.5万亩，年产值达14.5亿元以上，全区农民人均增收达1500元以上。

砥砺奋进　绘就时代新画卷

"这个苗圃基地有558亩，果苗销往全国各地，每天都有不少村民在基地务工挣钱，就是年过花甲的老人照样能每天挣上八九十元！"巨风林业的负责人石正平在说到为什么会到陡坑村投资兴业时，这位皮肤黝黑、性格沉稳的汉子毫不掩饰自己对村"两委"的赞誉之情："他们为了确保企业顺利进场入驻，前期做了很多细致的工作，现在随时和我保持联系，关注企业发展和村里贫困户在基地务工的情况。"

近年来，通川区着力解决"人、地、钱"等关键问题。深入开展"柔性引才"和"引凤还巢"行动，引进农业专业技术人才7200余人，回引新乡贤近8000人；培训新型职业农民近2000人，2020年被明确为全省深化职业农民制度试点县。全面完成农村土地承包确权登记颁证，

2020年被中央农办、农业农村部表彰为全国农村承包地确权登记颁证工作典型地区。落实区级财政支农投入稳定增长机制，2020年累计投入乡村振兴资金9.63亿元，占区级财政公共支出的28.1%。

"长辈子，感冒好点没？你在屋头静养两天噻。"王召碧迈过田坎边走边喘气，王治剑赶紧过去将他搀扶到了大路上。"我没得啥子，去村卫生站检查了的，倒是你一天跑东跑西的，各家要把身体将息好哦！"

走进碑庙镇石笋村公路两旁粉刷一新的房屋墙壁上绘制的各类"感恩""诚信""孝顺"的宣传标语图文并茂；村史陈列馆存放的上百件浸润着时光厚度的陈列品，让人顿觉乡愁悠悠星移斗转；村子里处处洋溢着的热情问候和乡亲们的张张笑脸，让每一位来到这里的人倍感温暖，回味悠长。全区持续健全完善"一核三治"乡村治理模式，深入推进"感恩""孝善""奋进"教育，谋划实施"睦邻友好活动""立家规、传家训、正家风""星级文明户评选""敬老节"等活动，乡贤文化、孝善文化、美食文化、诗歌文化、廉洁文化、红色文化浸润其间。不仅教化人心，润泽心田；更促进着乡村自治，德法共治，和谐文明！

（作者系达州市通川区乡村振兴局党组书记）

光荣使命

李永杰

作为达州市税务局第一税务分局的一名工作人员，我有幸被组织选派到中河村驻村工作队为脱贫攻坚献计出力致富！这不仅是我个人的荣光，同时也更是组织的信任与重托。我深感责任重大、使命光荣。

中河村地处铁山西南角，归达州经开区（今高新区）幺塘乡管辖，距离达州市西城区12公里。全村辖区面积3.8平方公里，有420户1444人，劳动力785人，党员37名。全村辖11个村民小组。2014年中河村被评为省定贫困村，时有建档立卡贫困户67户贫困人口212人。

团结一致　形成合力是关键

脱贫攻坚没有旁观者。在这场伟大的人窝"战争"中，每一个人都是参与者。中河村过去是出了名的贫困村，要想让贫困村战胜落后、消除贫困，打赢脱贫奔小康攻坚战，几年的帮扶工作让我深深地体会到，党中央的统一领导，党员、干群团结一致、形成合力是关键。

坚强村级组织建设，切实发挥基层组织的战斗堡垒和党员的先锋模范作用。我们和村"两委"以"不忘初心，牢记使命"主题教育为抓手，教育引导党员干部在思想观念上打牢"四个意识"，切实做到"两个维护"；严格按照《农村基层组织工作手册》要求和党支部标准工作法夯基筑堤，开展"一核三治"工作，提高村"两委"的整体战斗力；坚持以身作则，率先垂范，充分发挥党员先锋模范作用。特别是在防疫期间，驻村工作队及村组干部一直坚守村防疫一线，无一人脱岗、离岗；年轻党员、入党积极分子争当志愿者；强化教育引导，严格做到不走亲、不访友、不聚集、不打堆、不赶场，有效杜绝了疫情蔓延传播。

广泛开展多形式扶贫工作宣传，凝聚脱贫攻坚合力。在驻村工作中，工作队和村"两委"广泛开展了多种形式的扶贫宣传工作。我们采取发放宣传资料、张贴宣传标语、开办农民夜校、召开院坝会和举办知识竞答等形式，宣传党和国家政策。特别是以"脱贫攻坚、扫黑除恶、乡村振兴"为主题的知识竞答，有效提高了群众的参与性，调动群众的积极性，使宣传党和国家政策更加深入民心。这一活动我们已连续开展了三年。

加强走访　心系群众　为民解难

在帮扶工作中，我和驻村工作队的每一位成员始终心系群众，遍访了全村每一农户，将每家每户的情况烂熟于心；我们与村民真心实意地交朋友，了解大家的诉求，积极排忧解难，做群众的贴心人、知心人，拉近了党群、干群关系。

我们探索建立起了一整套帮扶工作机制，对因重大疾病住院治疗的贫困户、因病去世的贫困人员，驻村工作队都会在第一时间前往看望、悼念、慰问；十一组贫困户程才贵因车祸入院，在得知情况后，我和驻村工作队的同事一起，多次到医院去看望慰问，到其家中看望他90岁的老母亲，了解治疗情况、事故原因，积极协调村法律顾问提供法律援助。程才贵住院期间，家中饲养的100多只鸭子无人饲养，我立即向市税务局第一税务分局领导汇报，采取以购代捐的方式解决了销售难题；程才贵出院后，我们又与他多次交心谈心，鼓励其重新树立信心，发展养殖业，目前家中饲养蛋鹅100余只。发生在程才贵身上的帮扶情况只是我们工作的一个缩影。帮扶工作中，我们还充分利用每一个节假日，广泛开展走访慰问活动，利用微信、电话等交流方式，宣讲政策，普及知识，联络了情感，消除了疑虑，凝聚了人心，拉近了与群众的距离，激活了干劲。

真心换来民心。在上级党委、政府的正确领导下，在帮扶单位和所有帮扶责任人的支持帮助下，在全村党员干部和中河村全体群众的共同努力下，中河村于2017年通过国检迎来整村脱贫，2018年被评为市级"四好村"，2019年中河村最后两户5人脱贫，实现了习近平总书记提出的"一个都不能少"的总目标。如今的中河村，村容整洁、村风淳朴，青山绿水、果蔬飘香。

（作者系达州市税务局干部）

我当村主任助理

口述/廖保平　整理/陈　科

　　我是廖保平，渠县养路二段非党员中层干部。2015年4月，为全面贯彻落实中央、省、市、县关于实施精准扶贫的要求，由县委、县政府抽调到渠县琅琊镇奉家村当驻村干部，担任主任助理开展扶贫工作，时年48岁。当时，养路段领导找我谈话时，我想到县委、县政府领导的重托，想到贫困村民们期待的目光，二话没说，毅然接受了组织的安排，背着行囊去奉家村，从此翻开了扶贫攻坚驻村干部新的一页。

　　我在奉家村担任村主任助理，与村党支部村委的同志一起，进行全村基本情况调研，逐一走访贫困户，了解贫困原因，迅速摸清了家底。奉家村地处华蓥山脉的高营山下，渠县琅琊镇北部，距县城18公里，一条襄渝铁路把奉家村分割为两个板块。这个村土地贫瘠，物产资源匮乏，村上无集体经济收入，是省定贫困村，系琅琊镇辖区的三个典型贫困村之一。共有贫困户191户，贫困人口733人。建档立卡贫困户含党员9人，全村已办理五保26人，其中建卡贫困户4人，低保139户222人，其中低保兜底21户45人。残疾人186人，其中建档立卡贫困户37人。扶贫攻坚的底子薄，起点低。怎么办？怎样配合村支部

村委带领全村老百姓，发展经济，实现县委、县政府定出的脱贫致富奔小康的目标？作为村主任助理我陷入了沉思。

开始驻村工作时，我用了三个双休日去渠南、贵福、土溪、岩峰等地学习其他贫困村的精准扶贫经验，以他山之石攻玉。很快理出了智力输入，打开精准视窗。改善基础设施、开发支柱产业，优化粮食作物，因地制宜发展果木的脱贫攻坚思路。我协助支部村委制定了脱贫攻坚五年规划。带着奉家村脱贫攻坚的想法，我主动向单位和县相关部门领导汇报。当年，渠县第二公路养护管理段向该村的贫困户送去了鸡苗190只、鸭苗380只。春耕时节，我在奉家村一组走访时发现群众的水沟大面积损毁，便立即向帮扶部门争取帮扶资金进行维修500米。先后到林业部门接洽联系，实现退耕还林项目250亩，协调派出单位抽调技术人员修建公路和桥梁，把公路修到了家门口。

当年7月，组织上又派在养路二段工作的复退军人蒋滔去奉家村担任驻村第一书记。我本可以回到原单位工作，但为了扶贫工作，我还是选择了留下。我不是党员，但我是共产党培养的干部，脱贫攻坚是党中央的号令，是惠及千秋万代，造福子孙的壮举。我要留下来，奉家村一日不脱贫，我就一日不回城。我与第一书记蒋滔、村主任邓礼锋及其他村干部一起，热情不减，没有怨言，不计荣辱，奔走在田间地角，奔忙着各方面的组织协调，只为脱贫攻坚。

要迅速改变落后面貌，实现预脱贫目标，发展支柱产业助农稳定增收极为关键。全村约有撂荒土地1200亩，是村组干部的头痛问题。如何变荒为宝，村干部们集思广益开动机器。在党委、政府的指导下，我主动为书记、村长出谋，广开视野，寻找适合奉家村的产业项目，不知跑了多少路，说了多少话，熬了多少夜，费了多少心思，以诚信树形象，以"保姆式"服务赢得了产业老板的支持。通过招商投资，引进了水产养殖老板田利加建水产养殖合作社，开发水产养殖基地；引进了农业种植老板余清国优化开发水稻基地。经过两年努力，使全村支柱产业得到了发展，获得良好经济效益。

为解决全村无卫生室的难题，我与书记、村长们通过多方协调，积极争取资金，为村上钻了一口直径为20厘米，深36米的安全机压水井，安装了高压水塔、水管等，新修建了标准化的村级卫生室，安装了设备，解决了一直同村办公室打挤的矛盾。

奉家村村民较多又无休闲娱乐之处，我与第一书记蒋滔多次向单位领导汇报，获得7.3万元资金，为村捐建了一座400平方米的文化广场。在村办公室前小广场安装了健身设施和路灯。除雨天外，天天晚上都有上百人参加娱乐活动。村上还组织了村腰鼓队、秧歌队。

为了扶贫工作，我不仅工作日在村上，节假日也把老婆孩子放在一边，屡屡在村上加班。主要做好贫困户走访、政策落实、产业发展等工作。走村入户与群众交心、谈心，以召开院坝会、开办农民夜校等方式进行政策大宣传、群众大走访、技术培训和激励引导，改变了部分贫困群众"蹲在墙根晒太阳，等着政府送小康"的"等、靠、要"思想，激发了贫困户主树立"我要脱贫"的主人翁意识。引领群众"养成好习惯、形成好风气"，遵纪守法、遵守公德、孝老爱亲、和睦邻里等新风正气得以良好重塑，精神力量焕发出脱贫攻坚的动力。

2017年，奉家村从贫困村走出来，接受了国家三方评估和省、市、县脱贫验收，同时得到了国家、省、市的好评。奉家村人挖掉穷根脱贫摘帽，衣食无忧、生活无虑，开始住上了好房子，过上了好日子，芝麻开花节节高，精神面貌变了。因为工作成绩突出，我被达州市委、市政府评为全市十佳优秀驻村干部。

两年前5月鲜花盛开的时节，我接受了县文学扶贫小分队的采访。

我们支部、村委的办公地点在一个小山丘上，我和支部村委的同志热情地把他们接进屋。虽然村委办公室正在改建，条件很简陋，一杯热开水也是温暖的。作为村主任助理的我代表支部、村委介绍了奉家村的情况。我对该村脱贫攻坚的基本情况、扶贫进度、扶贫措施、产业项目、扶贫成效等了如指掌，如数家珍。给了文学小分队同志很深的印象。随后我与书记、村主任一行带领小分队参观了村里的项目基地。从这些项目基地上，采访小分队的同志看到了我们村脱贫攻坚的信心和创新成果。

我对小分队的同志说，在村主任助理岗位上还要继续我的工作，奉家村的村民离不开我，我也离不开奉家村了。我不能回城，我要与奉家村一起脱贫奔小康。党的扶贫政策好，奉家村千年旧貌换新颜，山村变了样。

（口述者系渠县养路二段干部）

难忘的驻村帮扶岁月

彭 云

我是达州第一批驻村帮扶干部，从2015年4月至2021年6月，我在万源市井溪镇龙王坝村驻村已满六年。两千多个扶贫日夜，往事历历在目。有幸成为脱贫攻坚一线的奋斗者，脱贫胜利的见证者，是我平凡人生中最光荣的历程，终生难忘。

勇探大战溪源头溶洞

龙王坝村离万源市龙潭河风景区4.8公里，龙潭河的水，龙王坝的洞，山水相连。为了借助景区地域优势打造龙王坝溶洞旅游项目，我们驻村工作队多次走访村民了解情况，与村"两委"商量后，决定实地查看村民们一直传说着的大战溪源头溶洞，揭开她的神秘面纱，评估其开发价值。2016年4月13日，天刚亮，我和第一书记于明全、驻村农技人员张秀田三人兴奋地早早来到活动室。随后，井溪乡党委、政府的几名领导干部也陆续地赶来助阵。早上9点，在村民们的带领下，我们20多人的队伍集结出发了。

刚开始走在山间的引水渠上，左手是山，右手为崖，但流水潺潺、溪水清清驱散了我对旁边悬崖的恐惧。十几分钟后，我们沿着山坡下滑三四十米来到了大战溪边。稍做休息后，大家又沿着运木材的滑道上爬。好家伙，这滑道光溜溜的又高又陡好几十米。我跟着前面的村民，抓住旁边的小草，手脚并用，一会儿向左，一会儿向右，利用植被和突出的小石头，费劲地攀爬了一段。此时我想到红军长征爬雪山，那是该有怎样的意志坚持啊。"一代人有一代人的长征，一代人有一代人的担当。"今天的我们走在扶贫路上，担当脱贫任务，我的使命感油然而生。"彭书记，小心！"一不留神，我脚下一滑，身子一下扑倒在滑坡上，松散的泥土骨碌碌地撒落山涧。为了不影响后面人的行进，我踩草根，抓枝丫，在前面村民的搭手指引下，终于爬上了上面较平坦的树林里。我长舒了一口气坐在草地上歇息起来。"这太难爬了！"杜乡长累得气喘吁吁、满脸通红，直接瘫坐在石头上。这一群人中只有我和她两个是女同志。"彭书记，你一路上都没说下累。"村支书刘书记打量着我说。张秀田站长马上说道："彭书记虽说是女同志，还是城市里长大的，但是和其他人不一样，吃得苦。"大家说得我不好意思起来。紧接着就是下山了，大家跟着向导一路前行。下山的路很不好走，因为山的这边就很少有人来了，向导说他还是年轻时采药来过两次。路上山石遍布，灌木丛生，小树的枝条也肆无忌惮地生长着，前面的村民们用砍刀边走边砍，为我们扫清障碍。有一截路段被一块巨石挡住，下面层积的岩石又没有植被，不好下山。村民们就把绳索捆在树上，由年轻的小伙子刘常东先摸索着下去固定好绳索，大家再拉着绳索顺着往下走。我在大家前拉后推的助力下，一手攀着绳索一手撑着岩石突出的部分，小心翼翼地踩着岩石往下挪动，一步，两步……我屏住气，在大家的鼎力帮助下，最后我一个跳跃终于跨过了这段险路。很多时候我们都是这样大家相互帮衬着小心行进。"糟了，我的相机滚下去了。"于书记突然焦急地吼了一声，只听见相机滚落碰撞山石发出刺耳的声音。"于书记，舍财免灾，你这是把记忆永留在此。"我们的说笑安慰他的遗憾，大家就这样一路说笑着走啊走，忘记了疲劳和刚才的小插曲。突然前面一下子豁然开朗了起来，原来我们走出了山林来到了一处光亮的绝壁处，这座山一上一下终于是走完了。我因为轻度贫血，走完这一趟已明显感觉到精疲力竭。"同志们，跨过前面这条小河再翻个小山坡，就差不多到了。"向导的话像给我打了鸡血，其他人也顿时兴奋了起来。此时差不多中午了，一路人就地快速补充了能量继续蹚过小溪，又走完小山坡，一堆错乱堆砌的大石挡住了大家的去路，看来离源头山洞真的近了。跟着向导，我们一会儿爬石头，一会儿像进了迷宫一样在石头堆砌的空隙里穿来走去。有一块石头特别大，我人矮，试了几下就是爬不上去，着急死了。前面的人拼命拉我，后面的张站长人高力大，突然一使劲把我往上一推，我人是上去了，由于用力过猛，我的额头一下子撞到石头上，顿感眼冒金星，一阵眩晕。还好，前面拉我的人手紧，我没有再次掉下去。"看，那就是源头！"向导向我们发出了冲锋号，我们忘记了路上的疲劳，连跑带爬向着向导指的方向前进。问渠哪得清如许？为有源头活水来。源头洞口有十来米高，洞宽七八米，里面很深。大战溪从山洞里缓缓流出，静静地，像一个害羞的大姑娘轻挪小步向我们走来，蜿蜒而去奔向大山那边，投向龙潭河的怀抱。大家安静了下来，也许有点失望，这个传说的美丽风景和万源其他山洞并无多少特别之处，且交通十分不便，几个村民说亲眼看看也了却了心愿。虽然山洞旅游开发价值不大，但是一路走来，山高路远，道路崎岖，村民们的朴实善良深深地打动了我，他们摆脱贫困的愿望，团结互助的干劲也提振了我们驻村工作队的信心和勇气。什么是路？路就是从脚下踩出来的，不论扶贫路上有多艰辛，

路总会走出来的。

甘于奉献的扶贫人

2018年7月，我们驻村队员又增加了乡干部许林和陈婷两位年轻的女同志，加上第一书记和我，工作队一共四人。于书记是个有着丰富工作经验的老同志，许林对扶贫政策十分熟悉，陈婷乐于助人。可以说我们工作队老少搭配十分合理。几年来，我们四人分工合作，与村"两委"人员共同完成了2018年龙王坝村的脱贫摘帽和2019年万源市贫困县摘帽的抽检工作。虽然我们来自不同的地方，但在脱贫攻坚工作中大家同甘共苦，团结协作，结下了深厚友谊。

记得2018年验收五小庭院经济项目，我们工作队一同进猪圈钻鸡窝的情景。在周之明大爷家，我刚一进鸡棚，一窝鸡就扑通通不停地拍着翅膀飞上飞下，顿时大大小小的鸡毛漫天飞舞遮盖双眼，空气中浓烈的鸡粪味道扑鼻而来，呛得我连忙退出门外。"彭书记，我们来。"许林和陈婷抢着上前。"不要争，我来数。"于书记一个跨步已走进鸡棚认真数了起来。我们三个队员相视一下，也默契地跟在于书记后面配合地数数。一、二、三、四……大家反复核对数目后进行了登记。"咯咯咯……"一只母鸡最后还用下蛋的方式特别地回应了下我们。这边鸡刚数完，那边的猪圈又热闹了起来，只见四头大白肥猪从角落里欢快地围拢一起，哼叽哼叽地抢着吃食。"现在政策好啊，我们平常就养起的这些鸡子、猪儿，国家都还拿钱扶持。"周大爷乐呵呵地对我们说，心里满是感激。听着他讲话，我已忘记了鸡粪猪食呛鼻的味道。看到周大爷老两口忙着喂猪喂鸡，于书记又悄然拿起了扫帚打扫起他家院坝来，许林和陈婷也折叠起搭在椅子上的几件干净衣物。很多时候我们工作队就是这样边工作边帮助一些困难户，和贫困户就像是亲人一样。

还记得，我们冒着严寒一起到韩屋溪核实危房改造户资料；一起顶着酷暑到无人居住的天坪组查看易地搬迁户老房屋；我们自掏腰包为贫困户刘刚田添置生活用品；为了村集体经济的发展，我们一起跑市场找渠道，联系帮扶单位解决资金等困难。在村道上遇到落石我们惊叫过，面对个别人的不理解我们委屈过，我们白天分工入户走访，晚上大家又一起加班整理资料，工作中大家各尽所能，既分工又配合。回首往事，难忘那一群可亲可爱的人。

"青春由磨砺而出彩，人生因奋斗而升华。"驻村帮扶是我人生舞台中最绚丽的一幕，在此感谢组织的信任，感谢所有帮助和支持我的领导、同志和村民们。

（作者系达州市气象局驻村工作队队员）

那些花儿　　那些草

雷　宇

"为什么我的眼里常含泪水？因为我对这片土地爱得深沉"，这是现代诗人艾青《我爱这土地》诗中的最后两句。作为达州广播电视台普通一员，一名普通的农工党员，对于刚刚离开战斗了近三年的开江县何家垭口村而言，自己也同样怀有着深深的感念。

2016年9月，我半途接手了单位派驻扶贫村的驻村工作，来到了这个最高海拔近800米，2016年前全村没有一条硬化道路，拥有165户贫困户的深度贫困村，由此开始了近三年的农村扶贫工作。

扎根群众　　才会赢得百姓口碑

在何家垭口村近三年的驻村工作期间，自己一直积极、主动、创造性地开展工作，和工作组其他驻村干部一道，进院坝，下村组，走家串户，与村民谈心交友，宣传国家精准扶贫政策，为定点帮扶村想办法、出点子、跑项目、找资金，帮助贫困群众协调解决各种困难和问题。久而久之，村里的老人孩子们，对我们也日渐熟悉，并且日益亲近起来。

在工作中，村集体之前没有一个可以产生利益的庭院经济。大家看在眼里，急在心里。我们赶忙向达州广播电视台领导汇报，经台党委研究后决定，联合驻村牵头单位达州市政务服务中心，组织各方力量，共同采购了近3000只、每只价值15元7两多重的万源优质黑鸡苗，冒着炎炎烈日，分两批送到了翘首以盼的贫困村村民手里，分发养殖，雪中送炭，为村里增加了近30万元收益，得到了全村村民的赞誉。

村里之前有几户平常大家认为的钉子户贫困户，村干部们对他们是提起就头痛，拿他们简直没有办法。其中郭××从小因故只有一只手，但是这人脾气非常暴躁，经常到镇党委书记、镇长办公室去，因为他的事情没得到他想要的解决效果而大吵大闹，甚至还动手殴打镇上的其他工作人员，是村里以及镇上有名的刺儿头。有的村干部不敢去他家做工作，但是，我们驻村工作组首先就商量了，抱着不怕挨打、不怕挨骂的决心，多次入户走访，反复给他及家人谈心，交流沟通，摆事实讲道理，并发动单位的对口帮扶干部一起做工作。通过解决他们生活中遇到的难题，以及工作组分发鸡苗时特地送他家200只鸡苗，发展他成为村里的养鸡大户等办法，逐渐消除了他对工作组的逆反心理。慢慢地，他们和工作组都成了远远见面就互相打招呼的老朋友，上访、闹政府等事件之后就再也没有发生过。

为解决村上贫困户们日常遇到的水、电甚至官司纠纷等问题，我们联合其结对帮扶干部一起，找镇上、县上的有关部门协调，为贫困户奔走，找政策、帮助解决问题，这样的事情太多太多。让贫困户满意，就是我们驻村工作的目标。

信念坚定 坚持驻村受伤不下一线

我相信，在我们全国众多的驻村工作队员中，有多少人就会有多

少个自己不同的驻村故事……

2016年11月，我随驻村工作组下村，规划村级产业发展项目时，不慎从藏在草丛中的石头上踩滑了，导致右脚踝骨骨折，当时村干部以为只是脚扭伤，揉揉就好，不料后来发现右脚踝迅速肿了个大包。村主任是一位退伍军人，身体素质好，他赶紧背我下坡送到镇上医院，初步检查才发现是骨折……工作组第一书记王浪次日一大早赶紧开车送我到市二医院进行诊治。在医院住院治疗期间，因为担心自己才刚到贫困村参加扶贫工作不久，怕耽误年底村里的扶贫检查工作，住院才23天，骨折伤还未痊愈，就带着石膏包着的伤腿，提前出了院，拄着拐杖，回到了何家垭口村，继续开展工作（后来伤情被达州市劳动鉴定委员会鉴定为伤残十级）。

2017年春节前，我在和工作组一起入户检查易地扶贫搬迁项目推进时，在一户即将完工的毛坯房里，由于房间有点昏暗，脚不慎踩到关水泥盒子的木板上近5寸长的钉子，鞋底被刺穿，鲜血直流！同行的第一书记赶紧扶我到公路上，开车赶到村医那里，进行了简单的消毒包扎……

2018年自己先后两次撞车出车祸。一次是傍晚时分，到县上相关部门办事后回村上时，在没有路灯的昏暗道路上，开车撞上路边的两棵大树，把车右侧撞得稀巴烂，轮胎都被撞爆了，车还被回弹到了道路中……一次是和镇长一起从镇上回村里组织召开扶贫工作会议，在半路上，被一位70多岁的老人开着电三轮直接撞向了我的车。虽然当时自己没特别上心，但事后回想起来非常后怕，然而，在和单位分管部门负责人及时汇报了情况之后，自己都咬咬牙没有露出打退堂鼓的心思。有时候想想，觉得人这一辈子，总要做些有意义的事情才行，当自己以后老了的时候，回忆这些时光，才会觉得没有虚度光阴。

贫困村海拔比较高，从村上到镇上，我反复、仔细地数过，上下各有121个大大小小的弯道，几乎全是陡坡和急弯。平常没怎么经历过这种山道的同志，初次去基本上都会晕车甚至呕吐，帮扶单位的不少帮扶干部就遇到过多次。而且，每当遇到暴雨天气，还要担心新修的道路山体滑坡、垮塌、滚石……

在回单位述职时，我对单位纪委胡书记以及分管脱贫攻坚的杨台长等领导常说的一句话就是：既然都做到这项工作了，还怕啥子苦怕啥子累哟！既然组织上要求我们全脱产在村上，我们就要认认真真按组织要求办，如果怕死，我就不会来这里参加驻村工作了，这才是理儿！

立足本职　多方宣传助力脱贫攻坚

2017年底，为激发驻村帮扶正能量，进一步丰富对外宣传载体，塑造干部驻村帮扶音乐形象和听觉标识，我花费了半年多时间，在驻村工作组及相关部门的支持下，自己创作、拍摄、编辑完成了反映开江县精准扶贫工作的32分钟上、下集电视纪录片《驻村日记》。

驻村近三年，在脚踏实地做好驻村帮扶工作的同时，结合自己工作中的所见、所闻、所思、所想，触景生情创作出《驻村之歌》（又名《我们托起新希望》），以歌曲的形式唱响了脱贫攻坚"念兹在兹唯此为大"的号令，热情歌颂了广大驻村干部"进村狗不叫、进屋知锅灶、见面人人笑"的帮扶成效，展望了社会主义新农村建设的美好明天，全曲始终洋溢着浓浓的乡土气息、厚重的人文情怀。该歌曲经国家一级作家、著名诗人、达州籍旅美华人陈官煊老师交流指导，并由青年作曲家、原创歌手李明均，音乐教师万春等配合共同作曲。该歌曲为

宣传全市及开江县的脱贫攻坚工作发挥了积极作用。

借助自身宣传优势，自己积极向单位领导建言献策，立足贫困村的特点，利用达州广播电视台的平台优势，达州广播电视台的电视、广播、报纸各栏目、新媒体中心、广电商城等，积极介入贫困村的宣传。达州广播电视台对新农村建设、产业发展、产品推介、脱贫攻坚、形象宣传等各方面，进行积极、正面、大力度、全方位、多角度的外宣！取得极好的成效。

2018年2月26日下午，在开江县举行的2018年决胜脱贫攻坚推进大会暨先进表扬大会上，我被开江县委、县政府授予"脱贫攻坚先进个人"光荣称号，与其他9名受表扬的扶贫干部代表一起上台领奖。

这仅仅只是自己一个人的扶贫工作小故事。

（作者系达州市广播电视台干部）

我的"远亲"周叔

王永明

　　周叔名叫周洪全，家住万源市长坝镇幺滩村，是单位分配给我的结对帮扶联系户。

　　周叔家属于建档立卡贫困户。虽然联系他家好几年了，但我从来不把他称为"贫困户"——我总觉得这就像老师对成绩差的学生一样，叫"差生"太伤人自尊，只有"后进生"，没有"差生"。既然是扶贫帮困，那"贫困户"也应该是"后发户"吧。

　　不过周叔家过去确实很贫困。早些年，他家住在村子北面海拔1500多米大山下一个叫大岩弯的山坳里。家里的几间土坯房摇摇欲坠，蜗居在屋里的老老少少终日提心吊胆，生怕哪天墙塌了被埋在下面。由于山高坡陡，交通十分不便，一条泥石公路在山底河流的对面，要到村委会办事或去村口小店铺买油盐，只有沿着一条羊肠小道步行将近一个小时；遇到下雨，根本过不了河，只好干着急……

　　自然条件差不说，周叔家可谓贫病交加。随着年岁增长，他身体一年不如一年；老伴儿向贤碧患肺气肿据说已有30多年了，基本丧失劳动能力。微薄的土地不足以养家糊口，大儿子只好分户单过，小两口常年艰辛在外务工，供一双儿女读书。和我年龄相仿的小儿子周茂云也一直在外谋生，当年曾赢得一位云南姑娘的芳心，不料这位姑娘刚回幺滩村生完女儿小柳（化名）才10多天，就被家里的贫困吓跑，至今杳无音讯……10多年来，周茂云一边在外打零工，一边寻找妻子。如今，家里就周叔老两口，以及今年才16岁的小孙女小柳。

我第一次到周叔家是2017年6月，当天我冒着火辣辣的太阳赶到他家时，他正在山脚下大儿子家里忙活着。周叔指着旁边一幢已建了半层高的砖房，高兴地告诉我，他被确定为当年的异地搬迁户，政府正在为他修建新房。

得知周叔家的境况，我的心情特别沉重，决心在以后尽力给他们更多帮助。而周叔却乐观地说，等年底新房竣工搬下来和大儿子住在一块儿，村道路就在家门口，也不用爬坡上坎，日子一定会慢慢好起来的……

周叔虽已年过七旬，但老两口却闲不下来。"自己还动得，就不能靠国家、等干部，各人（自己）要努力嘛！"周叔告诉我，他家种了两亩多水稻，还有玉米，加上红薯、土豆等农作物，吃饱饭完全没问题。老两口不辞辛劳，每年还养了两头大肥猪，一头过年自己吃，一头卖了换钱。这两年，帮扶单位发放给他们家的几十只鸡苗养得也很好，加上村里发展雷竹土地流转、中蜂养殖等扶贫项目，经济收入也有了稳定来源，基本生活有了保障。

"活了几十年，现在国家政策硬是好啊！"每次我问周叔有没有什么困难需要帮助，他都摆摆手，"住上了好房子，看病住院可以报账，我们有低保、农保，还能有啥子要求啊？要是在旧社会，这把骨头早就不在了……"沙哑的声音中，流露出无尽的感恩。

前年暑期，我再次去看望周叔一家。刚到院坝，我就看见门口站着一位十七八岁的女孩，身体十分消瘦，但是一双清澈的眼睛闪烁着聪慧和灵气。她一看见我，便十分羞涩地躲进屋里房间去了。交谈中，我才得知，这位姑娘叫小兰（化名），是周叔大儿子的女儿。由于先天性疾病，做过好几回手术，大儿子大儿媳这几年在外务工挣的钱，几乎全部用于小兰治病，而且还欠下不少外债。但是小兰学习非常用功，因为疾病缠身，她上完高二就被迫辍学在家，一边疗养，一边自学。虽然没上过高三，但是当年高考她还是报了名，并如愿被成都一家高职学院录取。

"她自己很想去读，但是要几千元的学费啊，哪里去找啊！"我第一次看到周叔叹气……

我顿时觉得鼻子一酸，更被小兰积极向上和求知若渴的精神深深感染！小兰的父母和周叔已分户，按政策规定不属于建档立卡贫困户，也不属于我的帮扶对象，但我总觉得有责任和义务为一个孩子撑起求学的梦想！于是，我当场向周叔和小兰承诺，我一定会千方百计想办法，帮助她9月份顺利报到入学！

回到达州，我第二天就马不停蹄四处奔波，找老乡说情，托朋友帮忙，通过不懈努力，终于联系到了一家爱心企业和几位爱心人士，很快就凑齐了3000多元。随后，我及时赶到万源，亲手将爱心款交给了小兰。

"谢谢你帮我孙女圆了大学梦啊，我们全家几辈子都忘不了你的恩情……"开学报到那天，把孩子送上车后，周叔专门给我打了个电话道谢。虽然自己的力量微不足道，但我还是感到特别欣慰。

两年多来，每次去周叔家，我都像走亲戚一样，有时给他买些油面、被子等生活用品，冬天带双加绒的棉鞋，逢年过节送点月饼、粽子之类的东西。本来这些也花不了多少钱，算是一种感情联络吧！但是每次周叔都要责怪我，"小王啊，你以后再给我们买东西我就不得要

了哈，我晓得你们的工资也不高，自己也要养家！"

由于周叔拒收礼物，我就决定以购代扶，家里需要的大米、土鸡、红薯等，直接从他那里买。我和周叔间的买卖都是估"毛坨坨"，彼此间从不会斤斤计较。有一次，我在他家买了30多斤大米，塞给了他200元钱，他硬是不收，说我太"亏了"。后来，他实在推辞不了，于是老两口一个拦车，一个进屋抓鸡，硬是给我塞了一只大公鸡到汽车后备厢，这才高兴地和我挥手作别……

2019年开春不久，周叔告诉我，小儿子周茂云在福建一家工地上干活时，不慎摔断了手臂。我当即给他儿子通了电话，询问他善后处理情况，通过微信发给他工伤认定方面的法律知识，帮助他依法维权。我还建议他在疗养期间去找一份门卫值班方面的工作，既不影响康复，又有经济来源。为让他在外安心上班，我又与他女儿小柳就读的学校积极对接，帮助申请到了1000元助学金，让孩子在校安心学习。

平心而论，我对周叔一家帮助也不多，脱贫多是靠国家政策扶持和他的自力更生。然而，一来二往，我和周叔越来越熟，越来越亲。我对他的一句句问候，他都会觉得十分开心和满足；他的一声声"小王"，也越喊越亲热。如果过段时间没见面，他甚至还主动给我打电话问我工作生活情况，说很想念我！我知道，这一切，都源于他对党和政府的信任和感恩——因为我是一名基层扶贫干部。而周叔的那份善良质朴，却成为我的精神养分……

祝福周叔一家！

（作者系达州市中医药管理局政策法规与监督科科长）

无问西东　只因情深

汪联旭

　　"轻轻地捧着你的脸，为你把眼泪擦干，这颗心永远属于你，告诉我不再孤单……"4月的天空淅沥地下起了小雨，三上村小学的教室里飘出轻柔而深情的歌声，我带领中心校的师生们一起到三上小学为那里的孩子过集体生日。教室内洋溢着欢乐的氛围，课桌上的水果生日蛋糕散发出清香，一个个孩子们戴着头饰，合着双手围成一圈，许出心中最美好的愿望，在今天这个特殊的日子里，带着温暖的感动共同祝愿我们的小天使明天学业有成，健康成长……

　　云是风的牵挂，水是山的牵挂，碑庙小学的每一个孩子便是我的牵挂。碑庙小学校是一所农村小学，1274名学生，其中638名学生是留守孩子。我于2014年至今担任碑庙小学的支部书记、校长。我一直思考，如何全面提高学校的教育质量？破解农村学校教育质量的瓶颈就是留守孩子的教育问题。为了让每一个孩子在童年的生命里留下向上的种子，让每一个生命都尽情绽放，遇见星辰大海，我们每一个教育人都应该对留守孩子的教育有更多更深的思考和行动。

　　留守孩子是这个社会取的一个名词，因为缺少父母亲的陪伴和监管，而将孩子分为留守和非留守两类，这对教育并非好事，有着一定的干扰。孩子们的内心都明澈如镜，所以我们在对孩子的教育上，首先在意识上要平等对待，不得刻意按"留守"孩子的标签进行有色教育。

缺少父母陪伴的孩子有三个共性：一是缺乏安全感，没有父母在身边陪伴，缺少亲情和家庭温暖，柔弱的心灵更需要父母带给的安全感。二是行为习惯差。由于隔代教育和监管，有的因为精力不济而放任，有的因为方法不对而溺爱，存在着管教不到位的问题，不好的习惯难以得到纠正。三是情感麻木，孩子往往缺乏安全感，情感相对冷漠，人际交往能力差，思想感情较脆弱，对周围的人和事都有一些疑虑、陌生，甚至不信任。但每一个孩子都有自己独特的个性，所以行为背后的动机也千差万别，这尤其需要我们教师有针对性地帮助其成长。

留守儿童工作关系到千家万户，是一项民生工程，我高度重视，成立"留守儿童"教育工作领导小组，明确责任，工作落实到人。建立健全留守儿童档案，详细记载每个留守儿童的家长姓名、务工地点、收入情况、联系电话等信息，做到一人一档、一个不漏，并定期统计汇总变动情况。

留守儿童由于亲情的疏离、情感的缺失，变得沉默寡言，内心都有着天然的敏感和抗拒，只有走进孩子的内心，才能实施有效的教育，如何走进孩子封闭的内心世界，打开他们向阳的窗户，不但需要技巧和方法，更需要根植于教育土壤的情怀和爱心。作为学校校长，在留守儿童的教育问题上，不能单凭我一人之力，教育的主体应该是学校的教师，只有每一位教师都具备这种情怀，才能让教育真正发生。我引导教师每月在精准扶贫下乡过程中，充分了解孩子们在家真正的生活环境，对于特别贫困的家庭，我带着学校的老师一起看望、了解，回校后组织教师座谈、交流，以激发教师的仁爱、怜悯、慈悲之心。同时，还组织教师进行读书活动，读《窗边的小豆豆》，看电影《菊茨郎的夏天》等，引导教师理解每一个孩子的内心都有一个不容易的世界。

当教师拥有了仁爱、怜悯、慈悲之心，并不一定都有教育的回报。在这个信息获取多元化的时代，在这个社会秩序重建、价值观重塑的时代，学生也了解这个世界不一定哪里都可以遇到真诚，又特别是留守孩子，拥有敏感和抗拒的内心，在他们的眼里或许老师的真诚与关怀也只是一种套路，他们一边小心地配合，一边不屑地排斥，你可以惺惺作态，我也可以虚情假意。留守儿童，特别是问题学生，更是如此。

我校五年级四班王雪东，班主任多次与我交流该生不愿意到校。我深知每一个异常行为的背后必然有一个不被觉察的动机。我多次尝试着去他家陪他看书、散步，在不知不觉的交流中，他终于对我敞开心扉。与父亲的长期分离让他几近抑郁；原来，他需要父亲给他带来安全感。后来，我与其父母沟通，与班主任交流，联系医院……再后来，他脸上的阴霾渐渐拨开，终于绽放出明媚的花朵。

留守孩子在家的监管无力，表现出对手机等电子产品和游戏的依赖，在学习上兴趣不高，对其他知识和技能表现麻木。对此，我组织学校教师成立多个活动小组，用一种兴趣代替另一种依赖，让留守孩子参与其中，还给孩子一个积极、健康、向上的童年。

学校体育组成立了校园男女足球队、乒乓球队、篮球队以及田径队，有84名留守孩子参与训练，晨曦中有他们奔跑的身影，夕阳下有他们挥洒的汗水，在校级比赛以及通川区的各种比赛中都取得了较好的名次。学校成立啦啦操运动队、健美操舞蹈队，62名留守儿童参与训练，每周一的升旗仪式，每年运动会开幕式以及六一文艺汇演，孩子们都会站在舞台的正中央，看他们矫健的舞步，自信的笑容，他们就是最靓的仔。在留守儿童中开展"自理、自立、自强——争做合格小公民"主题教育，"我心中的爸爸妈妈"征文活动和"我成长、我快乐"演讲比赛等，培养了留守儿童的学习兴趣，进一步丰富了他们的精神生活，增强了他们独立自主能力，促进了身心健康发展。班级每期组织两次亲情活动。亲情活动的形式主要有主题班队会、亲情聚会、集体生日，对留守儿童进行生理与心理健康教育，开展教师走进学生心灵活动。

学校投资8万元，打造了留守儿童之家，购置了电脑、电视机以及大量图书和文件器材，把活动场所布置得温馨舒适，真的像家一样，并使留守儿童的才艺得到充分展示。我争取上级资金15万元，成立了乡村少年宫，软装了地板，购置了大量器材和设备，安排了专任教师为其授课，激发了留守孩子的兴趣，提升了他们的综合能力。我校残疾儿童共有15名，心智发育不一，学校投资5万元打造了特殊功能教室，色调清新，购置了各类益智器材和康复器材，并安排专任教师陪伴孩子锻炼康复，对不能到校的孩子，学校安排专职教师每周送教上门两节课。我校住校生共有60名，基本上都是留守儿童，学校修建了学生浴室，定时供应热水开水，更换学生宿舍床铺，改善了孩子的居住环境。

每学期初，学校都向留守儿童家长致一封信，建议家长每天打一个电话，每周一次视频通话，每月与班主任联系一次，每年至少回家一次，加强家长与子女之间的沟通理解和亲情联系，强化外出人员家庭教育的责任意识。向留守儿童家长或第二监护人宣传普及科学的家庭教育观念、知识和方法，在留守儿童家长中开展"争做合格家长、培养合格人才"家庭教育实践活动，优化养育和监护行为。通过举办专家讲座、推荐优秀家教读物等，对监护人进行培训和指导，为他们答疑解难。

活动离不开资金，为了解决留守儿童教育资金短缺，我多次向镇政府汇报，在镇党委、镇政府的关心支持下，各界社会人士伸出援助之手，捐款12万元，成立了留守儿童基金，每学年奖励表现优秀的孩子，春节学校组成送温暖小组到贫困留守儿童家庭进行慰问并进行资助。留守儿童基金累计资助金额6.5万元，资助贫困留守儿童62人。

我积极联系协调社会组织和单位，他们多次到我校为留守儿童进行捐助，中央红办、川陕革命历史研究会、浙江商会、通川区老年协会等组织，累计捐助资金18.5万元，资助留守儿童120人。学校成立资助领导小组，建章立制，规范流程，确保每位学生应助尽助，对资助对象进行班级、年级、学校三级审核，资助名单向村组、社区进行公示，将国家资助金足额发放到学生社保卡。学校在办公经费并不宽裕的情况下，每年都会划拨一定的经费解决贫困留守儿童在校生活费，为家庭困难学生购置学习用品、衣物等。在留守儿童群体中，虽有国家政策扶持，仍然有个别家庭比较贫困。碑庙镇朝天村李浩，父亲离家出走，母亲和弟弟都是智力残疾，一家人的生计都由年迈的婆婆操持。了解到他的情况后，我将他定为重点资助对象，除了各项政策帮扶外，我还会每月自掏腰包进行资助，帮助他们补贴家用。重大传统节日，我也会带着礼品上门看望。也许我的帮助只是杯水车薪，只能缓燃眉之急，不能解永久之困，但我相信，人与人之间的温暖，总会让他们面对贫困依然认真生活，这不正是我所期待的吗？

（作者系达州市通川区碑庙镇小学校长）

圆 梦

曹昌琼

从空中俯瞰，开江县灵岩镇的虾扒山犹如一把两边有扶手的大椅子。有着扶手和靠背的大山，却没能让生活在它怀里的子民尽如人意。因为虾扒山与贫瘠挂了钩，虾扒山的人就像长在土里的红薯，使劲伸手都没办法够着。李桥生一家就是生在虾扒山的红薯，父母到死都未圆上新房梦。所以多数虾扒山人觉得如果有来生，不再选择它作为生存的母亲。然而，谁都知道儿女是不能选择母亲的。

从县城去虾扒山，要从椅背而上。自从单位接任帮扶虾扒口村以来，所有人都不记得上了多少次虾扒山，山上的一草一木都非常的熟悉。尽管山路超出了十八弯，陡峭得让人心惊胆寒，但通过帮扶，大家都对虾扒山有了牵挂及情谊。

10月，我陪李桥生签完房屋购买合同，内心的高兴和轻松感染了同单位的陈玲，她调侃说："看把你高兴的，比你自己买房还激动。"

"你以为呀！这几年帮扶下来，我是真心把他当亲人了，他现在有家了，我当然激动嘛！如果你有熟悉的女孩子适合他，一定帮他介绍哈！"

李桥生是我的帮扶对象，精准脱贫刚开始，单位接任帮扶虾扒口村，所有建档立卡贫困户，帮扶任务分别对应给了所有干部职工。在全体职工大会上，局长再三铿锵有力地要求大家一定用心、用情去帮扶贫困户，打赢这场脱贫攻坚战。我在下面对陈玲嘀咕："有手有脚的，各人（自己）不努力生活，干吗要我们去帮，有些人是能帮得好的吗？这个遍地有希望的社会，只要想做，一年几千块钱都挣不上，那还算啥子人嘛？"

第一次去虾扒口村，贴山蜿蜒、崎岖陡峭的山路，给了我惊险；郁郁葱葱、高低不一的树，给了我富氧；颜色各异、娇艳欲滴的野花，给了我灿烂与满足。一想到上山是为帮扶，却有满肚子气要发泄。欣喜第一次没见着帮扶对象，只是从村里了解到，19岁的李桥生父母双亡，暂时住到他姑姑家。在怨气中的自己，听到父母双亡，心里不免咯噔起来，有一种想弄清详情的欲望。

第二次，我在虾扒山下找到了李桥生姑姑的家，仍然没见到李桥生。说起李桥生，姑姑眼睛立马湿润了。

李桥生本有一个虽不富裕却极温暖的家，父亲的石匠技艺，保障了一家人的生活，新房等诸多愿望在錾子手锤的敲打中酝酿。谁知在李桥生上小学时，灾难降临了这个温馨之家，父亲在石塘子打石头时，被炸松的石头砸断了大腿骨，几年的医治，用光了家里所有积蓄，还欠下好几万元外债。腿未好胃又穿孔，在治疗费用及病痛的折磨下，父亲早早离开了这个家，所有梦被踩了急刹车。

母亲从小就患有严重支气管炎，长期用药，身体本就瘦弱。失去了主力支柱，母亲用单薄的身板苦撑着的日子，就如一条无助的小船，在看不到绿洲的汪洋里勉强地漂泊着。坡里的油菜、洋芋的收种，那几个可以种谷子的小田，都留给了母亲独自打理。初中毕业，李桥生无奈，回家陪在了母亲身边，偶尔在工地做做小工。虽帮衬了母亲不少，可母亲日日为儿子的未来发愁，山里的孩子娶老婆本就不易，没有房子更是难上难。忙碌的母亲脸上，犹如荒草覆盖了自家房屋一般庞杂而无助地惆怅。母亲身体一日不如一日，白天在洋芋地里咳，在猪圈里咳，在那条弯弯的小路上咳，晚上躺在床上，喉咙痒得更厉害，咳得老鼠不敢肆意妄为，咳跑了李桥生的瞌睡，咳得整个屋子都在颤抖。好多时候，李桥生半夜被母亲的咳嗽吵醒，心里布满了烦躁、痛苦与不安。望着窗外的月光，李桥生心里纷乱如麻。母亲这个样子，如何敢远行打工。

精神上的打击及家里的困境，让这个老实苦难的母亲，在父亲离世几年后，也丢下自己最疼爱的儿子，追寻丈夫而去。那时李桥生刚满18岁。

家庭遭遇让李桥生过早成熟到沉默。当城里的爹妈在为孩子的叛逆心力交瘁时，千疮百孔的生活没有给李桥生丝毫叛逆的机会。父亲那"唉……嗨……哟"的号子声让李桥生格外怀念，母亲的咳嗽声成了他最深的奢望。

李桥生姑姑说得泪眼蒙眬，我听得心酸流泪，不再固执地认为几千块钱对所有人都是易事，而这一家人也不是没有努力生活。最后姑姑对我恳请道："这娃可怜啊！本是一个比较听话的娃，自从他妈走后，就不爱说话，更恼火的是，还迷上了麻将。开始找我要钱，我以为他要买东西，因担心他爸妈的死，会把他憋出事情来，就瞒着他姑父给钱，后来知道他去打麻将，我就不给了，他就向茶老板借。这样下去，这娃就废了呀！我可如何向我那短命的兄弟交代呀！妹子，你得想办法帮我劝劝他。"

我回到单位，对陈玲叹气："我的帮扶对象分得好哇，刚成年、父母双亡、沉迷麻将，我咋个去帮嘛！"

陈玲笑道："别叹气，才开始呢！你知道我那个贫困户咋说，钱他自己可以去挣，就是缺老婆，叫我给他找一个老婆，你说那山高路远的，人也不年轻了，我到哪给他介绍对象去。"我们俩笑作一团，笑过后内心却是一片心酸。

一日，我正准备去单位，电话响了："喂，妹子啊，你一定想办法劝劝我侄儿呀！昨晚又是通宵！听说输了400多块，给茶老板又借了200块钱。这样下去，嗬们（如何）得了喔！"

陈玲建议我先见见李桥生。几天后，我一早去他姑姑家，李桥生还没起床，姑姑赶紧把他叫起来。熬了通宵的他脚步趔趄，睡眼惺忪，脸色灰暗。我劝了他几句，他竟然说："你既然是来帮扶我的，又不给钱我，说那么多干吗？"说完，回去睡觉了，我被气得无语。临走时，姑姑告诉我，李桥生蛮念及他父母的，凡是节气及父母过生时都会去给他们烧纸，清明节他一定会去上坟，你想法与他一起去，这样沟通的时间长些，说不定有效果。

清明到了，我早早给李桥生打电话，开始他并不乐意，在我的恳请下终于答应了。我陪他一起走路上山，陪他一起给父母烧纸，终于感动了李桥生。他带我去看了曾经装满温馨的老屋。老屋是20世纪80年代砌的砖房，阶沿上满是灰尘，房顶掉落不少瓦片，一把锈锁挂在斑驳的木门上。我问李桥生要不要进去看看，李桥生摇头说："不用看了，满屋子的东西都在我的脑子里。"

那天，李桥生从牌桌上回到了现实，终于愿意对我倾诉。他说，父母最大的愿望是能有自己的新房子。我问他："你愿不愿意实现属于你们家共同的愿望？"李桥生想起母亲临走时，那带有忧伤、渴盼、无助的眼神，与当年父亲走时的眼神交织、叠加、重合，内心那股隐隐的痛呈现在了脸上。又想起母亲做梦在县城有新房时自己说的话："妈，那是你做梦，梦就像太阳从西边出来一样不可靠，我们哪有那么多钱在城里买房嘛，城里买房要几十万呢。"李桥生痛苦地摇头道：

"我咋不想呢，在县城买房，最少也得几十万，我没技术，也没本钱，哪有那么容易。"

"你如果有想法，买房的愿望就一定能实现，你还这么小，机会很多，但是在麻将桌上，永远也别想圆这个梦！你这年纪，比那些老弱病残好多了，你自己不求上进，是没人会来同情你的。"

我想到自己老表，夫妻两个在浙江一家纺织厂打工，妻子做挡车，丈夫做机修，工资挺高的，夫妻两个打工不但修了一栋非常漂亮的楼房，眼下还有了存款。

"只要你不怕辛苦，去跟我那亲戚学机修，这是技术活，工资高，今后一定会买得上房子的。"

在我三番五次的劝说下，李桥生总算动心了，坐上了去浙江的火车。在车上，李桥生内心还积满了沉重，还在怀疑能否拉近那遥远的梦，这是他买房时对我说的。

在浙江的日子，我三天两头打电话关心李桥生，也一再恳请老表帮忙。当李桥生亲眼看见师父每月领的工资，心里激起了圆梦的希望。他沉心学技术，每天坚持工作12小时，重拾生活信心，技术日益精湛，现在已经能一个月领8000多元的工资了。李桥生终于走出了残冬。

为了不耽误找女朋友，就得早日把房买上。国庆后，我劝说家属，借了5万块钱给李桥生，在其他地方借了些钱，凑足了房子首付。我亲自帮他看房，办理手续。李桥生终于圆了父母未圆的梦。

圆了房子梦，李桥生听说家乡迎来了千载难逢的发展机遇，对我说，打算今后挣了钱，回家乡搞养殖。

我仿佛看见了李桥生又一个梦的亮光！

（作者系开江县文艺创作办公室干部）

扶贫掠影

严丕峻

2015年9月，在组织的安排下我来到宣汉县凤鸣乡达洲村任第一书记，从此成为一名脱贫攻坚战的前线人员。在村上的工作虽不易，但也收获了许多感动。

有一天，我带着帮扶干部们去入户帮扶，在一段长满青草的小路上遇到放牛的显福，他家也是贫困户。由于早年面部被烫伤，下嘴唇往下外翻导致嘴合不上，以至于年近五十也没成家。人很热情，每次见面都和我们打招呼。

"严书记，走哪儿去？"

"去四组，显福大哥你在放牛呀，要不要我给你照张相？"

因为我刚好拿着同事的相机，随手就拍了起来，想着照片以后还能作为扶贫资料。

"严书记等一下，我好好站起照一张。"

说完他站到路边，整理好身上褴褛的衣裳，双手身前相握按住随时会翘起来的衣角，咧嘴笑了起来。

"咔咔！"我连续给他拍了几张。他高兴坏了，说这是他第一次照相。他的笑和激动的样子让我鼻子有点酸。

　　随着数码相机、智能手机的流行，纸质照片在人们的生活中几乎消失了，住在村里的人有的好几年都没有一张照片，甚至像显福这样的人年近天命都没有一张真正的照片。

　　那之后我在村里开展扶贫工作的时候，会有意识地给老人们拍几张好看的照片，打印出来，做好塑封再给他们。每每看到他们拿到照片时眼里的惊喜和合不拢的嘴角，我的心也会被填得满满的。

　　6寸的纸片在大多数人眼里肯定不算什么，但是在没有过照片的老人心里，成了他们在人世的最后影像后在亲人手里的重量没人能知道。

　　达洲村有间农家书屋，各种书籍千余册，但是却没有人来翻阅过。看着冷冰冰的书屋，心里觉得很浪费，得想办法让它发挥点作用才行。

　　我找到村小学的李老师，告诉他村里的书屋也向孩子们开放，让他告诉孩子们每周星期二下午可以来借书。为了大家养成借还书籍的好习惯，我还制作了一个借书登记册，让孩子们自己签字。

　　"严书记，我可以下下周再还吗？这本书有点厚。"

　　"可以。"

　　"严书记，我可以多借几本吗？"

　　"可以。"

　　"严书记，我想帮妈妈借一本炒菜的书。"

　　"好，我帮你找。"

　　"严书记，我还不会认字。"

　　"这个绘本适合你。"

　　"严书记，我还不会写名字。"

　　"画个圈圈代表你吧。"

　　从此，每周二下午的书屋成了最热闹的地方，以前书本上覆盖着的冰冷的尘埃不复存在，孩子们对知识的渴求、对外面世界的向往使书屋成了一间有温度的书屋。

达洲村小学附近的山沟沟里，有条小河叫龙门河，龙门河上有一座石头桥。我刚到村上的时候，有村民给我反映，说石桥被大水冲坏了需要维修，不然早晚要出事。

我和村里的干部前去查看，石桥原有三个桥墩，桥面原是由四段两米多长的石板拼接而成的。现在一侧的桥墩和一半的桥面都倒在河道里。不知道是哪位好心的村民用几根木头钉上木板，搭在岸边和中间的桥墩之间方便大家通行。木板上长着青苔，木头已经腐烂。

经过反复研究，我们决定立即对这座小桥进行维修。然而这时我们才发现，要维修最困难的不是资金，也不是技术，而是材料的搬运，羊肠小道像一条巨蟒盘踞在我们面前。

正当大家一筹莫展的时候，村民们出现了。

张大叔背一包水泥，李大爷扛半袋砂，王婆婆拖两根钢筋……

大家来来回回穿梭在那条小路上，远远望去就像蚂蚁搬家一样络绎不绝。施工队的同志也被大家的齐心协力所感动，承诺只保成本，绝不多赚一分钱。

最终，在大家的共同努力下，仅花费不到3万元就建好了一座钢筋混凝土小桥。灰白色的混凝土与周遭的一切虽然显得格格不入，却也彰显着人定胜天的气势。坚固的新桥稳稳地架在低洼的山沟沟里，却也高高地耸立在人们心里。

（作者系宣汉县审计局副局长）

比翼齐飞扶贫路

魏晓雪

　　我是开江县扶贫移民局办公室负责人魏晓雪，肖秋冬是原县扶贫移民局挂职副局长。我们曾是同学，现在已经是相濡以沫12年的夫妻。我们同时担任起脱贫攻坚工作，在扶贫路上相互鼓励，比翼双飞。

　　2015年8月，我进入县扶贫移民局后，勤学业务、苦练本领，快速完成角色转换，成为骨干力量，负责办公室工作。

　　2016年春节刚过，丈夫肖秋冬就接到了分管脱贫攻坚工作的担子。他分管脱贫攻坚以后，因为繁重的工作任务，一周难能回家一次，聚少离多。

　　当时我有孕在身，生活中既要克服妊娠反应，还要照顾上小学一年级的大儿子；工作上既要克服任务重、人手少的难题，还要统筹做好日常事务工作。2017年3月，产假还未休满，我就主动请缨，投入紧张的工作中。

　　开江县扶贫移民局联系帮扶新街乡竹儿坪村和顶新场村。我帮扶竹儿坪村2户贫困户，丈夫肖秋冬帮扶顶新场村3户贫困户。其中，竹儿坪村是全县最偏远的行政村之一，每次入户帮扶都需要借道重庆梁平的文化镇。

　　最让我们放心不下的是竹儿坪村一组的刘维斗、邓发玉家庭。77岁的刘维斗年事已高、丧失劳动能力，73岁的邓发玉双目失明、生活不能自理，女儿外嫁。二老相依为命，住在风不遮、雨不避的破旧瓦房，屋外就是5米多的高坎。

　　2017年底，通过异地扶贫搬迁，二老住进了50平方米的新居。搬迁入住那天，二老紧紧拉着我的手说："闺女啊，我们做梦都没有想到，这一辈子会住上这么好的房子。"

　　春节前，在入户走访时，我得知邓发玉老人生病在床、连续三天不见好转。我立即与康仁骨科医院联系。第二天，老人被接到医院住院治疗。通过及时医治，病情终于好转。出院前夕，我带邓发玉办理好残疾证明。如今，邓发玉每月能领取160元的残疾补助，加上低保、各类补贴和女儿的赡养费，二位老人终于可以衣食无忧地安享晚年。

　　同样，在丈夫的帮助下，春节前夕，长年借宿兄长家、一家四口就有两人大病的卢友林家，也住进了100平方米的楼房。夫妇俩不禁感慨，感谢党的好政策，结婚20年，终于有了属于自己的家。

　　"三妈最近身体情况很不好，头痛得厉害，吃不下饭，睡不着觉。"三妈就是我的娘家妈，因为父亲在家中排行老三，所以"三爸、三妈"这一称呼从小叫到大、成了习惯。

　　2017年5月后的近三个月，虽然跑遍了县内各大医院，但三妈的病情都只能暂时缓解，隔三岔五就发作，一旦发病就会呕吐乏力、感到天旋地转。面对单位人手少、任务重的现状，我们只得一拖再拖，直到2017年8月，我才抽出身来陪同三妈前往成都就医。也是直到这时，她的病情才得以真正缓解，身体逐渐得以恢复。

　　2018年1月14日，是儿子播音主持兴趣班汇报演出的日子。早在一个多月前，丈夫和儿子就选定了亲子朗诵节目《让我们一起成长》。

儿子对能和爸爸同台表演朗诵节目充满期待，爸爸可是县内大型活动的主持人，是儿子心中的榜样。1月13日，西华大学评估组到开江进行第三方评估，父子俩原本准备就绪的节目被迫取消，丈夫对儿子的亏欠又多了一份。

我们对家人满怀愧疚，但是仍然坚守在扶贫工作岗位上，并要以更多的实际行动来诠释扶贫干部的责任担当。2018年2月，我们夫妻二人均被推选为全县2017年度脱贫攻坚先进个人。

（作者系开江县乡村振兴局干部）

剪掉长发的女孩

石秀容

对曹佳佳这个名字早有耳闻，源于她把贫困户的土鸡蛋带回省城去卖。第一次看见她是在全省"巾帼脱贫"现场会的协调会上，一个白白净净的长发女孩，会后大家又各自忙碌起来了。过些时日在白蜡再见到她时，已经是短发了。我怀着好奇问："你怎么剪头发了？""太长难洗，就剪了。"佳佳笑笑，一脸的轻松。"哪个女孩不喜欢有一头飘逸的长发呢？因为村上事情太多，时间不够吧。"我们边走边聊了一些私房话。我不得不佩服这个85后从省城来的女孩子。

2015年10月，刚刚做完新娘的曹佳佳，收拾行囊，开始了自己两年的扶贫之旅。从成都出发，坐动车两个小时之后到达达州土溪站，下车后坐面包车到三河交汇的三汇镇，到三汇镇后再坐轮渡过河到对岸，然后又坐摩托车，几十分钟后，最后到达白蜡村。这样的历程，曹佳佳每个星期都要经历两次，每周日赶到白蜡村，准备第二天上班，周末再赶回成都家里，和家人匆匆一聚。

刚刚到这里时，村里没有住宿点，曹佳佳只能住乡政府。因为乡政府工作人员大部分是当地的，晚上基本都回家了，就留下曹佳佳一个人。乡下的夜晚安静得可怕，稍微一点异动声响，都令曹佳佳毛骨悚然。因为各种恐惧，曹佳佳曾经一个多月无法入眠。居住条件差，老鼠成了曹佳佳的室友。有一次，曹佳佳度完周末，一路辗转赶到宿舍时，一把掀开被子，一堆老鼠收藏的"宝贝"呈现出来。当时，曹佳佳的心情，真的是崩溃！

然而，最大的考验是上厕所。宿舍没有厕所，要上厕所，必须先下几层楼，然后下一个坡，到一个关不上门的厕所。为了少上厕所，最初的那两个月，曹佳佳让自己硬憋着！上厕所不便，洗澡就更不便，往往一周都不能洗澡，在回家的地铁上，她常常无意识地避开人群，怕别人说自己是个很有"味道"的女人！周末，回到成都的家，曹佳佳撞开家门，第一件事就是上厕所！洗澡！

生活上的不便并没有吓倒曹佳佳，她深知自己的使命和责任，对自己说："不管多苦多难，这里的老百姓都能过得下去，我有什么过不下去的呢。"曹佳佳上任后，做的第一件事就是摸清贫困户的具体情况。白蜡村有174户贫困户，每一户都要走到，真不是一项简单的工作。因为交通不便，走访贫困户大部分要靠走路，一走就要走一个多小时。有些贫困户的防卫心理比较重，曹佳佳跑一趟，他们根本不愿意和她交流，眼神里满是质疑："一个女娃娃，一个小年轻，能不能帮我们实现脱贫奔康哦？"曹佳佳没有气馁，她本着"将心比心赢得真心"的态度把每一次和群众谈话、聊天的过程都当作是学习、认识、宣传、帮助的过程，到贫困户家中的次数多了，村里认识曹佳佳的人多了，主动打招呼的人多了，邀请"曹书记"进家坐坐的人多了，一户户走访摸底，踏实认真的工作态度，让村里人改变了对曹佳佳的看法。有两家贫困户，住得实在太分散，和村里人来往都很少，所以，当曹佳佳突然走路出现在他们面前时，他们兴奋至极，拉着曹佳佳的双手久久不肯松开……

在前期入户调查过程中，曹佳佳发现很多村民都饲养了家禽，特别是白蜡坪山上的村民饲养的土鸡，生长在安全无污染的环境中，肉质好、产蛋量高，可谓土鸡中的"战斗鸡"。但由于交通运输成本高导致农产品利润很低，村民们一直无法从家禽养殖中真正获利，这些原生态的绿色食品也就一直处于白璧蒙尘的状态。

于是，曹佳佳在每次入户走访的时候，就增加了一项工作：遇到村民家有多余的家禽和蛋就先买下来，再利用周末的时间带回成都，或进行试水性质的销售，或送给亲戚朋友，希望这些高质量的产品能吸引更多的人关注白蜡村的绿色食品。

居住在成都武侯区的陈先生，抱着支持贫困村的心态，通过微信朋友圈在微店购买了土鸡蛋20枚，在收到鸡蛋的当天晚上就联系第一书记曹佳佳，要求长期订购。陈先生说："这个土鸡蛋比在成都买的任何一个品牌的土鸡蛋都好吃。"成都某集团公司的李总，很热心爱心公益事业，也很注重生活质量和饮食健康，在品尝了白蜡村的土鸡蛋和土鸡后，表示："有多少要多少，自己吃不完还可以送给亲戚朋友，现在品质这么好的土鸡蛋和土鸡在成都很难买到了！"

渐渐，"白蜡村出品"的良好口碑积攒了起来，一传十，十传百，越来越多的人开始订购。

看到曹佳佳一户户亲自走访摸底贫困情况，村里的群众和干部都改变了对曹佳佳的看法。曾经，他们以为大城市里娇养惯了的女孩，来这里就是图个新鲜，没想到，她却是如此踏实认真。

在走访中曹佳佳发现，村民们普遍存在"等靠要"思想，"为什么现在才送钱来？""我家里困难，你们应该多照顾一些。"这样的话，曹佳佳在走访时不时会听到。

曹佳佳盘算着一边尽力做思想工作，一边用行动感化村民。"不住

在村里也无妨，一定要让村民每天都能见到我。"曹佳佳每天步行到村里走访，同时把"有了帮扶，自己也要努力"的观念灌输给贫困户。

转折点出现在对村民胡代胜和胡代伟的走访上。白蜡村有12个村民小组，受地理条件影响，山下6个小组和山上6个小组的经济状况差距很大，山下大多村民住着小农房，而山上很多村民都是贫困户，胡代胜和胡代伟就住在山上6个村民小组里最远的地方。

曹佳佳从村办公室出发，要坐车半个多小时到一处山顶，然后沿着崎岖山路步行一个多小时才能到达。村民说，曹佳佳是第一个走访到这里的第一书记。在这次走访中，曹佳佳用微信销售的方式，帮助哥俩成功卖出了6只公羊。就是这次走访，让村民的态度起了变化，开始理解她常说的大家一起脚踏实地改变现状的理念。

村民们的态度有了转变，各项工作开展起来就顺利多了。

贫困户贾召发因为双侧股骨头坏死，行动非常不便，也因此致贫。在曹佳佳前去走访之前，他的梦想就是努力挣钱治好自己的病，但具体该怎么做，他很迷茫。如今，村里开展了养牛技术培训，他得到了一次通过学习改变命运的机会。之后，他和志愿者一起搭了牛棚，还在牛棚旁盖了居住的小屋，用他自己的话说，"现在路已经铺好了，就剩自己一步一步走下去了"。

"要想精准地实现扶贫，精神扶贫非常重要，我们的工作是药，而唤醒村民的内在脱贫动力就是药引子。"如今，工作得到认同的曹佳佳早已搬进了村民家里，她说："居住环境和工作环境都有了很大改善，干劲当然更足了。"

白蜡村得天独厚的山水屏障，使得白蜡村保持了天然无污染的生态环境，但也与外界的联系不畅，村里的农产品根本运不出去，即使运出去了除了成本也所剩无几，严重影响了村民脱贫奔康的步伐和信心。通过协调、努力和大量的走访调查工作，为白蜡村土鸡、土鸭，土鸡蛋、土鸭蛋开辟了电商销售渠道，解决了农产品销售交通成本、运输成本高的问题，打通了活禽宰杀、包装盒运输的产业链条。目前，第一批家禽已经销售一空，为贫困户增收6180元。

根据部署，白蜡村的脱贫办法是发展贫困户种植油牡丹和核桃树。曹佳佳到白蜡村之后的工作，就是督促村民种植油牡丹和核桃树。目前，白蜡村已经种了油牡丹44亩，核桃300多亩。曹佳佳在督促村民种植油牡丹和核桃的同时，要和企业衔接，让企业和村民签保底回收协议，保证村民的利润。

除了发展种植扶贫，曹佳佳的工作也包括协调改善村里基础设施建设。村里二组在坝上，交通不便，多年来用水困难，特别是枯水期，整个冬天都缺水，饮水都成问题。曹佳佳为了二组的喝水问题跑了很多路，把村民集中起来，讨论。终于，在3月24日，村民同意打井，同意修蓄水池和一个主管道，余下的距离，由村民自愿买水管接到家里去！不过，村里只能拿出3.8万元，余下的就要由曹佳佳去找妇基会拉赞助。

为了筹备全省"巾帼脱贫"现场会，曹佳佳一连两个星期都没回家了。连续的加班熬夜和骤然降温她已经严重感冒了，回到家时，鼻涕不停地流，头重得抬不起，而脚下又像踩着一团云轻飘飘的。老公带她看医生，端水送药看着又生气又心疼。病情刚刚好转，周末上午，曹佳佳顾不得老公的劝阻又收拾东西往汇东赶，她只能在心里说："老公，谢谢你的关心，村里还有很多事等着我去做呢？"

说真的，战斗在扶贫第一线，像曹佳佳这样的妇女还真的不少，在她们身上，我们感受到了一种特别的力量和希望。

（曹佳佳系四川省妇联干部，作者系渠县教育发展中心干部）

炊烟里的愿景

口述/梁　维　整理/朱映铮

　　我叫梁维，一个80后，开江县文化体育和旅游局选派到灵岩镇白竹山村的驻村工作队队员。在这之前，我没到过开江这么偏远的地方，也没有想到白竹山村的情况这么糟糕，随车蜿蜒而上时，我为自己的扶贫工作捏了一把汗。

　　白竹山村位于开江县东南部，距灵岩镇场镇15公里、开江县城32公里，是全市38个深度贫困村之一，平均海拔800米，属于山地丘陵地区。全村辖区面积4.5平方公里。辖区内8个村民小组，贫困户137户358人。在全国都在为精准扶贫发力的时候，我们市县两级文体旅局也在理清思路，突出难点重点，注重点面结合，力破发展瓶颈。

　　作为扶贫队员，个人的力量是有限的，我能做的是了解贫困户的现状和实际需求，对接相关政策。最开始的工作就是整理熟悉全村134户贫困户所有资料，对照资料入户走访。刚到村上的时候，全村档案资料混乱，还有3个月就要迎接村退出贫困村序列验收，时间紧任务重，我只好白天入户晚上整理资料，不懂的就问村干部，拿不准的就入户核实。

　　走访中，我在五组村民程先得家看到电视画面模糊，可看的频道很少。老人告诉我，他们想看开江台，听听县委、县政府的声音，但这个"锅盖"设备收不到。特别是遇到雨天、雾天就没有电视信号，两个老人在家只有你看我我看你，表情很无奈。我立即查看，原来他家用的"户户通"设备，接下来发现三组梁师富、梁师尚、熊发春等好几户都有这种情况。我立即向单位同事请教，原来"户户通"设备被大风刮移位置或者有遮挡物会影响信号接收，"户户通"没有开江台，要看开江台只能用地面数字设备，但是地面数字设备有个弊端，白竹山离冠子山差转台太远，中间有遮挡，可能会影响信号。了解情况后，我同工作队商量，请求市局支持新修信号塔。30余万元的广播电视转播塔修好以后，我又向单位申请了一批地面数字设备，并和同事一起为村民安装调试好，村民们聚在一起欢天喜地。五组熊发再说："梁维，谢谢你哟，不是你帮我把信号弄好，我电视都没法看。"他们说，这下可以看新闻了解政策了，农闲就追剧看综艺，免得打牌。每次入户，我都会先问电视信号是否正常，遇到电视不能正常收看的，我都一边问同事一边学习维修，慢慢地从一个门外汉，变成了专业人员。记得2019年国庆节前一天的下午，好多村民都说，电视看不到了，我急急忙忙跑到七组赵云翠家中查看，打开电视后，设备没有信号，又到五组熊发科、刘知会家中发现情况一样。我马上向局里同事询问情况，同事说局里能正常收看节目，说明冠子山差转台信号没问题，可能是村上的那个信号塔出问题了。了解到情况后，我马上向局领导汇报，并将相关情况告诉第一书记，联系市局请求安排专业人员前来维修信号塔。市、县局领导和同事赶到后，紧急投入抢修。我向领导说："明天就是国庆了，村民们盼着看祖国70周年大阅兵，如果信号塔一时修不好就麻烦了！"领导说："我们带来了一批应急设备，如果今天修不好，就安装卫星接收设备，确保村民看到明天的阅兵仪式，但是紧急抽调的设备不多。"我说："今天在家的村民不多，我们工作队和村干部马上分组入户，一家一家地核实，把情况摸准确。"我挨家挨户地查看，拿笔做好记录，当我们汇总了情况后，技术人员告知信号塔里面有个配件坏了只能送去成都维修。这时，看看时间已经下午6点多了，为了不耽误村民收看阅兵，我们顾不上吃饭，带着设备到村民家中安装调试信号。直到最后一家的电视放出画面，天已经黑完了，大家这才松了一口气。

为了与贫困户拉近距离，我在白竹山村住了一段时间。跟村民走得近一些，他们就对我十分信任，总是向我请教一些种养方面的知识，而我没有学过这些专业，只好加班加点补课。除了在网上查找一些资料外，还请教一些农牧方面的专家，然后筛选出一些有价值的信息转给他们。我和同事推荐的优良土鸡和优质西瓜和土豆，收成很好。村集体茶园需要施肥，集体经济发展初期经费紧张，我又积极向市文化市场综合行政执法支队寻求帮助，很快收到了2万元帮扶款。

按照"找准脱贫短板，注重市县结合，突出帮扶效果"的工作思路，用29万元的帮扶资金，修建人畜饮水工程1处、维修山坪塘1口，另有20万元对全村4口山坪塘进行维修，达到对外承包条件，增加了集体收入；20万元道路交通费用于新建二组至四组泥结路2.3公里，使全村交通形成环线四通八达；新建了电视转播台，解决白竹山部分地方无电视信号的问题；分别投入6万元解决了部分饮水工程和改造村办公室。还花25万元修建了219平方米的公共服务中心。为了让村子里鸡犬相闻，每年还用2.5万元买鸡苗，送给贫困户养，养大统一回收。我们各直属单位每年还筹资10万元，用于脱贫攻坚急需解决的问题。这些工作里面，有我的绵薄之力，也是我人生中的一份好成绩。

（口述者系开江县文化体育和旅游局干部）

李　叔

罗红梅

"小罗，谢谢你又来看我们哦。你李叔总是念叨，说你好，比儿女都关心我们，听说你换单位了啊。"

"没事，李叔、张阿姨，不管我在哪个单位，还是会常来看望你们的，有什么困难就给我打电话哦，我的号码不会变。"

扶贫攻坚这几年，我们早就成了亲人。记得那年李叔中风，我去医院看望他。他刚动了手术，暂时丧失了语言功能，双下肢行动无力，虚弱地躺在病床上。见我进去，他急得嘴唇一张一合，喉头急速滚动，一双浑浊的眼睛瞬间清亮起来，不停地向四周扫视，仿佛想让同病房的人都知道我是谁。他朝我点头，对着我笑，我就知道，他接纳了我。出病房时我听到他们在外地务工回来的儿子问张阿姨："这就是你们那个联系人吗？多好的嘛。"

"她就是多好哇，总来看我们，给我们买吃的、穿的、用的，帮我们做活路，打扫院子，生怕我们吃不好穿不暖和。"

开始时并不是这样，几年前刚刚确定了李叔老两口是我的对口联系户，我第一次去他们家了解情况，李叔黑着一张脸：种地，人老了，没得力气；儿子分了户，再说也不成器，挣不来钱；女儿出嫁了管不

过来。总之就是贫困得很。

"那你们需要些什么呢?"

"需要什么,钱嘛。你看你看,那马路离我这院子还有一截没修拢,你把路给我修过来我就满意了。"

我顺着他手指的方向看过去,一条宽宽的土路斜斜地往外延伸,目测也就20来米。靠我自己的力量,修路肯定是不成,但我可以向村上镇上去争取,不就那么一点点长度嘛。一番了解下来才知道,那点路并不是村上不给修,而是修路必须要经过的一块地是李叔他哥哥家的,人家死活不愿意让出来,调换不行,赔偿也不行,无论怎么做工作,人家就是不愿意。我一脸茫然:这李叔与自己的哥哥之间,怎么就这么大的怨念呢?

路的问题暂时解决不了,但李叔夫妇的确年迈体弱,子女赡养困难倒也是事实,我建议村上为他申请最低生活保障。但以李叔的性格,与自己的亲兄弟都相处不好,在村里更是不得人缘,第一次低保评议竟没有通过。乡亲们说,他家是困难,但我们就是不同意。

有什么办法呢?再是又臭又硬,但李叔他还是我的联系户呀,我只得家家上门去解释,去劝说,加上村组干部的努力,好在后来还是申请上了。

那往后,隔段时间我就会上门去看望他们,有时候买点牛奶饼干;有时候提些洗漱用品;冬天会给他们买双棉拖;过年会给他们送去春联……我就是抱着走亲戚的心思,但每次去李叔的脸色都不太好,总是对我提要求。

有一次,因为排查漏评户,我们在村里挨家挨户地走访。走访到李叔家隔壁院子时,我看到李叔扛着把锄头从旁边路过,于是大声和他打招呼:李叔叔,你去干活呀?他没有回应,黑着个脸径直走了。

"李叔叔，刚才我喊你你为什么不理我呢？"很快我就走访到他们家。

"我又没得到清油，我答应你咋子。"

我一下子有点蒙，什么清油啊？

老头倔得很，就是不吭声，还是张阿姨热情地招呼着我，说着不跟老头一般见识的话。我问了村民才知道，原来是别的人专门开着车到村上来给自己的联系户送了清油？

我心里顿时犯了别扭，这个李叔，我来得这么勤，每次也都会带些礼物，他怎么就眼热别人那点油呢。

气归气，下次去的时候我特意买了一桶清油给他送去，他接得不情不愿，轻声嘟囔着，"这才值好点钱，我还看不上呢。"弄得我哭笑不得，只得尴尬地一笑：大小是个情嘛。

我们之间就这么不咸不淡地联系着，我还是时常去他们家，看望慰问，宣传扶贫政策，送些小鸡小鸭什么的。

好在后来通过村上帮李叔申请了低保，他切身体会到党和政府的关怀，我的联系工作也就比较顺畅了，每次去也能听到李叔勉强说个好字。"你放心，小罗，你李叔不得说啥子了，我们对扶贫工作满意得很。"张阿姨总是这样说。一次我帮她整理衣柜，归整农具，无意间看到了粮仓，那里面堆满了黄澄澄的谷子，谷堆上头还藏着不少好东西呢，苹果、梨子、饼干、牛奶啥的。这下子我终于放心了。

但李叔真正接纳我还是在他生病过后。许是一场大病让他心胸豁达了许多，也或许是区人民医院的免费治疗，让他在病痛中感到一重宽慰。那以后，我每次去看望他，他都挣扎着要坐起来和我说话，但初始他说不了几个字。随着去的次数多了，我发现他慢慢恢复了语言功能，只是仍然不能随意走动。我又到残联帮他申领了一个轮椅，天晴时他可以摇着轮椅到院子里晒晒太阳，看看他们养的那头牛那些小鸡。

　　"感谢这个扶贫政策哦,你李叔住院不花钱,要不然还不知道怎么办才好。也谢谢你哦,小罗,你李叔说了,等下给你逮只鸡拿回去,家里还打了点葛粉,落花生也有,一样都要给你装点儿。看嘛,每次都是你带礼物来看我们,我们也没得啥子给你的。"张阿姨还在那里絮叨。

　　"这些东西我都不能拿哦,李叔叔身体不好,把鸡杀了给他补下身体嘛。只要你们生活得好,我就高兴哈。"太阳光暖暖的,我看着轮椅上的李叔,突然怀念起那个扛着锄头怒气冲冲甩头而去的倔老头。

　　（作者系达州市达川区纪委驻区政协机关纪检组副组长）

卢义婵的笑容

吴　华

驻村扶贫期间，许多难忘之事，让我刻骨铭心。

有一天，我们驻村工作队一行去看望贫困户卢义婵。我和村干部梁芳去打前站，刚进院子，就听到屋内传来叽叽咕咕的说话声，难道还有另外的人在她家，我心想。大门是关着的，声音从厨房的窗子传出来，有些胆小的梁芳，蹑手蹑脚地到窗户前察看，没见到人，她又从侧门去察看，并小声地喊着"卢义婵"的名字。可这时，发现侧门有些轻微颤动，随即把门又关得更紧。这是什么情况？敏感的我们，不断发出疑问：难道她不欢迎我们，或者是我们这群不速之客把她吓倒了？

不甘心的我们，便大声喊着："卢义婵快开门——卢义婵快开门——我们是扶贫工作队的，是来看你的。"不知是我们执着的喊声感动了她，还是我们谈话的内容，让她辨认出我们不是坏人。她居然打开了正门，端一条凳子出来，并说了一句话："来坐！"那声音很小，样子很腼腆、很自卑，在"不速之客"面前，卑微到骨子里去了。

就是这句"来坐！"却让我们兴奋不已。从来没见过她有迎来送往的基本礼仪，能有这样的姿态，非常意外。驻村第一书记唐瑛立即上前，与她同坐一条凳子并拉着她的手，一阵嘘寒问暖之后，便问她我是谁，她居然能回答出"唐书记"三个字来，并露出从来没有过的笑容，那笑容如乡村小路边刚刚绽放的杜鹃花，微微泛着红晕，含着一份羞涩，但更多的是一份温馨、一份甜蜜、一份幸福。

这几年，这个苦难的家庭，正是在扶贫干部的点滴帮扶中，越过一个个险滩，渡过一道道难关。她能绽放一丝笑容，那是扶贫工作在艰难中取得的一分成绩，也让我们在困难重重的扶贫工作中看到了希望。

卢义婵年轻嫁来夫家时，就患有间歇性精神病。这个本来就不富裕的家庭，经历了不少磨难，大儿子10岁左右，因下河洗澡被淹死；后面再添两个孩子，一家四口，三个病人，可用家徒四壁来形容。她的丈夫——家里的顶梁柱聂绍剑，因鼻癌几个月前去世；女儿聂萍12岁，患先天性脑瘫，生活不能自理，在其父亲去世后，镇村干部和驻村工作队已将她送到县城福利院生活；家中唯一健康的男丁——小儿子聂桦10岁，在镇小学读四年级，每天早去晚归。这个家，只剩下两个限制民事行为能力的人在一起相依为命，他们如何生活？如何达到脱贫标准？安全如何保障？成了驻村工作队最棘手的难题。

几年来，这个家庭凝聚了帮扶干部的大量心血。县委宣传部干部王哥是这个家庭的帮扶责任人，从帮扶以来，除拿钱拿物外，亲自来看望与慰问次数数也数不清。据知情人说，王哥送给过这个家庭现金至少是六七千元，每次去送米、油、衣物等物资没法统计。每一次来，都要关心吃穿住、清洁卫生、用水用电、庄稼收成、日常开支等问题。一对一结对帮扶，让他们不是亲人胜似亲人。王哥口中最暖心的一句话称卢义婵为嫂子，每一次来访都会嫂子前嫂子后亲切地呼唤着，让卢义婵对其有了格外的一份亲近。有一次，王哥利用周末休息时间前来她家看望，突然发现她家里米柜里没有米、电饭煲内没有饭、铁锅中没有炒菜的痕迹，饭桌上一个破旧的陶瓷盆中有残留的熟玉米，馊味很浓。通过反复询问，才得知他们有几天没有煮米饭吃了，全靠刚从地里收回来的玉米充饥。瘦骨嶙峋的聂桦眼里噙满了泪水，面色沧桑、头发凌乱的卢义婵，一脸木然，没有任何表情。

这一意外发现，深深地触动了王哥，他感到心如针锥般疼痛。他果断立行，当场解决问题，从附近村民家里买来新鲜蔬菜，又上街买回米、油等物质，当天中午让这娘俩吃上了一餐舒适可口的饭菜；又联系其兄弟聂绍斌，并叮嘱他每个月内给卢义婵母子买来米、油、盐、菜等生活物资，并定期前来照看几次，同时给村组干部和驻村工作队通报卢义婵的生活现状，请求给予适当帮助。

其实，在这之前，驻村工作队对这个家庭的帮扶力度也是前所未有的。为帮助聂萍治病，工作队四处张罗，后来通过成都大竹商会的朋友帮助，由四川慈善总会出资6万多元，将聂萍送至华西医院住院治疗；奇迹发生了，聂萍的健康状况有了巨大改观，从以前爬地而行到依靠辅助器能站立行走，彻底改变了这个小女孩的命运。

就是在治疗聂萍的过程中，男主人聂绍剑意外查出患有鼻癌，镇村干部和驻村工作队又为这个家庭四处奔走，除了该享受国家应有福利政策之外，还向社会发起捐款，共筹集现金4万多元。虽然聂绍剑最后还是去世了，但通过大家的倾力帮扶，在这个苦难的家庭中闪耀着人间最为温暖的光芒。用官家村老百姓的话说，如果没有党和国家的好政策，没有帮扶干部的悉心帮扶，这一家人早就完了；只有在社会主义中国，才会得到如此有力的救助，只有共产党领导的中国才会真正把群众的困难放在心上；只有共产党带领下的中国人民，在全面奔小康的道路上，才会不落下一户不漏掉一人。卢义婵一家没有被遗忘，没有被落下，就是有力明证。

然而，还有特别让人感动的一幕发生在这个家庭，那就是生死离别与托付。历史上有白帝城托孤故事感天动地，是刘备将信任交付给忠诚智慧的诸葛亮，而聂绍剑是把临终的牵挂托付给了驻村干部，这份信任完全超过白帝城托孤的信任。

就在聂绍剑去世前几天，他给唐瑛打来电话说："唐书记，我可能活不到几天，如果我走了，我那两个娃儿怎么办？"善良心慈的唐瑛在震惊中强忍着内心的悲痛，反复安慰他："别担心，好好休养，我们会想办法的。请相信共产党的干部，对群众的困难绝不会放手不管。"

聂绍剑把这种生离死别的担心与牵挂，完全托付给扶贫干部，他不仅是对扶贫干部的信任，而是对国家的信任，更是对中国共产党的信任。这种信任，是中国上千年历史中绝无仅有的事件，它无疑是中国扶贫事业中最为闪亮的灯光，点亮大地，照亮星空，响彻天宇。

就在病危中的聂绍剑即将去世前几天，驻村工作队与村组干部一道组成突击队，无偿帮助他家栽几亩田的秧；到了秋收时，还帮助其收割并把粮食颗粒归仓；秋季开学前，王哥邀约几位朋友专程看望即将上学的聂桦，大家一边辅导聂桦的作业，一边打扫卫生，清除院坝里的杂草，还将带来的食物在她家的厨房里一起烹制，并共进午餐，让这个家庭没有因为男主人的离世而失去人情的温暖。眼看这家破旧的房子没有安装玻璃，为了不让他们在冬天遭受寒风侵袭，王哥自己出资2600元，找来工匠安装一新，让这个苦难的家庭再一次感受到帮扶干部的真情和温暖、大爱和无私。

当我们再一次来到卢义婵家时，看到她那份腼腆的笑容，听到她微弱的招呼声，我们从内心深处感到无比欣慰。卢义婵的笑容也激励着我们驻村工作队，在以后的扶贫工作中，更加奋发有为。

（作者系大竹县委宣传部干部）

扶贫在路上

任小春

　　清晨，薄雾蒙蒙，东城半岛宛如仙境一般。女婿苟虹晨熟练地驾驶着车子行驶在渠江三桥，我们无暇顾及和欣赏渠城美景，直奔定远乡四合村而去……

　　进入9月以来，县上要求每个帮扶人至少到贫困户家去四次。渠县交通运输局定点帮扶定远乡四合村、协助帮扶白兔乡膏泥村，相应地，我的帮扶对象也就分布在四合村和膏泥村。工作日不是开会就是维稳，是我的职责所在。所以，去帮扶贫困户也就只有选择在双休日。

　　交通扶贫在路上，交通人帮扶工作在路上，别无选择。

　　"大哥，你等到哦，我来看你来了！"路上，我提前和任永川联系。我在四合村的帮扶对象是三组的吴兴田、四组的任永川和熊伟。一般情况下，吴兴田都在家，熊伟长年在外务工，双休日他的八旬老母亲和女儿在家。任永川就难确定，因为他要下地干活。

　　"好，兄弟！"任永川爽快地应承，"我在家等你！"

　　大约40分钟车程，我们到了任永川的院坝。6只可爱的鸭儿在地坝里嬉戏，见到我，"嘎嘎"地欢叫了几声。任永川夫妇也就迎了出来。这些鸭子是我们单位送的，贫困户和非贫困户都有，人人有份。

"兄弟，坐、坐！"任永川连声说，虽然是帮扶人和被帮扶人的关系，但毕竟我们都大写一个"任"字，也就兄弟相称了。"今天给你带了点儿洗衣粉！"中国是个人情社会，礼仪是要讲的。"唧哎要得哟，兄弟！"任永川边端板凳，边说一些客套话。我们坐下，拉起家常。女婿很懂事，拿起手机飞快地拍下了照片。没法，痕迹管理，帮扶台账上要。女婿在税务部门工作，也有帮扶任务，他明白照片的重要性。

我了解了任永川的生产生活情况，对他家今年如期脱贫很有信心。嫂子说："只是这几天我身体不好，行动不方便。兄弟，哥哥昨天挖了一些红苕回来，你拿些去吃吧！"

吃红苕是我的最爱，毕竟我是从农村出来的山里娃，对红苕情有独钟。红苕养人呢，我愉快地接受了，然后拿了个口袋随任永川上楼，装了半口袋提下来。当然，不白拿群众一针一线，我摸出100元钱，诚恳地递给嫂子，她推辞不要，我说应该的。嫂子自然就收下了。赓即，拖着病体，从里屋里拿出15个土鸡蛋，装好，递给我，郑重地说："兄弟，把土鸡蛋拿回去和兄弟妹吃！"

我有些小感动，欣然接受。你中有我，我中有你，投桃报李，其乐融融。

告别了任永川夫妇，来到熊伟家。一栋小洋楼寂静无声，似乎无人。我敲了敲门，无动静，但门未锁。我知道，他的女儿又未回家，凭直觉，直接推开门。果然，他的老母亲在凉椅上躺着。

"你好，请坐！"老人失聪失明，我了如指掌。但是她很有礼节，知道我来了。也许这就是帮扶的结果，心灵感应吧。

我把给老人买的吃的送到她怀中，紧紧拉住她的手。我见到老人，就想起我的婆婆。她老人家含辛茹苦把我养大，在我成家立业时却驾鹤西去，让我终生遗憾。这位老人看不到、听不到，她的儿子和儿媳为了抚养三个子女不得不外出务工，也让人心疼。记得我以前来时，只要三个娃娃在家，我都要勉励他们好好学习，并承诺学习中有什么困难一定要找我，我会全力帮助的。这不是假话，我一岁多时，父母离婚，我随年逾古稀的婆婆生活，读书时家贫无资，穷得叮当响，没有人管我们死活。学费是婆婆卖萝卜或把姑姑给她的鸡蛋卖了筹集的。那时不像现在的娃娃减免学费。交不起学费，是不能入学的。触景生情，很多祝福的话想对老人说，可惜她听不见。我只好出来，拿起扫把，把她家院坝打扫干净。离开她家时，我给在广东打工的熊伟通了个电话，并且从微信上给他发了信息。熊伟也很快给回了信息："感谢党，感谢政府，感谢您的关心，谢谢您啦！"我把和熊伟的通话记录和微信截图，传到电脑桌面，回去后要打印出来，然后粘贴在台账上。

我已帮扶吴兴田三年，他2016年已脱贫。但是，整村未摘帽，我得继续帮扶。吴兴田是个残疾人，其妻患有白内障，基本失明。继续帮扶，我是心甘情愿的。来到吴兴田家中，只有其妻，他家的电视正放着节目。我给她送上礼物后，她很高兴，用"呵呵呵"表示。不过，我一直有块心病。我说："老人家，上次县上调查，你唪嗳说你屋里没有电视呢？"分明我每次来，他家的彩电都在播放。但是上次县上组织入户调查，她却反映他家没有电视。这可是个问题。"呵呵呵，"其妻表情不尴尬，很轻松地说："我就是想叫任小春给我买个大的！"我有些生气，但不敢发作。轻言细语地说："老人家，你看嘛，你家电视好好的呢！"她又"呵呵呵"，我不再和她说什么。苟虹晨懂事地拍下了相关画面。

不和她理论，不等于不和吴兴田计较。我在贫困户异地搬迁安置点找到吴兴田。按政策，他两口子享受安置房50平方米，还不错。吴兴田就在新居里。我找他是要讲清一个道理。我对吴兴田说"兄弟，我也有一家一口，也是凭工资吃饭，你老婆想我给你们买个电视。你想，可能吗？前两年，我每次来都送的500元，节假日我老汉都没有去看，就来看的你们，也算可以了吧？"吴兴田见我脸色不好、语气不对，连忙说："她乱说的。任主任，你还是对我们多好的！"我心底的石头还是没有落地，把我的担心说出来："你们一年总收入是16102元哦，调查时晓得说嘛！""那是村上冒皮皮的！"吴兴田冷不丁给我冒了一句话，我那个气哦，但不敢发作，耐心给他算账："你家种植业收入2470元，折合纯收入1482元。转移性收入13320元，包括计生奖励、养老保险、五保等，还有耕地补贴312元。这咋是村上乱说呢？"我说，"你家收入本来就是这些嘛，该享受还是享受了嘛！"吴兴田："嗯嗯嗯。"点头认账。

回到渠城已经1点。来到办公室打开电脑，先把帮扶图片按标准打印出来，剪裁好。然后，打开台账，认认真真地写帮扶时间：10月20日。帮扶对象：任永川。帮扶措施：了解生产生活情况，购买红苕折合现金100元。帮扶效果：生产生活正常，有望脱贫。帮扶对象：熊伟（不在家）。帮扶措施：了解其母亲身体状况，打扫卫生。帮扶效果：养成讲卫生的好习惯。帮扶对象：吴兴田。帮扶措施：核实收入情况。帮扶效果：基本记住，准备接受检查验收。帮扶手册每家每户两本。我详详细细地重复填写。熊伟不在家，把通信、微信截图打印出来，粘贴在台账上。同时，也附上了看望他母亲的图片。一切弄好。然后，把我办公桌上文件夹里的文件签注了意见。收摊儿。走出办公楼。

（作者系渠县交通运输局党委委员）

让共产党员的光辉在
扶贫路上闪耀

冯　见

扶贫是使命、是担当!

2018年6月,我作为全省8000余名综合帮扶工作队员之一受组织委派来到盐源县,开展为期三年的脱贫攻坚帮扶工作,挂职扶贫开发局党组成员、副局长,具体分管社会扶贫、自发搬迁,协助分管档案资料、信息系统、群众满意度等工作。陌生的环境、崭新的工作考验着我,组织的重托、群众的期盼考量着我。时光荏苒,转瞬到盐源县挂职已将近三年,其间经历了数不清的酸甜苦辣,尝尽了前40年未曾尝过的心酸和苦痛,历经了激动、憧憬到彷徨、焦虑的心路历程。同时,也感受到了真挚热烈的人间真情,体会到了来自贫困群众的真情期盼,感悟到了习主席及各级领导、党委、政府对我们的殷切期望和深深嘱托。习总书记在讲话中指出的"中华民族千百年来存在的绝对贫困问题,将在我们这一代人手里历史性地得到解决,这是我们人生之大幸",使我倍受鼓舞,深感责任重大,使命光荣。三年来,我始终如一视盐源为第二故乡、视盐源人为亲人,不忘初心牢记使命,为盐源县的脱贫攻坚工作付出了艰辛的努力，做出了积极的贡献。

领导的关怀、老百姓的期盼是我工作的力量源泉。市委、市政府，尤其是包书记时刻牵挂着我们、关心着所有的援凉干部，在百忙之中亲自带队深入凉山州脱贫攻坚一线关心慰问我们，区委、区政府领导也在待遇保障、人文关怀等各方面给予了我们无微不至的关心关照；凉山州委组织部和盐源县委、县政府也非常支持我们的工作、关心我们的生活，尤其是州、县组织部时刻牵挂着我们帮扶干部的成长和进步。与此同时，老百姓也从不理解、不支持、观望到主动配合、热情期盼，再到恋恋不舍，这些都是我工作的动力和源泉。

父母的鼓励、家人的支持、理解是我强大的精神支柱。我父母亲都已是70多岁的高龄老人，而且父亲有肺心病，母亲有冠心病、高血压、心脏病，常年用药不断。妻子没有固定工作，靠打零工补贴家用。孩子大的读初中，小的刚满周岁，我两到三个月才能陪他们几天时间。2018年10月，母亲因心脏病发作在达州市中心医院住院长达一个多月；妻子一个人在家既要照顾父母，还要照顾小孩，同时还要上班，天天起早贪黑，累得筋疲力尽、腰酸背痛；孩子由于疏于管理学习成绩也出现下降。此时，盐源县也正处在迎接脱贫摘帽的关键时期。为了不耽误工作我没有请一天假回去照顾父母，为妻子分忧解难。2019年3月，我妻子的祖父去世，家人十分期待我能够回去参加他的葬礼，而我一想到这边还有很多工作需要去做，回一趟家来去几千公里，辗转需要几天时间，所以也没有请假回去参加悼念。2020年3月，我小儿子出生未满月，因为工作需要，我又不得不赶赴工作岗位，把照顾他的重担全交给了妻子。尽管如此，我的父母也从无抱怨，还告诫我一定要好好工作；妻子也是非常理解，让我安心工作，不要顾虑家里的事情；女儿也很懂事，她给我说，正是因为我陪她的时候少，才让

她知道了我工作的重要性，也才锻炼了她独立生活的能力。每当夜深
人静，想起自己对父母不能尽孝，对妻、子不能尽责，我不禁热泪盈
眶，辗转反侧难以入睡，可一觉醒来，想想自己是一名党员，是一名
党多年培养的基层领导干部，我肩负重大历史使命，肩负老百姓深深
的期盼和组织的重托，我不能放弃，更不能因为小家影响大家，而只
能一往无前，不胜不休，始终牢记自己离开通川之时立下的铮铮誓言，
那就是"凉山不脱贫、盐源不摘帽绝不回通川"。

　　初心和使命是我奋斗的目标和方向。"艰难困苦，玉汝于成"，艰
苦的环境、艰巨的任务、艰辛的工作历练着我的人生、磨砺着我的意
志、锤炼着我的党性、提升着我的能力、增强着我与老百姓血浓于水
的深厚感情。我从相对比较发达的川东北突然深入交通不便、人烟稀
少的川西南大凉山腹地，国家级深度贫困县盐源县，这里地广人稀，
贫困人口多，贫困程度深。全县8412平方公里，38.5万余人，贫困人
口15038户69363人，贫困发生率达到了19.2%。到岗后，我迅速克服
交通不便、语言交流不畅、气候恶劣、饮食不适等困难，积极配合党
委、政府有条不紊地开展工作，翻高山、过峡谷，走过羊肠小道，踏
过峭壁悬崖。援彝以来，我走过了盐源的所有乡镇，到过最远的村，
以前到梅子坪镇马丝洛村需要坐车、坐船、坐摩托、骑马、走路，现
在公路通了也要开车七八个小时才能到达，需要翻过三座大山，经历
九十九道弯才能到达。三年间，我走进了无数贫困群众家中，用真心、
真情了解他们的疾苦、关心他们的生活，真诚对他们进行帮扶，赢得
了他们的认可和支持。我个人单独联系帮扶洼里乡解放沟村5户贫困
户。他们一开始对我极不认可，语言上沟通不畅、感情上无法融入，
认为我是外地来的，不过是个过路客。然而，通过我一次次与他们沟
通交流，帮助他们解决生产生活中的具体困难和问题，帮助解决生病

就医、子女就学、增收致富等一些具体事情，他们与我建立起了良好的信任关系，成了真正的朋友，现在他们这5户人家里面无论有啥好事喜事都不会忘记我，都要邀请我参与，这是他们对我的尊重和认可，也更加坚定了我投身盐源、扎根老百姓的信心和决心。为了帮助自发搬迁贫困人口脱贫，我多次到西昌、德昌、越西、冕宁等我县自发搬迁贫困人口居住的地方去了解他们的疾苦，倾听他们的心声，帮助他们解决具体困难和问题。每当我跋山涉水累得腰酸背痛、筋疲力尽回到家躺在床上难以入睡的时候，每每有一丝想松劲的时候，就想起大山深处那一双双渴望而无助的眼神，就想起自己作为一名共产党员的光荣使命，我就热血沸腾，心潮澎湃，为我有那么一丝自私的想法感到羞愧，从而更加坚定了老百姓的事情就是我的事情的信念，坚定了"无往而不胜，不胜不罢休"的信心和决心。通过坚持不懈的努力，我县县外州内191户847人自发搬迁贫困人口的"一超六有"各项指标全面达标，顺利实现了脱贫目标。

宣传党的政策、推动精准扶贫、开展综合治理、建强基层组织、为民办事服务是我们综合帮扶工作队的五大职责。我一刻也不敢忘记，始终坚持在盐源县委、县政府的坚强领导下扎扎实实开展工作。在认真完成工作任务的同时，结合盐源县实际，不断开拓创新，为盐源县能够顺利高质量脱贫摘帽建言献策。我针对部分帮扶责任人工作思路不清、部分帮扶工作队员做贫困户工作经验欠缺的情况，编制了"贫困户入户八看八问""非贫困户入户六问"及"帮扶责任人入户八步工作法"的工作方法，得到了领导的肯定和干部群众认可，也以正式文件下发全县学习使用；同时针对部分干部盲目乐观、消极应对的现象，结合实际提出了"干部意识要提高、危机意识要增强、指挥指导要靠前、后勤保障要得力"的建议意见，也得到了领导的认可；针对盐源县群众满意度不高、感恩意识不强的情况，在充分借鉴通川区先进经验做法的基础上，积极建议盐源县开展了"社情民意大走访"和"感恩意识"宣传教育活动。通过此项活动的开展，群众脱贫攻坚政策熟悉程度普遍提高，感恩意识显著增强，满意度得到了大幅度提升；针对重视贫困村、贫困户多与重视非贫困村、非贫困户少的情况，我积极建言献策，提出了很多很好的意见和建议，帮助大家从思想上真正重视起了这一部分群体，实现了帮扶全覆盖、扶贫无死角。同时，在完善脱贫攻坚档案资料、提升信息系统管理水平等方面也积极想办法、出点子，均取得了很好的效果。

三年来，我也先后两次获得省委、省政府表彰的"凉山州脱贫攻坚综合帮扶工作优秀队员"，一次获得达州市委、市政府表彰的"十大扶贫好人"的荣誉称号，通川区委、区政府嘉奖一次、荣立三等功一次；2017年、2018年、2019年、2020年连续四年年度考核为优秀。

（作者系达州市通川区扶贫开发局挂职盐源县扶贫开发局副局长）

地炉烟暖岁猪鸣

邹清平

　　农历猪年（2017）的春节前夕，大雪纷飞，天寒地冻。市政府办公室买好20多床新疆棉被，学伟主任带领我们冒着寒风，翻山越岭，舟车劳顿，到万源市大沙镇青山村慰问贫困户。山山梁梁，树林枝枝丫丫雪雪白白映入眼帘。真是：青山飘雪写春信，寄予乡村缺衣人；踏雪田间祈丰年，群山白头为苍生。我来到联系户陈大哥家里，祝福他们全家新年幸福，一起谋划来年的致富措施。

　　我提着棉被和保暖内衣到了他们家，见两位年近七旬的老人，吃的是铁罐干饭，里面煮的是大米和洋芋，用竹蒸笼蒸了六碗粉蒸肉，当天中午只吃一碗，剩余五碗以后每天中午吃一碗，饭桌上摆着用铁锅烧的小菜汤，配有自己腌制的咸菜，夫妇俩正津津有味地吃着。他们两位特别高兴，热情地问我们吃饭没有，我说我们已经吃了，我看你们吃的什么。陈大哥的家属说，我们家的肥猪是熟食喂养，没有饲料，你们下次来提前说，我准备好蒸肉，烧个酥肉汤，你们放心大胆地吃。我们哈哈大笑说，谢谢大哥大姐，下次来一定吃你家好吃的蒸肉，飘香的铁罐饭，好喝的小菜汤。陈大哥告诉我们，他们两人每天中午还喝二两酒，他家属只喝一两口，剩下的他喝完。我问他一天吃几顿,是不是赶二五八(大巴山一带把冬天吃两顿饭称为赶二五八),他说下午还要下地干活,要赶三六九(即吃三顿),你们不要客气嘛,下回一定来我家吃饭。我们坐在正方形火笼坑边的长木板凳上,你一言我一语拉着家常,像乡村里你来我往走亲戚一样亲热。看到他家里有很多条子苞谷,我们就边摆龙门阵边帮他们抹苞谷,越说越温暖,越说越高兴,夫妇俩的致富热情和致富精神也越来越高。三年前我们第一次见面时,我问他们想通过什么渠道致富,他说他们有养牛的技术,适合养牛。我把他们的致富愿望告诉了村支部第一书记,帮他家解决了产业周转金1万元,他们用勤快的双手种了四亩烟叶和玉米、水稻等农作物,养了60多只土鸡。他说邹老弟你放心,现在党的政策好,我们盼望了几十年的通村公路修好了,现在入院到户都通了水泥路,有你们来帮助,我一定能越来越富裕。

他骄傲地告诉我们,今年喂了三条肥猪,自家吃了一条,卖了两条,收入7000多元;喂了一头大牛,下了一头小牛,小牛卖了9000元;养土鸡60余只,卖了6000多元;种烟收入4800元,总收入26000多元;纯收入15000多元,家里富裕了。为了美化环境,我家自己拿钱面平了两个混凝土院坝,夏天可以乘凉,秋天也可以晒粮食了。现在环境好了,走路鞋子和裤脚边再也不会像原来粘上稀泥巴弄脏了,几个孙子回来也有个地方好耍些。

他们夫妇兴高采烈地告诉我们,乡间有句俗语说"穷不丢书,富不丢猪"。我们家里的玉米多、红苕多、洋芋多,种的小菜萝卜也多,人勤快一点,再扯一点野猪草,来年还是用熟食喂三头大肥猪,不喂饲料,有太阳的时候,还把猪放出来晒一晒、跑一跑,猪肉都是原生态的,自家吃一头,对外卖两头。看着他家周围外部环境的大变,屋内摆设整齐有序,穿着朴素整洁衣服,女主人围着花围裙,喜悦荡漾

在脸上，全家人洋溢着精神抖擞的气息，我们内心喜悦满满。

连绵起伏的大巴山里面的乡亲们，会根据各家各户的地理位置特点，选择喂猪、喂牛、喂羊、喂鸡等养殖业。想起我老家大山深处勤劳的母亲，集体劳动之余，喂养了一头母猪，每年下两窝，每窝六到十头不等，用苞谷、红苕、洋芋精心喂小猪两个月左右，肥滚滚的称为"双月猪"，就卖给其他人，换取的费用支撑我家日常生活开支和我们兄弟姐妹从小学到大学的读书费用。母亲起早摸黑，扯猪草割牛草，特别是人们进入甜蜜梦乡的时候，她还在如豆的煤油灯光里宰猪草、切牛草。下雨天人们在一起摆龙门阵时，母亲还冒雨扯回来鲜活的猪草喂猪，她千辛万苦、艰难困苦地生活着，为了改善生活，再艰难也还要喂两头肥猪。当时的国家政策是交一个给国家，全家老小吃一头，叫卖一留一。养猪对我们家来说特别重要，特别有记忆。30多年后的今天，在相距老家300公里外的大山深处，联系户陈大哥同样为了过上幸福富裕的生活，同样勤勤快快喂了三头猪，不一样的是可以自愿卖两头猪挣钱，吃一头猪改善生活。的确，我国养猪的历史有八千多年了，猪肉对人类进化做出了巨大的贡献，人吃了猪肉能提高体力和智力。

屋外狂冷的寒风疯狂地吹着，像对所有的有生命的动物植物有天大的仇恨，扫卷残云般恶狠狠地吼着。屋内红红的火苗如朵朵盛开的鲜花，吐出的声音像唱着欢快的丰收歌儿。我们吃着饱满的南瓜米，看着火笼坑上方挂着的密密麻麻井井有条的猪排骨、猪长条子肉正在接受烟熏火烤，因为火苗和烟熏的作用，排骨和肉条子轻轻摇摆，微微起伏，猪尾巴像贴在肉上兴奋的感叹号，熏肉的场景仿佛一排排竖琴在演奏五线谱音乐，荡漾着林间小溪水潺潺轻松柔曼的旋律，鲜猪肉在乡村幸福的喜悦中变成香喷喷的大巴山红色腊肉。陈大哥笑着告诉我们，熏好的腊肉儿子要带到广东那边吃，新年后要给在城里读高中的孙子改善生活。这时周围不知是哪家传来了杀年猪时猪的叫声。脑海里突然冒出了宋朝诗人陆游"最好水村风雪夜，地炉烟暖岁猪鸣"的诗句。

（作者系达州市政府办公室二级调研员）

一个就业扶贫干部的一天

常龙云

初冬时节，巴山瘦，渠水寒，大地开始进入冬眠。

风从车窗灌进来，徐斌感到寒意阵阵。大竹县是省级贫困县，贫困家庭劳动者登记入库近3万人。作为就业局分管就业扶贫工作的副局长，他深感任重道远。

我和达州市就业局干部覃晶晶，随徐斌同行采访。覃晶晶的孩子正值哺乳期，我问她出差了孩子咋办，她说一切都拜托给老妈。

"蓝光菊，县就业局领导来看你了。"陈世国在村口扯开嗓子喊。他是乌木镇乌木村一组组长，说话慢条斯理，行动不紧不慢。

穿过一条幽暗的巷道，我们随陈世国来到一幢年久失修的老屋，走进贫困户蓝光菊家。

蓝光菊今年52岁，患有风湿性心脏病。丈夫彭明学2001年在一家私人煤矿挖煤，掏瞎炮作业不幸被炸瞎了双眼，他的世界从此光明不再。

大竹县投入就业扶贫专项资金，开发文明劝导、场镇管理、保洁保绿、森林防火等就业扶贫公益性岗位1036个。今年蓝光菊获得了一份道路保洁工作，成了乡村环卫工。隔一两天，她就拿着扫帚、铁锹，把她负责的一公里多公路清扫一遍，每月可领500元工资。他们有一子一女，女儿已经出嫁，儿子参加就业局举办的汽车维修培训班后，通过劳务输出，在成都龙泉驿就业。

徐斌询问他们一家人的生活现状。蓝光菊不善言辞，端来橘子招呼客人。彭明学却很健谈："虽然我眼睛看不见，但心里感受得到，习总书记好，党和政府好。"他告诉我们，双目失明后，赔偿无着落，他深感绝望，一度产生轻生的念头。谈到现状，他特别激动，说家庭享受了低保，他享受了残疾补助，老婆也有了固定工作，像城里人一样按月领工资，生活无忧无虑。

"下个月，他们家就要搬进镇上的联住房了。"陈世国补充说。

"新房75平方米，我们只交了7000元，其余都是国家补贴，我们两口儿做梦都念叨党和政府好呢。"彭明学说。

告别蓝光菊一家，已是午时。徐斌招待我们在路边小店吃完饭，接着赶往庙坝镇黑水村。

黑水村地处高寒山区，是大竹县精准扶贫重点村，也是扶贫攻坚示范村，设有就业创业工作站，通过就业创业培训，陆续建起了养羊、藤椒、油牡丹、蜜橘、核桃、莲藕等多个就业创业基地。徐斌检查完就业创业工作站的工作后，来到村办公楼前，在贫困户就业创业公示栏上，找到了一个名字：张飞。创业项目一栏的内容是养羊。

那是徐斌今天要走访、调研的另一个对象。张飞住在马家山，家贫，初中毕业就辍学。在福建打工的母亲车祸遇难时，他尚未成年。几年后，父亲也被癌症带走。他成了孤儿，漂泊，打工，开食店、理发店，一事无成。回到马家山，老房子部分垮塌，成了危房，他只好租房屋住。就在这时，就业局举办"家禽饲养员"培训，他参加学习，激发起了创业热情，决定利用山区优势，养羊脱贫。在就业扶贫干部的支持帮助下，他建起了羊圈，羊从最初的几十只增加到百多只。

高高山上白云飞，白云生处有人家。小车于盘山公路上行驶多时，在茂林掩映的一幢白墙青瓦房前停下。屋檐下，一串红灯笼高挂。门前秋收后的稻田里，鸭子成群觅食。狗叫声在寂静的山谷间回应。

"张飞！张飞！你跑哪里去了？"陪同的村干部喊。

大山茫茫无人应。"张飞！"徐斌也跟着喊。

屋后山坡树林里，钻出一个敦实的小伙子，边跑边应答。他呵斥住吠叫的狗，把客人迎进屋。危房去年进行了改建，堂屋宽敞明亮，正面墙上，贴着毛主席和习总书记画像。

"你养的羊呢，咋没看到羊？"徐斌问。

"在山林里放养。"张飞呵呵笑。

小伙子说话语速飞快，不时发出朗朗笑声。他告诉我们，除了养羊，今年他又陆续增加了养猪、养鸡、养鸭。他带我们参观他养的猪。偌大的羊圈，部分改造成了猪圈，隔成许多小间，每间少则二三头，多则五六头，总共40多头猪。猪们见了人，一片闹哄哄，长嘴伸出门洞叫。其中一小间里，关着四头猪，特别肥壮，每头近500斤重。徐斌帮他算账，毛猪7元一斤，一头猪价值3000多元，仅这四头猪，就让他当上了万元户。

"今年收入，应该不会少于5万元吧。"张飞说。

"你在领导面前打埋伏，"村干部顶他，"这是最保守估计。"

张飞又是一阵朗朗笑声。

离开白云飘飘的马家山，徐斌今天的最后一个目的地是杨家镇。

去杨家镇有50多公里，徐斌看时间不早了，有心打道回城，犹豫了一下，还是吩咐司机去杨家镇。镇上的科发职业培训学校，培训职能技术的同时，增加了法律和感恩教育，学员遍布省内外鞋厂、制衣厂、针织厂、酒店，反响很好。下一期贫困劳动力就业培训班即将开班，了解清楚开班前的准备情况，他才放心。

刘校长早候在学校门口。徐斌下车，二人没有过多寒暄，直奔主题，逐项检查落实。结束时，徐斌想起在本镇制衣厂就业的几个贫困户学员，去了解一下吧，耽误不了多久。

制衣厂不远，刘校长带我们走过半条街，穿过一条小巷，就看到挂着"京婷制衣厂"招牌的一排平房。大门敞开，传出缝纫机运转的声音。工人们做计件活儿，来去自由，这个时候大多数都下班回家了。

坐在缝纫机前忙碌的杨瑞琴，听刘校长说县就业局的领导来看望她，非常高兴："稍等一会，我把这条边锁完。"

杨瑞琴家住杨家镇狮潭村七组，今年48岁。她曾有个美好家庭，日子过得也很富足。谁知天有不测风云，人有旦夕祸福。五年前，丈夫赖信均落下半身不遂的毛病，红红火火的家具厂被迫关门停业。治病不仅花光了所有积蓄，还欠下十多万债务。去年，就业局组织贫困劳动力就业培训，动员她参加，她上了缝纫班学习。结业后，又推荐她去镇上的制衣厂上班，就近就业，不误农活和照顾家庭。现在，她每月在制衣厂能挣2000多元，境况大为改善。

很快，杨瑞琴从车间出来了。她一头短发，穿一件花袄，神情开朗。不难看出，虽然她还没有完全摆脱不幸的阴影，但找回了生活信念，看到了生活希望。她像憋了一肚子话，要对人说，一遍又一遍感谢党和政府，给她一家的关怀和帮助。面对此情此景，徐斌心头也很激动，在杨瑞琴的眼里，他就代表党和政府啊！

回城路上，夜幕四合。车灯照亮前路。一钩弯月，不知何时挂上了山巅。月缺月圆，信念不改，赤诚不变。

（文章选自《东风催放花千树》，作者：达州市作家协会常务副主席）

初心——我的扶贫故事

陈　平

高高锣儿顶，

长的是穷根根，

吃了上顿莫下顿，

穿的是布巾巾，

姑娘长大嫁外面，

小伙子全都打光棍……

一个衣衫破旧的放牛娃使劲地吼着山歌，歌声在山涧回荡，伴随着艰难爬行的小车。

一条蜿蜒曲折的盘山公路，准确地说，是一条只能容一辆小车跋涉的泥巴路向锣儿顶山盘旋而上，车子颠簸不定，喘息着粗气向山顶爬行，翻过山顶，盘旋而下，再过30分钟，我们来到了渠县大义乡大义村。从县城出发，整个行程2个多小时——这是我们第N次去大义村了，我们带着党的嘱托，肩负重任，与该村贫困村民结对帮扶。

大义村处渠县北部、深居大山，交通闭塞，资源贫乏。该村被定为省级贫困村，读了一点书，有一定劳动力的青壮年几乎都在沿海一带打工，留下的都是老弱病残的贫困群众。2015年3月，春节的鞭炮声还在耳边回响，渠县就掀起了脱贫攻坚的热潮，全县党员干部按照县委要求，纷纷下村结对帮扶。

渠县文艺创作办公室被指定到大义乡大义村开展帮扶工作，分配贫困户4户。作为单位负责人，我既要组织好本单位的帮扶工作，又要做好自己帮扶对象的帮扶工作。

"刚才的山歌未免太凄凉了！"同行的帮扶人兼驾驶员邓发说。

"我们是搞文艺创作的，就是来修改歌词的啊！"我自谑道。

在村办公室下车后签到，旋即又坐上小车，车子在有些破烂的大义街道上穿行，右拐，进入街道后山公路继续向前爬行。20多分钟后，到达了大义村九组。听到汽车的喇叭声，正在田间劳作的李有成直起腰来，远远地打着招呼："老表，你们又来了啊？"边说边向田埂上走。

"老表，我们先去你家看看！"我二姑父姓李，在第一次见面拉家常时，我就这样称呼他，认个亲戚，亲近随和，李有成很赞同。

李有成跟着我们向他家走去，边走边喊："家秀，家秀，老表来了，烧点开水！"

家秀是李有成的老婆，姓黄，50多岁，腿有些瘸，身体很单薄，是九组出名的药罐罐。其实，家秀早已听到了汽车的喇叭声，她立马走到院坝边，向山下的公路张望。

一条黄狗跟在家秀的身边，汪汪地叫，等到我们走进院坝，黄狗摇着尾巴，亲热地围着我们转来转去。邓发从车上提下一件蒙牛纯牛奶和一桶菜籽油，递给家秀，家秀连忙推开："这怎么好意思呢？不要不要！你们给我买的母猪还没有感谢呢！"

"拿着拿着，这是我们的心意。只要你们脱贫了，比什么感谢都重要！"我对家秀说。

家秀接过礼物，忙拉着我的手兴奋地说："老表，你去看看，去看看，你给我们家买的母猪可精灵壮实呢，刚下了一窝崽，10个呢！"

我们随着老表夫妇走进猪圈，只见母猪在圈里哼哼着，油光水滑，足有200多斤。

"10个猪崽，能卖多少钱？"邓发问。

"我们把猪崽养到2个月大，一个十四五斤，每斤能买30多块，收入4000多，两年下5窝，能有2万多块，我们家就松活了。"李有成高兴地给我们算账。

李有成家5口人，三个孩子，大儿子在南充读职业技校，二儿子先天患病，半痴半呆，老三是个女儿，在乡中心校念初中，一家人的生活重担全压在李有成身上。第一次入户时，家里又脏又乱，猪圈牛圈空空如也，农闲季节，李有成去河南郑州老乡那里打零工，可以挣几千块钱，刨去往返路费生活费，所剩无几。

"怎么不养头猪呢？富不丢书，穷不丢猪啊。"我说。

家秀面带难色："老表，不怕你笑，哪里有买猪的头钱嘛！"

我不假思索地说："表嫂，这样吧，我出钱，你们去买一头猪喂。"

"多不好意思，哪能让老表出钱呢？"李有成说。

"我们是来结亲戚帮亲戚的，就是要帮助你们脱贫致富，习总书记说，小康路上一个都不能少！"我认真地说。

"那我们就买一头母猪，等到产崽了，一年到头就不愁油盐钱了。"家秀说。

"好啊，有头脑，就养母猪！"我很赞成。

分别时，我摸出800元钱，递给李有成，说："老表，这钱拿去买一头母猪吧，有国家的扶持，我们的帮扶，加上你们勤劳，肯定能脱贫致富的！"

李有成接到钱那一刻，眼里闪烁着泪花，拉着我的手连连说："谢谢老表，谢谢老表，我们一定会努力！"

临别时，我跟他们说："人穷志不短，家庭环境卫生要搞好，精神要振作。"李有成夫妇连连说："要得要得！"

回到家第二天下午，李有成给我打来电话，说一早上，他两口子去赶涌兴场，买了一头40多斤的母猪，要好好喂上，不辜负我对他们的好心。

现在已经见成效了，李有成夫妇很高兴。

（作者系渠县宕渠文学院干部）

第一次集体消费扶贫

何春梅

2015年春，我所就职的达州水务集团在牵头单位市总工会的带领下，与团市委共同结对帮扶渠县岩峰镇回龙村。我作为公司政治部主任成了脱贫攻坚的基层组织者、参与者、见证者。在各项帮扶措施中，有一项措施是最初没有重视，但在后来却成了一项重要帮扶措施，那就是消费扶贫。公司于2016年组织的第一次集体采购活动则正式拉开了集体消费扶贫的序幕。

回龙村地理环境不算恶劣，但村民居住分散，缺少青壮年劳动力，没有规模化的种植与养殖业，部分村民用水不便、交通不便，全村辖13个村民小组，共有997户3099人，其中贫困户222户639人，主要因病、因残致贫。结对帮扶第一年，三家帮扶单位除了开展一对一结对走访慰问之外，主要通过资助的方式解决便民服务中心、危房改造等基础设施建设资金困难问题，也通过水务人的职业优势为村民安装自来水管、打蓄水井等解决吃水难、水质差问题，还通过"爱心圆梦·希望永恒"捐助活动帮扶贫困大学新生入学等。

村里的种植业在农技员的指导下随即发展起来，但新引进的桑枝菌种植基地因该菌种不便贮存、保质期短、价格较贵，且产地离渠县主城区较远遭遇销路不畅问题。集团公司选派的驻村干部何能荣在2016年3月下旬把这一紧急情况反馈给我，希望公司发挥员工较多的优势采购一些，不然大量产出的桑枝菌会因滞销变质，最终导致种植户亏损，打击产业扶贫的信心。

桑枝菌是利用桑树枝条作为培养基的一种食用菌，我还是头一次听说，自己买食用菌通常只买一斤左右。一听桑枝菌的价格，我内心还是有些嫌贵，估计员工购买量不会太大，按600名员工有三分之一响应采购，人均1斤来算，买走200斤就算可观了。不过我还是答应下来要发动员工们订购，能为回龙村解决多少销量就解决多少，尽力而为方能心安。

那时微信办公刚兴起，可以通过微信红包远程解决现金支付不便问题，我就在党建微信工作群里发布了订购回龙村桑枝菌的号召，希望大家主动订购，集团党委书记、董事长带头订购了十斤。最初有些员工觉得5元的团购价"并不比超市便宜""不如网购"，而且"这菌未必好吃""到手的菌未必是好菌"，认为千里迢迢地去回龙村采购把豆腐搞成了肉价钱，而且到货后要去分发或者去领取真是麻烦，购买意愿并不强烈。十个说客抵不得一个戳客，我不能让消极心态占领上风，就在群里力劝支部工作人员要做好发动工作，要用扶贫的心态去帮村里发展经济，不要和贫困村计较便不便宜，菌大菌小并没那么重要，也不要嫌工作麻不麻烦。

那时没有"消费扶贫"概念，不过有些员工很快意识到集体采购已不仅仅是普通的购物，而是有助于回龙村的产业发展，能有效鼓励勤劳致富，可谓是互惠互利，也就积极参与订购桑枝菌。各支部把登记的数据报给政治部，65名员工订购293斤共计1465元，人数比我希望的少，但订购量超出了我预料。还有部分员工表示他们这次不需要，

下一批再订购。

　　更让我意外的是当我计划派车前往回龙村提货时，桑枝菌基地种植户主动要求送货上门，4月1日就驾驶面包车驱车近三小时从回龙村到达州城区，将打包好的桑枝菌分头送到了公司三大工作点，交工作人员逐一发放。那回，第一次参与集体消费扶贫的员工领到了署有自己名字的袋装桑枝菌，不少人第一次品尝到了桑枝菌的美味，包括我。喜欢摄影的我在家里还将原生态的桑枝菌放在圆瓷盘中拍了张照片，学着大家发朋友圈，由于它比我想象的要大要沉，我还特意放了只打火机作为对比。

　　清明节后，达州市启动了每月第二周星期三为党员活动日的制度。那时微信公众号开始成为发布和接收信息的新途径，我利用自己擅长编辑博客的特长，创建了集团公司第一个微信公众号"达州水务集团"，并将4月6日集团第一个党员活动日开展情况进行了发布，宣告集团党建公众号的诞生。在编辑这条信息时，我突然想到自己拍的那张盘中桑枝菌可以作为宣传图片，利用公众号的网络宣传优势对桑枝菌进行推广，让原本不打算订购的产生购买欲……

　　第二天，也就是4月7日，在这个微信公众号上推送了倡议书《为渠县回龙村桑枝菌拓展销路》。文中，我除了利用何能荣发来的桑枝菌基地相关图片外，特意加入了自己拍摄的摆盘图片，也把食用方法进行了介绍，让公司之外的人也能从该消息中形象地了解到回龙村这一新产业，让不知道桑枝菌为何物的人们也清楚它的食用方法。

　　第一次集体采购桑枝菌取得的小成功小收获让大家热心转发公众号为回龙村桑枝菌做起宣传来，部分员工让亲朋好友也参与订购，4月8日、22日分别完成了76人所订305斤、18人所订67斤的送货。前后三批共计159人次总共采购665斤，如此的购买力大大超出我的意料。由于温度日渐升高不再适合桑枝菌生长,这项集体采购活动才停了下来。

集体消费扶贫的序幕由此拉开。那之后规模最大的一次是半年后集体采购回龙村村民种植的柚子,安装工程分公司的工程车把成吨的柚子拉了回来进行分发,便宜的柚子让员工和村民们都很开怀。尤其是2020年因新冠疫情,村里的养鸡场出现了鸡肉鸡蛋滞销,员工们一口气采购了1.15万元的鸡肉鸡蛋解决了养殖户之忧。近几年里,无论是公司级大规模的采购脐橙血橙1000余斤、大米1300余斤,还是支部、科室自行组织的多次小规模采购,都受第一次集中采购启发,熟能生巧地陆续开展起来,方式更为灵活多样。至于结对人员在开展入户走访时,小众化、小批量地采购苕粉、皮蛋、丑柑、鞋垫、土鸡、土鸭、桑葚酒等更是数不胜数,为村民增加了收入,让贫困户看到了脱贫的希望,甚至有富起来的村民把自家养的鸡鸭鸡蛋之类主动送给结对帮扶人员。

六年来,回龙村随着国家发展而发展,集团公司到回龙村的车程由最初的近三小时缩短为一小时出头,目睹着回龙村从贫困村渐变成四川省首批乡村治理示范村,看着贫困村民摆脱贫困露出了笑颜,我无比欣慰。如今,我作为结对帮扶人员之一已转战到其他乡村投入乡村振兴的伟大事业,我对回龙村的感情不会淡去,也许哪天,我会习惯从网上采购回龙村这类乡村的农副产品,让村民在劳动中不断收获喜悦。

（作者系达州水务集团有限公司职工）

我在大巴山里的扶贫故事

邓玲玲

康乐乡位于万源市西北角，东接虹桥乡，南连竹峪镇，西靠通江县朱元乡，北邻陕西镇巴县，距城区80公里，而杜家坪村则位于康乐乡政府驻地，属边界深度贫困村。2018年5月，我背起了行囊，来到这个连班车都不通的偏远小乡，开展扶贫工作，一晃已经三年。

还记得刚接到下派的消息时，我在领导办公室泣不成声：我从小在黑龙江长大，是个地道的东北妹子，和爱人一起来到达州工作安了家，我们两个外省人，才刚刚融入适应了这里的生活，就要到条件艰苦的偏远山区扶贫，最主要的是，在这个无亲无故的达州，我的家里还有个连吃枣子都能把枣核塞到鼻子里的三岁的"熊孩子"。经过复杂的思想斗争，加上爱人的支持，我这才毅然决然地走上扶贫攻坚的道路。

2018年，万源通往康乐乡的路正在扩建，封路堵车是家常便饭，常常是从陕西或溪口绕行，早上从达州出发，到晚上八九点才能到达康乐，有时甚至更久。在雨季，由于山体滑坡，公路上方随时有石头落下的危险，路窄弯急。也会经常体会因为下雨断路、断电、断网而被关在村里的"与世隔绝"。这样的环境真的让我非常失落和害怕，也正是因为这样的环境，让我一次又一次地感受到贫困山区老百姓生活的艰苦、基层干部工作的艰辛。

我们乡是那种小得不能再小的小乡。全乡辖区面积57平方公里，一共只有3000多人口，除去在外打工的年轻人，留在家里的老弱病残就1000人左右。没有集市、没有超市商铺、没有餐馆住宿，乡里孩子们所谓的"上街"也就是到乡里唯一的小卖店买些简单的零食而已，想要买些生活必需品或蔬菜瓜果都要赶将近40分钟的车程到离得最近的竹峪镇的街市上买。乡里没有什么文娱活动，简单、宁静而单纯，每天太阳下山的时候，我只有在"小广场"上散步，说是"广场"，只不过就是个小院坝，乡里的孩子们吃过晚饭就会三三两两地在广场上做游戏，也会用不怎么标准的普通话邀请我做他们的小鸡妈妈。看着孩子们天真无邪的笑脸，我就想起了我的儿子，母爱油然而起，在扶贫工作中，我把更多的关注和爱都倾注在了这些孩子们身上，带着他们读书、写字、做游戏，给他们带城里的零食小吃，替在外务工的父母给他们更多的陪伴。

大巴山的冬天来得很早，10月，我就已经穿上了厚厚的棉衣，每天我都会给爱人打电话，叮嘱他给儿子加衣服，生怕儿子冻了病了。有一次儿子发高烧我在电话这头都快急哭了，这时在广场上玩耍的孩子们都停止了游戏，安静地、悄悄地围到我的身边，怯怯地拉着我的衣角。我赶紧握住孩子们的小手，心里突然一颤，这些孩子们还只穿着两层单衣，小手冻得冰凉，有的手上已经开始溃烂长冻疮，有的鼻子上还挂着长长的鼻涕。我假装生气地问他们："怎么还不穿棉衣？"孩子们说："衣服不够换，婆婆说要等最冷最冷的时候再穿。"这些话深深地刺痛了我，我为我的粗心大意惭愧，我的儿子虽然没有妈妈的陪伴，但最起码可以吃饱穿暖，而这里的孩子呢？

　　我开始走访孩子们的家和康乐乡中心小学校，了解到的情况让我心酸！孩子们的父母常年外出打工，他们几乎都是跟着爷爷奶奶生活在一起，生活条件和习惯都不怎么好。康乐乡中心小学校身处大山之中，学生多数是留守儿童，三年级以上孩子都是住校。学校经费紧张，基础设施落后，在校师生没有热水器、没有饮水机、办公设备老化严重，即使到了落雪的冬季，师生在寝室也洗不了澡，在教室没有热水可以喝，山区雨水多，屋外下大雨，教室里面下小雨，孩子们穿着单薄，很早就开始长冻疮……校长苦笑着告诉我："由于电力不稳定，经常停电，有的时候想给娃娃们吃口热乎饭都成问题。"

　　夜里我辗转反侧，望着大巴山的天空，心酸、自责、难过、心疼无以复加。夜灯下，我将康乐孩子们的学习和生活情况一条条一项项进行了梳理，汇集成详细的图文资料，并制定了一系列长期、短期以及目前亟须解决问题的规划、方案和措施。拿着我的资料，向市总工会领导和有帮扶项目的部室做了详尽的汇报，希望通过"娘家"来争取上级的项目支持。做好事天相助，恰逢省困难职工帮扶基金会到达州调研工作，谈到想做个大型的关爱儿童帮扶项目，我的工会"娘家人"立即把我在康乐乡了解的情况向领导们进行了阐述，我也第一时间将做好的项目申报材料进行了上报。最终，经过"娘家"兄弟姊妹们的共同努力，我们争取到了省上的帮扶力量。

　　2018年12月7日，是二十四节气中的"大雪"。那一天，万源大巴山上真的下起了鹅毛大雪，就跟我的老家黑龙江的雪景一样美丽！山上、树上、房顶上都白茫茫一片，通往康乐的崎岖山路上，很多路面都结了薄冰。而就在这一天，我和康乐小学的孩子们一起迎来了省总工会、省困难职工帮扶基金会、北京轻松筹以及达州、万源工会20多位来献爱心送温暖的好心人士。这次项目筹集了10多万元，为康乐小学安装了6台太阳能热水器、3台冷热一体饮水机、3台电脑，为孩子们每人发放了一整套防寒衣物鞋袜。看着我的孩子们紧紧抱着自己的"爱心大礼包"爱不释手的样子，小手摸着热水器和饮水机那种充满新奇的感觉，我的心里也像冰雪融化一样，特别的滋润和感动。孩子们知道从此以后可以喝热水、洗热水澡，可以和爸爸妈妈视频聊天的时候，一个个笑得眼睛眯起像小月牙一样！月牙就印在我的脑海里，久久挥之不去。为他们，做再多，都是值得的！

2020年，在工会"娘家"和社会各界的大力支持和帮助下，康乐小学师生的生活和学习住宿环境得到了极大改善，完善了基础设施，配齐了办公设备，孩子们每年都有爱心捐赠的新衣服穿新文具用，学校配齐了发电机、窗帘、打印机、空调、校园广播系统等设施设备和生活必需品，漏雨的教学楼顶得到了维修，设立了助困励志奖学金，每年的六一儿童节，孩子们都能够得到爱心人士的关爱和祝福，村里有特殊困难的几名孩子得到了长期全额助学资助。康乐小学这些来自五湖四海的基层教师们改善了住宿生活环境，穿着为他们量身定做的工作服装，神采奕奕地站在讲台上为我们的孩子传授知识，康乐小学的教学成绩每年都能获得万源同类学校一等奖。

这三年的扶贫工作，我感受到想要去扶贫去做事，最大的难点就是怎么去搭建连心桥，做好牵线人。我自己能给予的资助微乎其微，但是现在的社会上，有很多的能人志士，他们有钱有能力，愿意回馈社会做公益，我要做的就是尽可能地去争取去联系，让我们的山区能够跟城市相对接，让有困难的家庭，能够得到长远的救助机会，既要解决眼前的困难，达到脱贫的效果，也要立足长远，让脱贫的家庭有更好的发展。

在改善条件的同时，我更关注的是激发孩子们对生活的热情和前进的动力。我为学校联系了成都儿童教育机构，送来儿童社会情感课，让孩子们放宽视野、开阔思想。联系捐赠图书绘本充实校园图书馆，课前饭后，图书室的各个角落都能看到孩子们欣喜翻书的身影。我和我的孩子们一起创办了"杜家坪画廊"，在课余时间，和孩子们一起画漫画、唱歌、诗朗诵，在玩耍中，一起畅谈梦想和未来，我会告诉他们："想要去大山外面看看吗？要靠自己的努力，邓幺幺将来就在城里等着你！"孩子们都叫我"邓幺幺"，"幺幺"是大巴山人对亲人的一种称呼，而我很有幸地成了他们的亲人！

我们虽然身处大山之中，但我的孩子们很有礼貌和素质，见到外来的叔叔阿姨，离多远都会主动打招呼问好，因为他们懂得心怀感恩的心，同时也学会了要有回报社会的胸怀。这三年，我亲眼见证着自己制定的规划目标一步步实现，见证了康乐小学从资源贫瘠到设备齐全的全貌，见证了老师们从情绪低落到士气昂扬的精神风貌，见证了孩子们从衣衫褴褛到衣着整洁干净的样子，见证了孩子们第一次拿到保温杯捧着热水喝那种满足的表情，见证了孩子们第一次收到玩具礼物眼睛里冒出的一闪一闪的小星星，见证了图书室广场旁一个个小手轻轻捻着绘本页码的小心翼翼，见证了一颗颗捧着我送的亲笔画和立志语兴奋欣喜时露出的小白牙……

三年的时间虽然艰辛，但是也让我深深地爱上了为之奋斗的土地。我相信，我们的杜家坪村定会紧跟国家乡村振兴的步伐，实现产业兴旺、生态宜居；我也相信，我这些从小就懂得"吃水不忘挖井人"道理的孩子们，一定会用自己的双手努力去撑起一片属于他们的美好天地！

（作者系达州市总工会下派万源市康乐乡杜家坪村扶贫干部）

倾情帮扶

责任担当

不忘初心担使命

万明鲜

我于2015年从乡镇主要领导岗位调任至万源市扶贫开发局工作，任副局长。2017年，任万源市人民政府党组成员、扶贫开发局党组书记、局长，并兼任市脱贫攻坚办副主任。在决战决胜脱贫攻坚这场硬战中，我始终以一名中国共产党党员的标准要求自己，牢记肩负的责任和使命，全心全意投入脱贫攻坚，倾情倾力开展结对帮扶，被中共四川省委、省政府表彰为2020年脱贫攻坚一线优秀扶贫干部。

勇挑重担打硬仗　脱贫路上奔跑永不停歇

"精准识别贫困村170个、贫困户3万户9.3万人，贫困发生率高达18.7%。"面对贫困面宽、量大、贫困程度深的实情，万源市全体党员干部没有退缩，而是奋勇向前、攻坚克难。我作为其中一员，带着对农村工作的丰富经验和对全市扶贫工作的一腔热情，在脱贫攻坚最为艰难的时刻，服从组织安排，毅然决然到了脱贫攻坚最核心的岗位立志坚守，抱定：精准脱贫，只能成功，不能失败！勇挑重担，带领中坚力量，一干就是六年。

2015年，万源市成立脱贫攻坚领导小组，领导小组办公室就设在万源市扶贫开发局。我的职责："制定全市脱贫攻坚规划和年度实施方案、实施全市扶贫项目、统计全市扶贫基础数据、开展社会扶贫专项、督查督办全市脱贫攻坚……"脱贫攻坚办和扶贫开发局的工作异常繁重。

带着"决战决胜脱贫攻坚战"的执念，作为扶贫开发局的主要负责人，我无法推诿，不敢懈怠，拼尽自己的体力和精力，全心全意服务扶贫大局，勤勤恳恳落实每一项攻坚任务。

"小鲜肉局长怎么转眼变成了老腊肉局长了？"朋友的一句调侃话，无意间道出了我们这些脱贫攻坚办、扶贫开发局的党员干部这些年在脱贫攻坚工作中的不辞劳苦和默默付出。曾经意气风发的青年，头上的发量越来越少，脸上的皱纹越来越多，加班熬夜变得稀松平常，按时吃饭却成了日常生活最奢望的事。

脱贫攻坚"双评双赛"机制、督导检查"达标评定"行动、巩固提升"四大工程"……我提议集聚了万源市最强悍的"优势兵力"，全市脱贫攻坚各项工作推动得有声有色，也取得了重大成效。至2019年底，累计实现9.1万名贫困人口脱贫、170个村退出贫困村序列，贫困发生率下降至0.39%，顺利通过贫困县退出专项评估，成功代表全省接受脱贫攻坚成效省际交叉考核并获得考核组高度评价。万源市被表彰为"四川省2018年、2019年脱贫攻坚先进集体"，先后荣获"脱贫攻坚先进县""东西部扶贫协作和藏区携手奔小康先进县"。2020年2月18日，万源市获省政府批准正式退出贫困县序列，区域性整体贫困得到了历史性解决。

定点帮扶出实招　贫困山村迎来发展新机遇

"部门定点帮扶"在贫困村退出的过程中起到了关键作用。2014年至2019年，万源市扶贫开发局与白果镇双叉河村、扁桶峡村结成了帮扶对子，两个村的基础设施建设、产业发展等各项工作成了万源市扶贫开发局的日常事务，也写进了我的最重要工作日程。

双叉河村是花萼山自然保护区核心区，属限制开发地段，全村36平方公里没有一公里公路。面对如此闭塞现状，我思虑良久，反复与白果镇党政班子商议，采取移民搬迁的方式让贫困群众迁至有良田、交通便捷之地。

然而，让祖辈居住在此的群众搬离久居地谈何容易，唯有动之以情、晓之以理。我迅速带领市扶贫开发局的党员干部进山动员群众搬迁，下山协调搬迁地基，挨家挨户宣讲政策，比较利弊，党员干部带头，示范引领，经过不懈的努力，2019年6月，住在深山的41户群众全部通过易地搬迁，挪出穷窝，搬至山下，寻求发展。

扁桶峡村地处偏远，距离白果镇18公里。为解决群众出行难题，我因地制宜，锁定了连户路建设项目，向上争取资金50万元，帮助该村建好了1000多米的连户路。村民从此告别了"雨天一身泥，晴天一身灰"的日子。

抓好村委会阵地建设才能夯实贫困村基层发展的根本。2017年、2018年，我多方协调，向上争取了32.6万元项目资金，帮助双叉河村、扁桶峡村两个对口帮扶联系村建好文化室、卫生室以及活动场地，购置电脑、办公桌椅，改善村委活动室的办公环境，并围绕"三会一课""党员活动日""农民夜校"等党建学习教育活动，建好"城乡党

建共建"台账，全力提升贫困村党建、文化、医疗服务水平。

脱贫攻坚的根本之策是发展产业。针对双叉河村留守老人、留守妇女为农村劳动力主力的现象，我们又因势利导瞄准了中蜂养殖这个产业扶贫项目。经过多方衔接，双叉河村第一书记陈强如愿带着10多户贫困户和养蜂大户到八台镇中蜂养殖基地参观学习，并请来了达州市农业局养殖中蜂专业技术人员到白果镇为贫困户及养蜂大户讲授指导中蜂养殖技术。

为进一步壮大村集体经济，双叉河村注册了万源市益顺新农业有限公司，利用涉农资金和党员示范工程资金、村委出资及群众筹资，运用"村集体+农户"的模式发展中蜂养殖，全村98户精准贫困户和村委占股。从2016年底到2019年底该村发展中蜂600余群（桶），发展集体经济养殖中蜂258群（桶），组织驻村干部统一包装销售，农户户均收入1万余元，集体经济收益3万多元。

根据扁桶峡村的种养殖传统，我们则帮助该村群众因地制宜发展100余亩的白及、重楼、魔芋等种植，让贫困群众实现长效增收。

近几年，双叉河村和扁桶峡村的基础设施建设不断完善，公共服务水平不断提升，群众产业发展也不断走实走深。2018年，两个村顺利退出了贫困村序列，迎来了崭新的发展机遇。

贴心关怀解民忧　贫困村民梦圆微心愿

"多亏了万局长，我生活才有了保障，还住进了新房子，水泥路也通到了家门口。"扁桶峡村贫困村民张显坤对我们的帮扶工作非常认可，张显坤的妻子多年前去世，儿子患有癫痫，无生活自理能力，住房破旧且交通不便。自从与张显坤开展结对帮扶以来，我多方争取，帮助张显坤儿子申请办理低保、残疾护理等民政补贴，并帮着协调易地搬迁的地基，全程参与指导住房建设，添置电视机、洗衣机等家电，还时常为其购买衣服、洗衣液、大米、菜油、猪肉等生活用品，鼓励支持其把家庭生产生活搞得更好。

"开展个性化帮扶，为群众解难题、办实事、做好事"，这是市委、市政府对党员干部开展结对帮扶工作的总体要求。在每月四次的结对帮扶工作中，我都努力在为贫困村民圆着"微心愿"。

林后周是我结对帮扶的另一位贫困村民，因早年从事矿井作业，老林患上了矽肺，病痛的折磨让他终日精神不振、意志消沉。每逢入户帮扶，我都要想方设法，细心地开导，同他唠嗑，帮着整理房间，为他宣讲扶贫政策，展望美好未来。如今，林后周变得积极乐观起来，时不时外出散散步，还在我们的引导下发展庭院经济，养殖中蜂，每年都有一笔可观的收入。

"帮扶工作必须扶到群众心坎里！"这是我自己践行的帮扶诺言，我经常组织单位的党员干部深入贫困村、贫困户家中开展调研慰问活动，全面征集贫困村、贫困户的困难和问题，及时落实帮扶措施。近年来，通过此类活动，共征集困难、问题200余条，形成问题台账，并制定补短措施，争取项目资金255万元用于修建河堤、桥梁，维修水池，更换水管，安装路灯等，对群众的诉求做到了不怠慢、不疏忽、不遗漏，多方争取，真正为群众解难题、办实事、做好事。

"疫情期间还为我们送来了玉米种子和化肥，硬是救急啊！感谢党的好干部哦！"张显坤在电话上反复对我说。2020年3月初，正值新冠肺炎防控期间，我考虑到群众的出行困难，组织单位党员干部为贫困群众送去了425袋玉米种子、100袋复合肥，帮助贫困群众抓好春耕生产。

为有序组织贫困群众返岗就业，我积极倡导对接贫困村建立村级

微信群，及时发布就业务工信息；为帮助群众实现就近就地增收，我们会同乡镇、村社干部为贫困群众申请公益岗位、发展优势产业……各项帮扶措施的落地落实推动了脱贫成效的持续巩固，全市9.1万贫困人口、170个贫困村逐步脱贫，正迈步走在更加幸福美好生活的康庄大道上。

（作者时任万源市人民政府党组成员，扶贫开发局党组书记、局长，万源市政协委员）

行走在泥溪沟村的日子

宋原立

　　我是一个从农村走出来的孩子，对农村有种特别的情愫。2015年4月，按照组织的安排，选派我到万源铁矿镇泥溪沟村任第一书记，帮助这个国家级贫困村脱贫致富，"回到农村去，那里有我的亲人"，怀揣着激动、猜想、忐忑的心情我来到了泥溪沟村。

脚上沾满泥土才能掌握一手资料

　　"快看，快看，那就是上面给我们村派的第一书记，行不行哦？""就是，就是，从城头来到我们乡下，看这架势肯定待不久，怕又是来走过场的吧！"在弯多、岩高、狭窄的道路上颠簸一个多小时的我，一下车就被一片质疑声冲刺着耳朵。在村办公楼门前，支部书记夏晓兵给我介绍了这个村的基本情况，建档立卡贫困户173户504人，贫困发生率达24%。村民沿着一条小溪而居，人均田地不足半亩，大多以传统农业为生。入村的13.5公里道路不足3米宽，狭窄多弯。村民居住的房屋90%以上是土坯房或20世纪50年代左右修建的木瓦房，老人和留守儿童就占到92%。听着夏晓兵的话语，我陷入了沉思……

　　"兄弟，农村没得啥吃的，先垫下肚子。"话语间，一碗热气腾腾的手擀面递到了我的面前。望着还不知名的大姐纯朴的眼神，我暗下决心：要让这个村富起来，要让我的人生在这里闪光！4月的泥溪沟，是个多雨的季节。在接下来的65天里，我的脚步印满了2119名村民的田间地头、房前屋后。泥溪沟村位于万源市铁矿镇西部，曾是全镇离场镇最远、生产生活条件最艰苦、贫困人口最多的贫困村。交通不便、土地贫瘠、居住条件差，村民日子过得很艰苦，全村50岁以下的壮劳力仅有162人，残疾人多达31人，人均收入不足1000元，养猪和玉米种植成了村民们的主要经济来源，村上90%的房屋都不同程度地出现了倾斜、下陷……每天晚上，我在昏暗的灯光下，一边忍受着脚上血泡的疼痛，一边整理出了30000余字的调查报告，撰写了民情日记20余篇，建立了458份民情记录卡，完善了515份结亲档案。接下来在村委会的讨论中制定出5年脱贫规划和每一年的具体帮扶方案。"新来的宋书记莫看也，他在这么短的时间内了解的情况比我们都要了解得巴适。"会后村委委员三三两两地在一起议论着。

打通乡村发展"肠梗阻"

　　从铁矿场镇通往泥溪沟村办公楼是一条在山崖边开出来的碎石路，两米宽的山路，只能容小型车辆通行，道路崎岖不平，还时常有山石滚落，稍不留神，便会连人带车掉下山崖。恶劣的交通环境，不仅给村民出行带来极大的安全隐患，也深深制约着该村的发展。

　　"要先富，先修路。"作为第一书记的我，决定帮扶首先第一件事情就是先修路。

　　接下来的时间里，我穿梭于市政协、市交通局、万源市政府、宣

汉县政府之间，四处游说、八方求援，2200万元的道路建设资金如期
而至，新建硬化道路近30公里，逐步形成了内联外畅的交通网络，阻
挡数代人的山门终于打开。道路成了村民们心中最亮丽的一道风景。

村容村貌焕然一新

泥溪沟村地处大山之中，是一个名副其实的"山沟沟"。全村没有
几块像样的平地，八成以上土地坡度都在35°以上。几年前，该村大部
分村民居住在泥溪沟两边依山而建的土坯房、木架房内。

"宋书记，我住的土坯房下大雨时总是漏雨。"村民刘大奎对我说。

看着村民无奈的眼神，我走访了全村514户村民，详细了解居住情
况，组织开始实施易地扶贫搬迁，让居住在生存条件恶劣地区的贫困
户搬迁到设施齐全、交通方便的地区生活。

"现在住的房子宽敞明亮、设施齐全，出门就是公路，亲戚朋友来
往也更加方便。这两年，家庭情况好转，我还购置了摩托车，赶场、
送孩子上学都方便。"刘大奎乐呵呵地说。

我除了组织大力实施异地扶贫搬迁外，还对村里年久失修、存在
安全隐患的危房进行改造。同时，新建硬化路、过水桥、蓄水池、微
型水厂、移动信号基站等，解决村民出行难、饮水难、通信难等问题。
同时大力实施人居环境整治工程，整治庭院、改厨改厕、改水改电等，
村容村貌焕然一新。如今，泥溪沟村呈现出一幅"田园村庄美、生态
环境美"的生态画卷。

致富之路越走越宽

如何让村民们真正走上长久的、可持续发展的致富路是压在我心头的一块石头。我先后10次把市农业农村局的专家请到了泥溪沟村，为当地土壤改良及农产品种植带来了科学的、准确的数据。尔后，我与村委会一班人制定了"产业+农户+基地"的发展模式，在一村一品上做文章，成立了农民专业合作社，有368人加入，农民夜校也如火如荼地进行。通过多方协调，我从渠县引进新型养蜂技术，大大提高了蜂蜜的产量，村里的养蜂业越做越大，并涌现出一批养殖带头人，年增收四五万元。

除了扩大养殖规模外，我还得让"土地生金"。为此，我多次带领村"两委"人员到外地调研，最后选择发展食用雷竹。雷竹具有出笋早、周期长、产值高的特点。泥溪沟目前村里集中种植雷竹650亩，亩产值达5000元。该村还将依托雷竹产业基地，打造竹林风景线，探索农旅结合新路子，做大旅游经济，让群众的腰包鼓得更大。

当我了解到泥溪沟村有一些村民在外发展较好，我先后10次动员村民史廷锋放弃了在福建小有成就的生意，带着资金和经验回到泥溪沟创业，从事生猪养殖。2017年，史廷锋投资500万元，养殖生猪500余头，年收入200余万元。

如今的泥溪沟村，好习俗、好习惯、好风尚已蔚然成风。明天的泥溪沟村，一定会更加美好……

（作者系达州市政协民族宗教外事侨务委员会副主任）

我和我的帮扶户

张崇耀

在宣汉县城西北部，中河流域旁边，距离宣汉县城60公里的包（头）茂（名）高速公路厂溪和新华出口处，有一座远近闻名的降仙山，最高位置海拔1300多米。我的帮扶户就在降仙山的老林村，村里我有三家帮扶户，两家张姓，一家师姓。第一次到这个帮扶村做帮扶工作，是在2016年6月13日。

在村组干部的带领下，我来到了我的第一家帮扶户师洪美的家门前。师洪美的家就在村道公路旁，房子是几年前修建的，水电管线都有，居住环境还算不错。得知师大哥一大早上山种地去了，他腿脚不太方便的爱人官大姐出门接待了我。在深入交谈中，她泪眼汪汪。原来，她儿子13年前在广州打工不幸发生事故离世，儿媳撇下一儿一女远走他乡。无奈之下，老两口带着两个孙子在悲痛中度日，靠种水稻、玉米等农作物维持着一家人的生计。两个孙子后来在镇、村干部和民政部门的关心下，送到县福利院抚养，这才减轻了他们的负担，现在一个在成都上职业学校，一个在县城上初中。出了她家的门，村干部告诉我，官大姐的脚背是被自家的牛踩伤的，耽误了治疗时间导致残疾，她也享受了低保政策。

　　我走访的三家帮扶户中，贫困的主要原因均是因病造成的。一组张登雄的爱人得了糖尿病等多种疾病，到宣汉、达州多家医院医治了，前几天才从医院回来，现在家里休养。我安慰她好好养病，早日康复。

　　在回返的路上，我回望那高耸的降仙山，想起那一张张期盼的脸，我暗下决心，绝不会做山里人的过客，要把这份帮扶责任担在肩上。

　　我坚持每月至少要到老林村去一次，每一次去都耐心为他们宣传政策、出点主意、协调关系、解决难题，慢慢地得到他们的认可，对我也就无话不说。

　　几年来的帮扶，也让我有新的发现、新的感受、新的收获、新的启发。如今的老林村，除了人们的思想观念在不断转变之外，更可贵的是他们有一种顽强拼搏的精神，有一个战胜贫困的信心和决心。

　　2019年9月20日，天气阴沉，连绵了好几天的秋雨一直没有停息。这一天，是我这个月早早就谋划好到贫困户走访的日子。早上7点半，我和几个同事一道冒雨出发了。因为快到中秋节了，一是趁在节日前看望慰问我的三家帮扶户，二是了解一下他们水稻收割和收入情况，三是看看他们新建的房屋有无雨水渗透，四是力所能及地给他们解决一些具体问题。

　　我的三家帮扶户中，两家与我同姓，每次去他们家里，基本都爱说那么一句话："家门来了啊……"另一家姓师的，听村里人说师姓也算是这里的一个大姓，每次见到我，一样很热情，总是"张会长、张会长"叫个不停。同样也觉得亲切。

　　因为是雨天，田地里的农活不能做，村民基本都在家里，聊着天南海北的事。每到一家，我都把事先准备好的月饼等送到他们的手里，向他们表达中秋节日的祝福。还开玩笑和他们说道："八月十五的夜里，你们要拿着月饼，望着天空的圆月，一定要给自己和家里人许下最美好的心愿。"乐得他们笑容满面，有的还很风趣地与我说起笑话。

　　这次走访，本来还有个想法，那就是为他们算一算半年多以来，尤其是水稻收割后的收入账，了解一下每户家庭的具体情况，由此推算一下每家的全年收入，看看离预脱贫的目标还差多远。因这个村大多数人居住在海拔1000米以上的地方，恰好我的三家帮扶户，其中就有两家都在这个海拔高度居住，水稻收割季节相对低海拔和平坝来说要晚一些，加之持续绵绵秋雨，导致他们三家人种植的水稻基本还没有成熟，算收入账的事也就无法进行。村支部书记张超知道我有这个想法后，立马说道："村里已经打算在10月中旬召开一次村社干部、帮扶人和被帮扶人的会议，培训一下收入账如何算，进行面对面算账，再根据每个家庭的具体情况，谋划年末的帮扶措施。"我听后觉得这个想法很好，一再告诉他们："到时候，你们一定要把自己的家底亮出来啊，你们收入高了，是值得庆贺的事。"

　　我的帮扶户师洪美家就是一个非常典型的例子，他都快70岁的人了，爱人脚又残疾不能干重体力活，两个孙子还要读书，一家人就靠他一人劳动，硬是在大山里的泥土中刨出了好日子，生活也一天天地好起来，每年不仅养了鸡、养了鸭、养了猪，还用农家肥种植了西瓜、油菜、南瓜等经济价值高的农作物，每逢赶场天，把自家种的农作物拿到市场上去卖。尤其是他每年的西瓜和菜籽油都卖出了好价钱，四面八方的人还到他家里买西瓜和菜籽油。为了推销他家的农副产品，每年我都要帮助他销售西瓜和菜籽油。有一次，他还让我为我们机关食堂拉了几个大南瓜，让大家品尝一下他用农家肥种植的南瓜。每一年的南瓜成熟季节，在他家里都能看到南瓜能堆半个房间。有一次，他告诉我，打算年底买辆摩托车，拉点农用物资，出行也方便一些。我们说，只有靠勤劳才能摆脱贫困，才能走上致富路，才能过上幸福生活，师洪美笑得合不拢嘴。

当天下午，在我完成这次走访任务后，站在老林村飘洒的秋雨中，环视连绵的山岭，此时此刻，让我感觉这片土地上，有太多的帮扶户一定会像师洪美那样，笑声甜甜、幸福满满……

老林村只是厂溪镇的贫困村之一，人们称之为老林，估计就是深山老林的意思。这几年，镇党委政府、村"两委"、对口帮扶单位为了让村民们过上好日子，为了打赢脱贫攻坚这一战役，使出了各种招数，让这个村发生了翻天覆地的变化，也给村里人带来了更多欢喜，更让村里人对未来充满希望和信心。

道路的不断延伸，村民们踩在脚下的路越走越踏实，通向未来的路越走越有希望。如今老林村的危房进行了全面改建，有的村民还建起了别墅。我的三家帮扶户，一家的房屋是前几年新建的，一家为异地搬迁，一家为危房改造，他们的房屋都是一楼一底，住宿条件不比城里人差，还在房屋周围栽种了李子、核桃等，有了获得感、幸福感。

而今，进入老林村，映入眼帘的是青脆李基地绿绿葱葱，一栋栋新房被绿树掩映着，村民们三三两两在田地里忙碌着。走在村里的水泥路上，一个熟悉的声音突然从前方传来："张会长，你来了啊，我马上回来，进家里坐嘛。"

我一看是张杜娟的父亲张光明，在公路旁的树林旁赶着5头蜀宣花牛。

这山、这村、这些勤劳的人，我的帮扶村在这四月天里，已经在演绎这一年丰收的乐章。

（作者系宣汉县委报道组组长、宣汉县政协常委）

精准扶贫督查手记

李扬天

　　2015年1月，还是寒风凛冽的时候，渠县县委、县政府责成县级领导带队到联系乡开展精准扶贫推进情况的专项督查。我作为督查工作的联络员，到3个乡5个村开展督查工作。对常坐机关的我来说，即使知道扶贫攻坚对全局具有的战略意义，也还是难以想象细致到扶贫攻坚对于一个家庭、一个人所带来的具有希望的正面意义！这次下乡督查，让我感受到了寒冬里的春意，扭转了我对当前农村工作的一些认知！

　　第一站，和乐乡东阳村，属四川省省定贫困村，2014年度人均纯收入4378元，低于贫困线标准2736元的贫困户就有80户226人。而这一年，渠县农村人均纯收入为9513元。

　　东阳村交通不便，一座索桥就成了东阳村连接场镇的主要通道。在索桥成为危桥期间，群众赶场出行，就只有依靠乡上安排的渡船。用群众的话说就是："儿子娶不到媳妇哦！娶到都跑了！都说哪个嫁到东阳村哦，走路都不方便！"东阳村二组村民刘奎，已经75岁了，在与督查组交谈的时候说："本来有个烤酒的手艺，但煤炭运输成本太贵了，100元的煤炭，运输费就要100元，交通不便只有自己背。年纪大了背不动，我们村上李文书还帮我背过几回！"村民于开中说："桥修好了，比什么都好！"交通，是阻碍经济发展的主要掣肘，也是群众心底的一块心病。

所幸，群众所难，就是政府所急。借着精准扶贫活动开展的契机，按照渠县县委、县政府制定的"扶持生产和就业发展一批、移民搬迁安置一批、低保政策兜底一批、医疗救助扶持一批、教育资助解困一批"的"六个一批"要求，和乐乡和东阳村对致贫原因进行了深入分析，确定脱贫对象，细致规划"十三五"产业发展和脱贫目标，县人社局作为东阳村的联系部门，上下协调，将索桥修建列为帮扶第一要务，目前已到了出图纸阶段，下一步就要进行招投标了。

督查组问村民："有信心脱贫吗？"东阳村四组组长笑着斩钉截铁地说："东阳村人不是懒惰的人。只要政策好，干部好，我们脱贫就能看见希望。"

和乐乡双盘村王青青，大概是我们接触到的最小的贫困户，年仅13岁。跟着叔叔过活的她，看起来完全没有同龄人的聪明伶俐，孤儿的身份让她有些沉默寡言。问了好几句，方才"嗯"一声。村干部们说，因为叔叔也是贫困户，家里也有几个小孩，13岁的王青青在同龄孩子刚上初一的年纪，已经辍学在家了。这么小的年纪辍学引来声声叹息，"孩子还是要读书啊！读书才能改变命运啊！"小孩儿当然该读书，但是怎么读？家庭经济的困窘，使生活费、学杂费成了读书的一大困扰。

李孙红与王青青一样，同为孤儿，幸运的是，她还有个兄弟，还有个吃着低保供养他们上学的爷爷。

家庭个人的不幸，有时候单凭自己的力量是无法抵抗的，拥有组织和社会等多方力量的关心，对抗贫困才能多一点底气，才能燃起多一点对生活的期望、向往和勇气。这么小的孩子，她理解不了读书对于个人乃至家庭命运改变的重要性，但我们清楚。领导要求乡上一方面完善王青青的孤儿手续，另一方面与学校协调，减免义务教育阶段的生活费。对于李孙红，这个本来成绩不错的孩子，将其纳入助学范围，利用助学工程，帮助完成学业。还将联系县级有关部门对三个孩子进行慰问帮扶。

青丝乡鼓坪村周云清一家，只有三口人，奶奶、小叔和孙子邓洪。我们去的时候，映入眼帘的就是整个屋里的颜色，跟当天的天气一样灰扑扑旧沉沉，狭窄的堂屋摆着一张床，奶奶周云清躺在床上，邓洪正在给她煨脚。奶奶周云清高血压、白内障，长年卧床。叔叔脑溢血，行动不便，走路都不利索。家里两位老人就只有靠邓洪来照顾。而邓洪，高中毕业，本来考上了一所二本大学，因为经济困难和需要照顾两位老人，放弃了自己的学业。

邓洪说，家里两个人需要照顾，我要是走了，肯定就都活不了了。如此贫困的现实，该如何进行帮扶？乡上介绍说，家里三个人，一个纳入了五保，两个纳入了低保，逢年过节他们家也是慰问的主要对象。目前考虑帮助邓洪在家发展电子商务。

谈话中，躺在床上的奶奶周云清非要挣扎着起身，挂着拐棍儿擦着眼泪，用浑浊的双眼望着我们："要不是严书记他们，我们死都死了。还是现在政策好哇！"

督查中，青丝乡邓坪村村"两委"班子在介绍情况时中气十足、信心百倍的样子给我们留下了深刻印象。他们说，邓坪村共有238户、960人，2015年计划脱贫9户、30人，完全能够达到预期的脱贫目标。在产业发展方面，一一列举了养殖规划和正在进行的产业推广。在土地流转方面已经流转了40余亩，其价格更远远高于周边的乡村。

到了鹤林乡安全村，贫困群众对乡村干部赞不绝口。驻村第一书记王小华说："乡'十三五'规划的扶贫措施，我们实打实地宣传了两天，实打实地让每个村民都知晓。"村支书王庆明说："对于贫困户的确定，我们都是先到各组召开群众大会，由群众推荐贫困户，再核实上报乡党委，再由乡党委核准建档立卡。我们村的扶贫，有规划，有措施，对措施落实的具体责任都明确到人。组与组之间的联片路都详细规划了的，到2019年要完全实现组组通。"

中国的贫困村不少，比如渠县60个乡镇就有138个贫困村，绝对贫困人口有14万之多。由此放眼中国，人口那么多，基数那么大，范围那么广，脱贫攻坚任务之任重道远难以想象！但是走一圈下来，我深切意识到精准脱贫对于大中国中的贫困小家庭的意义！看见贫困户们居然很有信心脱贫致富的笑脸，我有理由相信，中国的农村很有希望。

曾经看过一个故事，至今记忆深刻。涨潮以后，海滩上留下了一大片的鱼在海滩上中艰难地开合着嘴巴。一个小孩儿拾起一条鱼扔向海里，又拾起一条鱼扔向海里……有人问：你这样扔，有意义吗？毕竟这么多鱼，你是扔不完的。而且，谁又在乎呢？小孩儿拾起一条鱼，回答："这条鱼在乎！这条鱼在乎！"同样，对于被帮扶的贫困家庭来说，脱贫帮扶，"这条鱼在乎！"

（作者系渠县政协机关党委书记）

龙寨喜逢秀岭春天

王忠英

　　渠县政协委员带头积极投入脱贫攻坚的工作中，通过采访，知悉四川秀岭春天农业发展有限公司总经理徐昊，就是一位在渠县扶贫攻坚工作中做出成绩的政协委员。

角色的转换

　　为了采访徐昊，我翻山越岭来到秀岭，见到了这位年轻人。通过与他近距离交谈，得知了徐昊近况和"秀岭春天"的发展过程。

　　徐昊是20世纪出生在上海的80后青年。一位上海青年才俊怎么来到渠县创业呢？应该说，徐昊来到渠县首先是缘分。徐昊高中毕业后去到新西兰奥克兰大学求学，邂逅了我们渠县籍同样在新西兰求学的女孩廖梓婷。在异国他乡，两人因为志趣相投，心灵相通，逐渐由同学发展成恋人关系。有情人终成眷属，毕业后走进婚姻的殿堂，决定留在新西兰创业。他们2008年在新西兰奥克兰创立 Importech.1td 汽车配件进出口贸易公司，经过数年打拼，事业正蒸蒸日上，却在2012年接到廖梓婷父亲的电话，要他们回国，回廖梓婷的老家渠县来创业。

初始，他们，特别是徐昊是极不情愿的。一位生长在大都市的年轻人要他到川东北这偏僻山区来创业，更何况他们已经在国外学习生活了十几年。谁都知道新西兰，一个美丽富饶的岛国，许多人向往的地方，这不是让他们从米箩筐往糠箩筐里跳吗？

"那你们是怎么改变主意的呢？"我好奇地问，并继续听徐昊讲述。

不回！这是最初反应。当他们从父亲那里了解到如今渠县县委、县政府高度重视在外乡友助推家乡建设的作用，渠县日益改善的投资环境和巨大的发展潜力后，他们动摇了不回国的念头。再则，爱妻的父亲在女儿名字里用一个"桑梓"的"梓"字，就是希望她不要忘了故乡。乡音乡情的召唤，当下"大众创业、万众创业"的良好氛围，激发了他们回国返乡创业、回报桑梓的热情，为了实现人生的价值，最终决定放弃新西兰优越的环境，回国到了渠县。

原来，廖梓婷的父亲在渠县龙潭乡管辖的龙寨山上看好了一片荒山，要他们去开发茶业。徐昊从繁华的上海、富饶美丽的新西兰来到这山上，简直是从天堂陷入了地狱！穷乡僻壤，荒凉人稀，山路难行，信息闭塞，山民既穷又刁，难以交往。这样的环境能创业吗？再次犹豫，彷徨。经过内心的煎熬，他逐步适应了，克服了"水土不和"，"既来之则适之"！他们决心致力于渠县的农业发展。经过身心的磨炼，经过几年的艰苦努力，他的茶园茶厂已具一定规模。成立于2013年的四川秀岭春天农业发展有限公司，注册资金1138万元，公司是一家集茶叶种植、加工、销售、研发于一体的市级茶产业龙头企业。该公司根据县委书记苟小莉"山区产业难成规模"的分析，为了帮助山区改变贫困面貌，将茶园基地建在龙寨山区。基地紧邻国家AAAA级旅游景区"賨人谷风景区"，茶园占地面积15000余亩。目前，该公司建有高山生态茶园4000余亩，到2015年为止有机茶认证面积达988亩，居达州市第一。2016年其公司研发的"渠韵"牌产品获得第五届中国国际茶业博览会金奖。事业初见成效，徐昊也成为政协达州市第四届委员、渠县茶叶协会理事长、渠县渠韵生态农林农民专业合作社理事长。

先做吹糠见米的事

徐昊夫妇在龙寨山上发展自己茶业的同时，也在扶贫工作中做出了大的贡献。他们积极响应县委、县政府的号召，在公司所在地的龙寨山区积极主动开展扶贫工作。展现政协委员企业发展农业产业化的成效，彰显委员企业不忘社会责任，带领群众脱贫奔康的成效。

龙寨山区地处900—1200米的川东华蓥山脉，系渠县龙潭乡管辖。龙寨村在大山深处，交通极不方便，山里全是土泥路，尤其是下雨天根本无法出行。村民本来可以利用山里的物产增加一定收入，但交通不便，难以将物资运到山下进行贸易，只能守着山地种点庄稼自给自足，维持最低生活，农户收入相当低。改革开放以后，山上的年轻人相继外出打工，再也不愿回到山上，且陆续把家里老的小的接出山去。龙寨村曾经有150户人家，因为贫困，后来常住的只有30户了。交通不便，更无网络电视，山民基本过着较为原始的生活。

解决燃眉之急

春天秀岭春天农业发展有限公司刚成立时，他们发现距离公司四五里处的龙寨小学，学校20余名学生，一个老师既是校长又是老师，还是炊事员。山上人口稀疏，孩子上学山路难走，家离学校远的孩子

要步行一个多小时才能到校，中午没法回家吃饭，孩子们只有带点大米到学校，老师只能给他们煮点饭，没有蔬菜，只好就着咸菜下饭。徐总夫妇大动恻隐之心，孩子正长身体，这样的生活怎么行啊！于是，公司开始为龙寨村小学学生免费提供午餐。每天公司伙食团给学生们煮好饭菜，到中午派专人送去学校，每餐都有鸡蛋、肉食、蔬菜，保证孩子们吃上热乎营养的午餐，学生及家长非常感谢徐总。这样一直供应了两个学期，直到2014年龙寨小学按上级有关政策撤离为止。

山上的居民多是留守老人和儿童，离城远，交通不便，生病后看病难。山上也有卫生站，当然是看病收费。2013年公司成立后，公司每年为龙寨山区贫困村卫生站赠送常用药品，如降压药、伤风感冒药、咳嗽哮喘药、轻微外伤用药、预防流感药等，要求卫生站的医务工作者给山民看病时不收药费，只收诊费，减少了山民们生小病的负担。

公司成立以后，徐总就了解村民的生活经济状况，每年春节期间都去看望慰问贫困户和孤寡老人，为他们送去大米、食油、牛奶、现金等慰问品，让他们感受关怀和温暖。

改善山区基础建设

秀岭山上过去全是弯弯曲曲的土路，下雨就稀泥烂垮难以行走。有句响亮的口号是：要得富，先修路。公司成立后首先整修公路。2014年修建村级公路8公里，2015年、2016年又修建村级公路10公里，在政府出资修建3.5米宽的基础上，公司又出资将公路扩建为4.5米宽。修建的公路全部一级硬化。这就极大地方便了村民出行，村民们能够在务工的空隙将山货带到山下的临巴镇或渠县县城进行贸易，增加一定的收入。

解决通信网络问题。以前山上通了电，也有通信发射塔。但是通信信号非常弱，许多时候电话没有信号打不通。电视接收信号也不行，山民们家里即使有了电视机，也难收看；个别稍好点的家庭买个"锅盖"装上，也只能收几个台。2013年公司进入龙寨后，为山村免费建设了光纤通信，从中央到地方的电视台，家家都可以任意选择看。公司通过努力，增强了移动通信发射塔的信号，村民电话可以任意打了，方便了留守老人和儿童与在外的子女、父母联系。

除此之外，公司还出资帮助村民打水井，解决饮水问题，预防天旱缺水。

帮助村民就业

解决了生活急需和基础设施后，最重要的是要帮助贫困户从根本上脱贫。公司首先是为贫困户提供就业，增加收入。公司成立以后，徐昊就派人了解村民的家庭经济情况，最先安排贫困户到公司务工。公司自成立以来，为附近100多山民提供了就业岗位，而且每年还在递增，增加了农民收入，解决了特困户的困难，带动了当地经济发展。

徐昊带领群众脱贫奔康，有力彰显委员企业的社会责任，切实发挥了企业和政协委员的帮扶作用，为全县脱贫攻坚贡献了坚实力量。我们相信，在今后的岁月里，徐昊会在现有扶贫成效的基础上，持续发展企业经济，为下一步乡村振兴贡献更大的智慧和力量。

（作者系渠县三汇中学退休教师）

拄着双拐的扶贫人

兰松安

一场疾病摧残了我的左腿，母亲告诉我要用坚强负重前行。一场车祸逼迫我拄上了双拐，生活告诉我必须顽强重获新生。一次次帮贫济困让我价值实现，脱贫攻坚让我超越自我！

我是万源市政协委员、万源市安科实业有限公司董事长兰松安。在全省政协系统开展"我为扶贫攻坚做件事"活动中，我尽己所能，主动参与，引领示范，带领乡亲们大力发展地方特色产业，帮助贫困村发展集体经济，带领贫困户找到了脱贫致富的路子，实现了一名基层政协委员的责任和担当。

发展产业　助农增收

产业发展是脱贫攻坚和乡村振兴的基础，只有发展好产业，老百姓才能持续发展、安居乐业。一是盘活闲置土地，帮助农民增收。近年来，乘着深化改革的东风，我筹资创办的安科实业有限公司，选准石塘镇瓦子坪、柳树、长田坝村等地，通过租赁形式先后流转农民闲置土地、荒山荒坡4000余亩，发展茶叶、核桃、青脆李等种植业和肉牛、中华蜜蜂等养殖业，仅土地租赁费一项，当地群众每年可增收50余万元。二是创新经营模式，带动产业扶贫。采取"公司+专业合作社+基地"的产业化经营模式，发展地方特色种养业，直接带动1400户农户发展种养业增收致富，年户均增收4500元以上。先后在石塘镇瓦子坪、长田坝村建设标准化茶园2000余亩，打造安科茶艺、安科雅居、安科馐膳、安科实业为一体的茶文化中心2000余平方米，带动整个石塘镇茶叶产业健康有序发展，实现"一片叶子带富一方百姓"的脱贫奔康目标。在柳树村杨寺岭成功种植核桃1000余亩、青脆李300余亩，均按无公害、绿色的标准进行管护；在柳树村杨寺岭建成常年出栏200头以上商品肉牛的标准化养殖场及完善的配套设施。利用万源山地植物花期长、品种多、质量好的优势新建养蜂场，养殖中华蜜蜂70余箱（桶）。

创新模式　集体增收

通过反复考察测算，我因势利导，租赁长田坝村荒芜集体茶园200亩，全面低改扶壮，开办茶叶加工车间，此举帮助长田坝村集体获得租赁收入4.8万元；租用村集体闲置房屋2000平方米搞安科民俗和安科馐膳，既增加村集中安置点的人气，也使村集体每年可得租金1.2万元；贫困村通过资金入股公司分红的方式增加收入，瓦子坪村入股扶贫周转金10万元到公司，集体收益年均也有1.2万元；大田坡村入股产业扶贫周转金5万元到该公司，集体收益年获0.6万元。这一系列的操作，既确保了公司盈利，又带动了好几个村集体经济双赢发展。

返聘务工　就业扶贫

公司租赁农民土地后，再返聘农民到瓦子坪、长田坝、柳树村种植和养殖基地务工创收，农民转变成"产业工人"，有效解决当地农村留守老人、留守妇女就近务工150余人，其中精准贫困户务工人员100人。通过务工，增加了父老乡亲的经济收入，年人均获劳动报酬1.5万元以上，实现了"一人就业全家脱贫"的目标。

股权量化　精准帮扶

2016年我争取国家扶贫产业资金200万元，实施资产收益扶贫试点项目，直接带动石塘镇7个建档立卡贫困村农户50户158人脱贫致富，每年支付保底分红资金8.7万元。2018年争取市残联投入资金20万元，发展茶产业，实施农村贫困残疾人扶贫资金股权量化项目，直接带动石塘镇瓦子坪村建档立卡贫困残疾农户37户137人增收，每年支付保底分红资金0.87万元。身为残疾人，即使行动不便，我也非常关心帮助全镇残疾人的生活，长田坝村民彭朝兵是残疾人，又是贫困户，生活很是窘迫，得知情况后，我鼓励彭朝兵与妻子来安科实业有限公司打工，让两人每月轻轻松松便有了4000多元的收入。如今，在安科实业有限公司上班的残疾人已经达23人。

热心公益　回报乡亲

一直以来，我创办安科实业有限公司得到了党和人民的关怀和支持。如今，公司有所发展了，我觉得必须力所能及回报党，回报社会，回报人民。村里修公路我要捐款，镇里建街道我要捐助；每年春节，慰问贫困户资金不少于10000元；每年向石塘镇敬老院送去价值不少于5000余元的米、油、面、水果等物资；每年给柳树村孤儿宋芳琴、宋芳娇两姊妹捐款捐物5000元。在新冠肺炎疫情防控阻击战中，我闻风而动，积极组织超市员工为卡点疫情值班人员送去方便面、矿泉水、饼干等零食，以解燃眉之急，向石塘镇政府捐赠现金3500元，矿泉水5件、方便面5件，用于新冠疫情防控应急之需。

作为一名普通的基层政协委员，我也就是做了一些我该做的事情，实际上距离我所期望的要求还很远，但党和人民却给了我诸多荣誉："双帮"工作先进个人、万源市创业之星、全民创业先进个人、感动万源2016十大年度人物、省"自强模范""首届达州市农村青年致富带头人"、达州市首届"十大自强之星"、2018年度万源"十佳创新创业之星"等。面对挫折，有人怨天尤人、有人昂扬奋起，我觉得，这么好的时代，这么好的政策，这么好的父老乡亲，只要想干，即使是拄着双拐，撸起袖子加油干，必将有一片明朗的天空，必将能成功铺就出一条属于自己和乡亲们的脱贫路、幸福路。

（作者系万源市政协委员、万源市安科实业有限公司董事长）

我和我的帮扶户老王老唐

廖晓伟

老王、老唐（起先称她唐姐，后随着交往日深而改口）两口子，地道的大巴山农民，万源市大竹镇白杨溪村的贫困户，是单位分给我的帮扶对象。第一次入户相见，我按规定询问他们："你们还有哪些困难？"问时心里直打鼓（因为有的贫困户就很"耿直"地要这要那，甚至说还差一个老婆）。没想到老王却微笑着回答道："莫说没有啥子困难了，就是有，我们也不好意思开口了啊。现在党和政府对我们这么好，剩下的，我们个人可以克服了啊。"此语一出，立刻令我另眼相看。觉得他俩那笑眯眯的脸上充满了光辉，整个房间和我的内心霎时都被照亮。

老王、老唐已住进了异地搬迁的新房，平时就两口子在家，有个儿子在东莞打工。家庭主要收入是山里放养的36只羊子，还有种在坡地的魔芋。他们其实还是有困难的，那就是老王患有慢性支气管炎，一直未能根治。

那一天，单位给全村组织了一次义诊活动，免费检查身体。我一大早就电话通知了老王，两口子步行了个把小时，按时赶到。在现场，我注意到他们很守规则，排队候检，不急不闹，更难得的是，脸上始终都带着微笑。我把事先买好的治疗慢支的药品送给他，老王颇为感激，连声说道："这哪个要得嘛，你们也是靠工资吃饭啊！"我退在远处，想用手机偷偷地抓拍他们最真实的神态。结果被唐姐发现了，却很配合地竖起大拇指，两口子对着镜头开心地笑了。那表情毫不做作，十分真实，效果远远超过了很多"专业"的摆拍。

此后一来二去，入户上门的时候就多了，麻烦他们的事情也多：检查"两不愁三保障""六有一超"以及收入核算，各种填表、签字、合影。有些贫困户就不胜其烦，态度冷漠。但老王两口子始终都很配合，从不拒绝，认真对待。他们自己文化不高，就跑路请来放假回家的学生帮忙。老唐还说，其实你们帮扶干部也很辛苦的，这么关心我们，就像"娘屋人"。

两口子平时的分工也很分明：老王在山上放羊，充当羊司令，早出晚归；老唐则在家里做做家务，养养猪，干地头的一些小活。夫妻恩爱，琴瑟和谐，令人联想到天仙配里的歌词"你耕田来我织布，你担水来我浇园"，颇有中国农耕家庭的传统古风。我每次下乡入户，几乎都是女主人老唐在家。"留痕"拍照显得单一，我就提出去山上"羊司令"的地盘看看。但老唐却半开玩笑，用夸张的表情摇头道："哎！你莫去哦，远得很的，不好走，蛇也多哦！"我知道她这是托词，实际是怕我受累辛苦。但后来，终于还是带着我去了。

那是大山中的一座小山梁，刚下过雨，山路湿滑。老唐给我折了根树枝做拐杖，就好走多了。但果然有蛇，连续遇到两条，是乌梢蛇和青竹鞭。蛇们那扭曲的游动，令青草蜿蜒倒伏，我确实感到有些害怕。老唐察觉到了，抿嘴暗笑，就让我走在后面，她自己打头。我问："你就不怕遭蛇咬吗？"老唐哈哈一笑，得意地说道："它们不得咬我！"我好奇地问："为啥？"老唐又开玩笑地回答道："它们是我个人的山上

养的！认得到主人哦！"

原来那山梁上，就是老王、老唐原来的居住地，旧房已经拆毁，还剩一间破旧的残屋，现在成了那30多头羊子临时的"林中别墅"。我原想拍一些老王跟羊们一起的、人勤羊壮的图片，结果一只羊都看不到，全散在林中自由活动去了。老王在老火塘边生了火，可以取暖、烧水、热饭。他笑呵呵地说："其实我这个'羊司令'当得很清闲，真正的'司令'是头羊——羊儿们都听它的，早上由它带出去放，下午吃饱了又带回来，个人乖乖进圈呢！"我问："那下雨天呢？"老王说："也不要紧。但如果雨太大，扯闪打雷的话，就不让它们出圈，我去割些青草回来就是。"说到羊子的市价，两口子也很满意，包括销路，那是一点也不愁的。最后他们总结道：现在政策这么好，只要人不懒，那生活肯定没问题。老唐说："有些人就是不自觉，好吃懒做的，享受了政策还不晓得感恩，那就让人看不起呢。"老王也点着头，说："打个比方，就像我这些羊，前面有头羊带着，你个人总该跟着走嘛，对不对？"

我们下乡的伙食，原则上是自行解决。有一次，为了将就时间和路线，就决定在老王家里吃，其实这也是联络感情的一种方式，反正是要付费的。于是事先就电话联系了他，还反复叮嘱，所有的菜都是我们自带，不要再准备任何东西了，最多就烧个白菜汤之类。老王满口答应，还很高兴地表示热烈欢迎。到了他家一看，还好，厨房里果然没有动静。但等我们自己动手，把自带的菜摆上桌之后，老唐却像变戏法似的，竟提出来两只铁罐儿，里面是不知啥时就炖好的香喷喷的鸡和腊猪脚（这是巴山农家招待客人的最高规格、最巴适的佳肴）。原来他们事先就在房后的一个小屋里，把这些悄悄做好了的！于是大家都围着火炉，宾主同乐，大快朵颐，开怀畅饮。席间我们发现，老王竟然不吃肉！难道是在忍嘴待客？他们笑呵呵地解释说，这是因为老王对肉过敏，从小就不吃的，不是信佛不食，更不是忍嘴待客。我于是就开玩笑说："老王那你好划不来嘛，必须多喝点酒，才想得通！"老王也不推辞，笑着说："要得要得。你们吃肉，我喝酒。"我们中间有不喝酒的，老唐就返身，从里屋拿出六个核桃之类的拉罐，一人一个。那顿饭，是我们下乡以来吃得最香的一次。最后付钱给他们，两口子坚辞不受。双方展开了"掰腕大战"，最后以我们的失败而告终。汽车走了，老王和老唐还站在门口给我们挥手，笑容可掬，满面红光。

一晃快到年底了，单位组织了一次白杨溪全体村民参与的大型茶话会活动：宣讲政策，答题有奖。老王两口子都来了，而且很明显，都特意装扮了一下，焕然一新。尤其是老唐，一身紫红色的新衣（这种"妖艳"的色彩，在农村是极少见的），人都显得年轻了很多。

头一天，我把上次义诊时抓拍到的老王两口子笑脸点赞的图片去调色、放大、过塑，作为一种特殊礼物，现场送给了他们。因为我觉得，像老王、老唐这样的老乡们，已经超越了送米送油的物质化的浅表层次，而应该引进精神生活、精神情趣。

当我把照片高高举起，与老王合影时，灵感一动，居然凑了一首打油诗。同时也是为了活跃气氛，就摇头摆尾、故作夸张地现场朗诵起来："啊——！王从安呀唐昌菊，不吵不闹不扯皮；勤劳致富很努力，感恩党和习主席。啊——！唐昌菊呀王从安，不等不靠更不贪；肥猪满圈羊满山，小康快乐奔明天！"赢得一片掌声和笑声。老王则恭谨地捧着那张照片，笑呵呵地合不拢嘴。到答题有奖环节时，我注意到，老王一直老实巴交地坐在后排，笑呵呵地看着别人去答题领奖，自己却不好意思上场。我就拉着他主动出击，帮他"抢答"，于是也获得了奖品：一大袋洗涤剂和洗衣粉等清洁用品。老王也很高兴，一手拿着照片，一手拿着袋子，硬要我到他家去，吃了饭再走。

　　时隔不久，我们果然又在老王家里吃了一顿特殊的午饭——"刨汤肉"（刚宰杀的、最为新鲜的猪肉）。那天，冬日暖阳，云淡风轻，天气很好。我们照例入户，正赶上老王家宰杀年猪，就被他们热情留住。我拍下了好几张他们忙碌的图片，个个脸上都是喜气洋洋。跟上次一样，我的同事们在厨房自己动手，用才从猪身上割下的最鲜材质，和地里的蔬菜，荤的素的，很快就做好了一桌热气腾腾的刨汤肉。萝卜炖鲜猪排、蒜苗豆豉回锅肉……两口子还张罗着要炒份猪肝，被我们制止了。因为菜已实在太多，根本吃不了。桌上，老唐还不断地给我们每人隔空夹肉，碗里堆得冒尖尖。好像我们不是来帮扶他们的，而是一帮灾区来的。哈哈！给我夹菜时，老唐还理直气壮地笑着对邻居说道："我呀，就是要照顾好我的娘屋人哦！"

　　临别，老王说，有个东西要我们带进城给他的亲戚，是用塑料袋装着的一大块刚杀的、新鲜的猪肉。我们当然答应了。

　　车过土垭子，手机响了，是老王。他在电话里低声告诉我，那个所谓的亲戚，其实就是我！那块鲜猪肉（是猪臀部的"圆尾肉"，属上等），其实就是送给我的！因为怕我不收，就耍了这么个小聪明。我一时语塞，竟不知道该说什么了……

　　迎检过后，我们就去得相对少一些了。有天手机响了，一看是老王打来的。我心里暗暗嘀咕着，就问道："有啥事需要我帮忙吗？"老王说："没有事哦！"我问："那你打电话是……"老王停顿了一下，说："就是想问下，你们，就不来了吗？"语气似有些许失落和不舍。我赶紧安慰着他，脸却暗暗红了。话题转到收成，老王很高兴地告诉我，已经卖出了20多只羊，500多斤魔芋，将近3万元！而且，在村委会的帮助下，他家还准备种植一亩多的中药材玄参，每年收入也有3000多元。"感谢党哦，感谢你们！我们的日子，是会越来越好的哦，请你们放心！"老王说。那语气，十分恳切、真实。

我决定找个周末，私人再去一趟白杨溪，看看老王和老唐。我晓得，即便那时我已不是帮扶责任人，也仍是他们的"娘屋人"。

（作者系万源市作协主席、万源市第六届政协常委）

帮扶笔记本

熊本刚

"村里人畜饮水还存在困难，急需马上解决。"

"村里几处道路还未硬化，还要自己去多跑下项目资金。"

"贫困户张继平家里经济状况不太好，需要产业资金扶持，要努力尽快让他富起来。"

自2014年开展脱贫攻坚结对帮扶工作以来，我的帮扶笔记本里面记满了与帮扶工作息息相关的各种事情。"好记性不如烂笔头，把帮扶需求记在本子上，也是督促自己要把该做的事情都做好。"我觉得这是对自己工作最好的监督和检验。

刚来我们所帮扶联系的万源市长坝镇鱼窝池村贫困户家走访时，我就坐在他们门前的小板凳上，一聊就是几个小时，耐心地倾听他们诉说家里的生产状况、经济情况、生活困难，看病的经历，一直服用的药品、看病的费用……仔细记录他们的住房田地、山林资源、家庭结构、成员外出、个人信息、特殊需求……在因病致贫的精准贫困户李代木家中，一开始，老李显得拘谨胆小，甚至有些"敌视"情绪，我一直启发他、鼓励他、引导他发牢骚、倒苦水、说困难。慢慢地，他放下了戒备心理，侃侃而谈，我们还认成了"亲戚"。

为了加强与长坝镇鱼窝池村群众的感情联系，我要求市纪委、监委机关全体党员干部按照市委安排，每周务必到鱼窝池村走访慰问对口帮助联系户，勤走穷亲戚，要尽快成为精准贫困户的"本家人"。为了实现精准帮扶，逐户认真研究帮扶对象脱贫帮扶措施。尤其就新农合报销政策、慢性病签约、大病保险、医疗救助、政府兜底保障等健康扶贫政策的适应对象、报销政策、报销程序、报销方式等进行了重点熟悉了解，便于向群众解惑答疑。

2018年，患有高血脂、高血压、高血糖的李代木，因为病情严重，儿女都在江浙打工，怀着忐忑的心，试着给我打了个电话，请求帮忙联系个医院诊治疾病。我明显感觉到老李是顾虑重重，担心我不给他帮忙。了解情况后，我立即放下手头的工作，顾不上老家家里老父亲生病需要探望，连续三天日夜奔波帮忙跑医院、挂病号、联系医生，终于在万源市人民医院特殊门诊挂上了号，老李的病情得以好转后，我悬着的心才算放了下来。后来在走进鱼窝村李代木家时，他非要我们留下来吃饭。他说："我自己做梦也不会想到，你这个威严可畏的'理麻人'的市纪委（副）书记，能为我这个农村糟老头生病跑路，跟我们的娃娃有啥子区别嘛！"

善良淳朴的父老乡亲把我们当作他们的亲人一样看待，我们更需要真心把他们当作家人对待，有什么需要我们做的要及时去做，有什么需要我们去帮助的，我们要迅速去帮助，绝不允许忽悠怠慢。这也应该是习近平总书记提出的"人民至上"理念在基层的具体体现，更是基层干部的应有担当。

我的另一个帮扶户张继平不仅是因病致贫，家中房屋破旧，经济也比较拮据，一直娶不上媳妇。为激发老张的脱贫内生动力，帮助他摆脱贫困，我帮助其申请到危房改造和人居环境改善补助资金15000

元，通过整治改造，张继平的家人居环境有了初步的改善。"扶贫先扶志，脱贫先立勤"，我帮助购买种子农药，鼓励引导他把承包田地种满种尽，有了充裕的粮食，又帮助购买旧院黑鸡苗，扶持其发展家庭养殖旧院黑鸡。一年一年，他的生产生活面貌逐步焕然一新。

随着老张家的变化，2017年，张继平终于圆了自己的"娶妻梦"，但张继平妻子的户口一直不能迁进来，因为张继平妻子是外地户口，我先后到万源市公安局、张继平妻子老家详细了解其迁入的具体困难，帮忙完善迁入手续。在各方面的不懈努力下，张继平妻子如愿以偿把户口迁入了长坝镇鱼窝池村。

看着张继平一家的情况不断好转，大家很是欣慰，我觉得其实老张生产生活很有干劲，也有强烈的自主脱贫愿望，只不过是缺乏我们的鼓励和引导。相信在党的坚强领导下，通过继续努力，老张和其他精准贫困户的生活会越过越好。

"扶贫还要扶智。"这是我在基层工作多年的经验总结。李代木有一孙女李润在万源职高读书。为了帮助她接受良好的教育，阻断贫困代际传递，2018年我找到李润详细了解了相关情况，帮助其准备申报材料，协调长坝镇人民政府、万源市职高申请到"雨露计划"帮扶名额，每学期可拿到助学补助2500元，让教育扶贫资金解决贫困户子女"上学难"的问题，确保贫困学生在校安心读书，扶持其努力完成学业。

脱贫奔康，产业发展是关键。我协调有关部门单位，积极争取到市上"五小庭院经济"财政补贴资金15.7万元，用于鱼窝池村贫困户发展土鸡、生猪、肉牛养殖等产业。利用产业扶持金入股石材加工企业，年底分红达到1.8万元，实现集体经济收入人均8.65元。同时，为纾解贫困户产业发展资金困难，协调长坝镇发放产业扶持周转金20万元，支持贫困户获得小额信贷共计117万元。

张继平一家正是这些产业发展扶持政策的受益人，为帮助张继平一家脱贫，我帮助其申请到"五小庭院经济"财政补贴资金7800元，用于发展养殖业和种植业。经过引领帮带，张继平家今年喂养了一头母猪，产的小猪仔预计能卖2万多元，种植的水稻、玉米，收入可达到1万余元，喂养几十只家禽也能卖2000元。

"熊（副）书记你没有一点官架子，你是用真心真情帮扶我，不但改善了我的居住条件，还在产业发展上给予我无私帮助。我相信，我的生活会越来越好的，我要展劲尽快把贫困户的帽子真正摘掉，让更需要帮助的群众享受党的好政策……"每一次到对口联系的贫困户张继平家，老张反复这样对我说。

现在的鱼窝池村，51户贫困户通过易地扶贫搬迁住进了新房子，325户村民居住条件得到改善，近20公里的村组道路被打通，150余户分散人畜饮水问题得到解决，60亩辣椒产业喜获丰收。我的帮扶笔记本上类似于这样的各种各样的帮扶需求，正在一个接着一个地实现，一个接着一个地销号。我深切地感受到了伟大的中国共产党的英明决策，我们非常荣幸地赶上了脱贫攻坚工作的伟大时代，感到骄傲和自豪！

（作者系万源市纪委副书记、市监委副主任、市政协委员）

第一书记是我"爸"

口述/罗　伟　整理/叶　勇

　　"爸爸，醒来吧，爸爸吔——你莫走！我今后怎么办啰——"范小娟扑在刚离开人世还略带余温的父亲身上哭得撕心裂肺，死去活来。在场的十余名乡邻无一不伤心、流泪，当糜大妈用力"狠心"地把她与父亲尸体分开时，小娟瘫在地上战战兢兢、不省人事。这凄惨的一幕痛人心、催泪下。正在该组走村串户了解支柱产业、巩固脱贫攻坚成果情况的我闻讯后飞快地奔入现场，见此悲状后，我十分痛心，泪流满面，用颤抖的双手抱起了范小娟，亲切地安慰着她。此时，一颗"爱心"在我心中萌芽，用自己的心血脱贫攻坚，抚养"孤女儿"的坚定信念在我脑海中形成。

　　"喂，老廖，这几天村里事情多，我要驻村。与你商量一件事：我想收养一个'孤女儿'……""要得，要得。那我就马上去做准备哈。"我边走边与妻子通电话商量后，拖着沉重的步子回到村办公室。

　　我是一名共产党员，43岁，大专文化，是渠县"以工代赈办"干部，渠县政协委员、渠县工商联执委。2015年3月，受中共渠县县委的委派担任渠县清溪场镇玉印村第一书记，6年多来，我工作勤奋务实，勇于探索，大胆创新，在脱贫攻坚的路上奋力冲刺。2015年4月

16日，我在走访建档立卡贫困户时了解到该村5组11岁的范小娟其母亲生下她满月后便远走他乡，至今杳无音讯。父亲范德术常年在外打工，以供养独女儿范小娟读书、生活，维持生计。掌握范家贫困处境后，我心情十分难过，暗暗下定决心，一定要拯救这个破碎、贫困的家庭。随即，我便为范家申请了低保、助学金、大病医疗，并组织"两委"干部认捐认助，以解其燃眉之急。

贫困刚解，灾难又袭。2017年4月，范德术因患肺癌被迫从广东回到家中治病，懂事、孝顺的小娟也因此辍学在家护理父亲，料理家务，四处借钱为父亲治病，成为家中的"顶梁柱"。我知道此事后，便揣着2000元钱到其家中探望患者。范德术在床上拉着我的手边咳边吐血，苦苦哀求道："罗书记，小娟从小无母爱，我在世的时间可能也不长了，她命苦啊！今后，这个孤苦伶仃的孩子只有靠党、靠政府了，你一定要帮忙，让她好好念书，长大成人。"顿时，我含着眼泪向范德术郑重地点了点头。当天下午，我便安排部分党员及村民轮流看望、守护这位危重病人。接着，又发动党员、村民捐资捐物共折币近万元陆续送至范家。病魔狠心，癌症无情。2017年8月6日，51岁的范德术带着悲伤、带着遗憾、带着对女儿的不舍永远地离开了人世，便出现了本文开头的悲惨一幕。

协助范家处理完丧事后，8月10日，我和妻子把范小娟这位"孤女儿"从山里接回了渠县万兴广场百合苑这个"新家"。小娟所需的卧室、新衣服、书包、学习用具、日用品、生活用品……一应俱全。正值暑假，为消除小娟痛苦阴影，弥补她心灵创伤，次日，我就带着妻子、儿子、小娟去贵州旅游消夏5日。欣赏祖国的大好河山，见识大都市的繁华，开启小娟对美好生活的向往之窗。

新学期伊始，我牵着"女儿"的手，欢快地步入"渠江镇第三小学"，让她在五年级念书。但小娟因辍学一期，加上底子薄，在班上各科成绩都很差，我知道此情况后，便利用课余时间、双休日、寒暑假时常为她补习拼音、识字、造句、写日记，循序渐进、坚持不懈地扎实语文基本功；多位数乘除法、四则混合运算，步步深入、环环相扣扎牢数学知识。通过老师开"小灶"和同学们的帮助，以及我近一年的呕心沥血、艰辛付出及小娟的刻苦学习、顽强拼搏，她各科成绩突飞猛进，成为班上的"佼佼者"。

2018年11月6日，在当地政府、民政办、派出所、村"两委"干部及众村民的见证下，我与范小娟郑重地签订了《收养协议》，并办理了相关合法手续。可怜的"孤女儿"范小娟从此正式成为我的"女儿"。在家中，我们夫妻俩把小娟视为"珠宝"，儿子把小娟视为亲妹妹，天真活泼、睿智聪颖的小娟十分受"宠"；在学校，范小娟刻苦学习，努力锻炼身体。六年级下期，在学校"春运会"中，小娟参加100米短跑赛，荣获班级亚军，此事惹得同班城里一王姓"富贵"女生因获季军而产生嫉妒，在回家的路上该生当着众多同学的面讥讽道："跑得还是快，就是无爸爸。"敢于直面现实的小娟不依不饶地回答道：第一书记是我"爸"。回到家里，小娟把此事告诉了我以后，我便立即给班主任打电话反映了小娟受委屈的情况。在期中的"家长会"上，我当着老师、同学、学生家长的面，把范小娟从小遭受厄运及现在是我合法"女儿"的情况向大家做了介绍。并呼吁学校、社会向她倾注一份"爱"。顿时，懂事的小娟从座位上站起来，挽着我的手自豪地说："第一书记是我'爸'。"话音刚落，我们父女俩眼眶湿润，教室里响起了一阵雷鸣般的掌声……小娟顽强拼搏，奋力向上，全面发展，每期都被评为"三好学生"。我也因关爱"女儿"，关心学校被评为"优秀家长"。

小娟，我按照你爸爸临终嘱咐：

"一定让你好好学习，长大成人。"虽然"妈妈"没有收入，养育"哥哥"也要付出，但是只要你能考上大学、研究生……我就是砸锅卖铁也要供你完成学业，将来报效祖国。

——摘自罗伟日志

去年7月，范小娟因成绩优秀，顺利考入了众多家长、学生都十分向往的"渠县第三中学"。入学不久，小娟在练短跑时左脚扭伤，我和妻子轮流搀扶她上学、回家。"妈妈"在校细心守护，送她上厕所、进教室，并利用课余时间送至医院检查、换药。疗伤近半月里，小娟从未耽误一天学习。我和妻子这种关爱"女儿"的真情，受到师生及社会各界一致好评，高度赞扬。小娟珍惜时光，发奋读书，品学兼优，初一上学期又被评为"三好学生"。

每年春节、清明节期间，我和妻子都要带"女儿"回趟老家，让小娟在爸爸坟前祭拜，汇报当年的学习、生活、成长情况。小娟跪在爸爸坟前念着语文、数学、英语……各科等级。向父亲畅谈而今享受着家庭的"温暖"，赞扬家庭、学校、社会对她的关爱。并坚定地表示：要刻苦学习，为爸爸争气，将来成为社会精英，成为栋梁之材。同时，兴奋地告诉父亲：第一书记是我"爸"。

自2015年3月我任清溪场镇玉印村第一书记后，带领干部群众用血汗培育出生猪、肉牛、渔业、中药材"枳壳"四大支柱产业，助力贫困户增资增收，助力脱贫攻坚、助力村民奔小康。2016年12月，通过各级检查验收，玉印村终于摘掉了"省定贫困村"的帽子。比2018年12月渠县整体摘帽提前了两年。因成绩突出，功劳显赫，我2017年荣获"四川省万企帮万村"精准扶贫先进个人称号，2018年和2019年连续两年获渠县县委颁发的脱贫攻坚"奉献奖"。

　　我把"人生的价值在于奉献，共产党员就是群众的标杆"作为座右铭，工作中，一心为民着想，一心为民解忧，一心为民造福。玉印村提前摘掉"省定贫困村"的帽子，受到当地干群高度赞扬。同时，我在脱贫攻坚工作中收养"孤女儿"的异样扶贫的大爱美德也在百姓中传为佳话。而今，我的家庭正在过紧日子，我的"女儿"正在茁壮成长，我帮扶的玉印村民正在享受小康生活。

（口述者系渠县政协委员）

让帮扶成为一种习惯

肖友国

我今年57岁，是万源市文化体育和旅游局工会主席、万源市第六届政协委员。2015年经原旅游局党组研究，确定为原旅游局脱贫攻坚工作具体负责人，对赵塘镇木鱼村和茶园村开展脱贫帮扶工作。赵塘镇位于万源市中南部，距离市区56公里，平均海拔1192米，辖4个行政村4654人，全镇建档立卡贫困户273户707人。属典型的高寒山区，条件恶劣，无支柱产业，群众收入低，扶贫工作难度大，作为文体旅局（原旅游局）一名非领导副科级干部，在刚接触脱贫攻坚工作的时候，感觉无从下手。通过认真思考和实地走访调查，立足村情和贫困户实情，结合国家政策等，在基层岗位上用真情开展扶贫工作，落实好部门帮扶，践行坚决打赢脱贫攻坚战。

当好"传话筒"　发挥桥梁纽带作用

作为帮扶联系单位和乡镇的衔接人，我深入调查研究，积极协调沟通各种工作，确保了各项扶贫任务的完成。坚持每月到村研究解决当前工作，及时了解驻村工作队工作情况和工作困难，按时组织镇村和单位扶贫联席会议，为贫困村出谋划策，积极向相关单位进行汇报、争取资金、解决问题。组织慰问特困群众、争取困难补助、看望老人及儿童，累计发放慰问金5万余元，受益群众800人以上，开展调查研究和帮扶工作280天以上，我支付与帮扶工作有关的资金累计2万余元。同时也积极向上争取资金18万元，确保了各项扶贫工作的顺利推进。通过落实新建和硬化道路、住房、饮水、医疗、教育等扶贫政策，完成了266户688人脱贫和2个贫困村脱贫摘帽的硬任务。

当好"贴心人" 为群众办实事

2015年至今，我走遍了帮扶村所有贫困户，了解了乡、村、户基本情况，多次同干部群众交心谈心，收集问题，对特别困难的村民随时记在心头，帮助办理相关业务，得到了群众一致好评。2018年4月，得知木鱼村唐明的两个儿子有先天性精神病，一直想办残疾证，但因各种原因多年未办成，随后和第一书记入户了解情况，听取贫困户的想法，积极联系到达州市民康医院检查和鉴定。通过努力，顺利办理了精神类（二级）残疾证，并免费去查病、治病。解决了贫困户一直对病情的实际情况不清楚的心结。同时，积极为该贫困户争取低保和残疾补助每月450元，为这个弱势贫困家庭减轻了经济压力。我也先后为贫困户送上慰问品和慰问金2000余元。通过切实为贫困户提供帮助，当好贫困群众贴心人，切实解决了联系群众最后一公里问题，促进干群关心和谐。

当好"关爱者"　帮扶特殊困难户

贫困群众中存在部分大病、残疾的特殊困难户，其家庭负担沉重，导致迟迟摆脱不了贫困，也是扶贫工作中的难点。此类贫困户便成了我最关注的对象，竭尽全力为他们提供帮助，争取早日脱贫。

2016年底，我入户走访了解到赵塘乡茶园村村民杨明富全家6人，长女今年读三年级，次女和三女儿在读幼儿班，母亲已82岁，妻子高正树于2015年患淋巴癌，治疗期间耗尽家庭所有积蓄并四处借钱，加之家庭结构特殊，基本无收入来源，属于特别困难户。我积极倡议为高正树捐款，并向相关部门争取困难补助，为学生解决学习和生活上的燃眉之急，先后为他家送去现金6000余元和价值1500余元的生活用品。同时与镇、村干部多次研究，通过政策支撑，目前全家已纳入低保，通过政策兜底切实解决杨明富一家实际困难，为其提供基本生活保障。

2016年，我在走村入户中了解到赵塘镇木鱼村贫困户李光华（肢体残疾）孙女李春亮（孤儿）即将高考，家中情况极为特殊和困难。高考前夕，我将李春亮接到自己家中，安抚心理，购买生活用品，改善生活，帮助其减轻学习压力，增加高考信心，当年以优异成绩考上大学本科。之后，全家为其大学学费忧心不已，我为她积极奔走，争取到了四川省商会万源分会的资助学生资金，累计领取11000元；帮助落实孤儿生活费补助费用15000余元；我先后为其提供学习费用5000余元。至今也随时随地关心她的学习生活及家里情况，2017年专程去学校关心看望。

特殊困难家庭是社会的弱势群众，他们的生活应该得到社会的关注和关心。我帮助木鱼村贫困户寇洪安（精神类二级残疾）女儿寇怀柳完成大学学业，先后资助人民币6000余元，为其家里购买39寸电视机一台。真情帮助让贫困户他们看到了希望，增强了生活的信心，保障了脱贫不落一户一人的底线。

热心帮扶　继续前行

帮扶工作的过程中使我深刻体会到新时代的雷锋代表郭明义说的一句话：帮助他人等于快乐自己。我的帮扶付出得到身边同事和朋友的广泛点赞，同时也得到单位和组织的关注。2018年，我被市委、市政府授予"万源市扶残助残先进个人"荣誉称号；2017年、2018年考核为优秀公务员；2018年被原旅游局表彰为扶贫工作先进个人。

情系农村，情系困难群众，想群众之所想，急群众之所急。我将以更大的热忱继续开展帮扶工作，积极宣传和落实好国家各种扶贫政策，用实实在在的帮助，让贫困群众感受到党和国家的关怀和温暖。

（作者系万源市政协委员）

我与老周的结对帮扶故事

刘　波

　　2014年，万源市委、市政府决定市级各部门对口帮扶联系辖区内贫困村。市政协机关被安排对口帮扶大沙乡青龙嘴村，机关干部职工每人分配对口联系3至4户贫困户。

　　时任市政协教工委主任的我，被安排联系了4户贫困户。他们分别是该村三组周仕兵、杨开友、杨开发和青山村三组张从文。到2018年7月，因年龄原因我卸任市政协教工委主任，单位上便只安排我联系周仕兵一家了。

　　时间一晃就是七年，回想与联系户们，尤其是老周一家交往以来的点点滴滴，既艰辛，又温馨。

　　时年45岁的周仕兵，中等个子，身体单薄而清瘦，但为人朴实，虽在家务农，却勤俭持家。当时，其配偶因病去世，大女儿出嫁本乡，二女儿周曼18岁在外打工，儿子周泽宽7岁，就读于大沙小学二年级。一家4口人，有土坯房3间，虽吃穿不愁，但其文化素质不高，劳动技能和产业扶持经费缺乏；家庭收入不高，加上陈旧的土坯房没有纳入异地扶贫移民搬迁项目，日子还是过得紧巴巴的。

　　针对这一情况，我多次跑到老周家中，和他详细交谈，又先后与

市政协驻青龙嘴村第一书记黄懿川和雷恒商议，协助他制定帮扶措施，帮助其申请产业帮扶周转金8000元，购买并养殖一批猪、鸡和蜜蜂；帮助联系学校为其小儿子解决读书期间相关困难，并帮助其争取纳入异地扶贫移民搬迁项目。

和老周交往的过程中，最令我感动的有两件事。

第一件事情发生在2016年中秋前夕。这天，我和同事们深入大沙乡青龙嘴村各自的联系户宣传脱贫攻坚政策。考虑到中秋将至，我们便分头给联系户购买了一点月饼。到了家中，老周又是找烟，又是让座，他女儿还亲自为我们泡上一壶浓茶，一家人很是热情。说明来意、一番摆谈之后，我便将带来的月饼交到老周手中。老周极为感激，摸摸头，接过东西后，便跑到黑黢黢的寝室里面，东摸西找，拿出一玻璃罐自家蜂箱酿产的蜂蜜，颤颤巍巍地送到我的手上，还叮嘱我莫要嫌弃。我一时语塞：本来给老周送一点月饼，只是在中秋节前表达一份小小的心意，未曾想他却礼尚往来，在自己家庭经济环境并不宽裕的情况下，还送我一罐更加贵重的纯天然蜂蜜。老周这一善良淳朴的举动，真是令我十分感动。一番推辞，确实不便拒绝，最终我还是收下了礼物。考虑到老周最小的儿子还在读小学，第二次下乡到老周家时，我便给他儿子带去了篮球、笔记本、钢笔等一些更能表达我真诚心意的小小礼物。

这件事情让我充分体会到了农村老百姓"你敬我一尺，我敬你一丈"的朴素情怀。此后，我和老周彼此之间的心理距离更近了，相互关心帮助的兄弟情谊也更浓了。

第二件事情发生在2020年上半年。由于一家人的勤劳苦干，加上国家脱贫帮扶政策的实施到位，到2017年底，异地搬迁项目让老周一家建起了漂亮的小洋楼，连户水泥公路通到了新家的院坝子里面，水、电、通信、电视光纤信号连到了家里，产业帮扶周转金让老周养上了猪、鸡、蜜蜂以增加收入，在外务工的二女儿工资明显增多，在学校读书的小儿子也享受到了国家义务教育阶段各项帮扶优惠政策，老周一家终于摆脱贫困，走上了致富奔康的幸福之路。

由于疫情影响，今年上半年我们到联系村的时间相对少了一些。3月下旬的一天傍晚，老周给我打来电话，询问疫情期间我们一家是否安康，还关心市政协机关干部职工是否都还顺利。在相互摆谈聊天中，老周也反馈了自己家里的一些情况和需要我帮助他解决的问题。这些年来，由于贫困村基础设施建设的不断推进，一些涉及供水供电、道路延伸等建设项目持续增多。青龙嘴村也修建了不少连组到户的公路，建起了保障各户方便安全用水的蓄水工程。项目建设过程中，老周家田地被占用较多。建设初期，乡村两级组织也承诺了要给予占地老百姓一定的补偿，可一直没有给他们兑现到位。

通过和驻村第一书记、镇村干部联系，得知相关建设项目款尚未兑现到老百姓手中的主要原因是上级主管部门工程验收后的资金拨付还没有到位，加上乡镇行政区划和村级建制调整改革工作的推进，大沙由乡建镇，青龙嘴村与邻近的青山村合并，财务往来方面的工作暂缓实施。我将这一情况告知老周后，他表示完全理解，并保证一定负责给相关的老百姓做好解释说明，配合村上做好工作。我明白，只要细心做好群众的解疑释惑工作，通情达理的老百姓是不会胡搅蛮缠的，反过来他们还会为政府分忧解难。从这一点上看，老周的举动让我再一次折服。

经历了以上两件事情以后，我对老周的人品有了进一步的认识：一是重情，二是明理。能够通过脱贫攻坚帮扶活动结识重感情明事理的老周，是我的幸运。

　　七年来，每一次到老周家里去，看到的都是一天一天的可喜变化；每一次和老周交谈，都是令人平和与愉悦的。七年间，老周让我对农村劳作与季节的基本概况有了了解，教会了我真诚对待每一个值得你尊敬的人，也潜移默化增添了我在困难面前不屈不挠、勇于应对的信心和毅力。由此看来，尽管几年里经历了不少艰辛，我的收获满满，尤其是与老周成了没有血缘关系的亲戚。

　　　　　　　　　　　　　　　　（作者系万源市政协委员）

情到深处"帮"意浓

蒲智慧

七月流火，帮扶情深。在决战决胜脱贫攻坚这场硬仗中，身为万源市医保局局长、万源市第六届政协委员的我，"五年一剑、铁杵成针"，多维合成帮扶工作"设计师""领航员""排头兵"的"三重"影像，为决战决胜脱贫攻坚注入了巴山女汉子的洪荒力量。

高位谋划　当好全市帮扶"设计师"

"念兹在兹，唯此为大。"自万源市帮扶力量协调小组办公室组建那天起，时任市委组织部副部长的我，就扛起了协调全市帮扶力量的大旗，以"朝受命、夕饮冰，昼无为、夜难寐"的使命感，走访调研、发文明责、开会督促，直至把"建言献策"转化为市委、市政府的刚性文件、系列方案、情况通报……

岁月不居，时节如流。从帮扶力量"5+1"升级至"5+2"再拓展到"3+2"，从"千人集体宣誓"到现场"授旗领令"，从系列扶贫方案精准出炉到全力推动落实，从"十条奖惩措施"研制诞生到从严督导问责，我都一门心思"想帮扶、话帮扶、促帮扶、问帮扶"，促成全市基层党组织和各级帮扶干部自愿立下"愚公志",主动啃起"硬骨头",纷纷打出"组合拳",最终形成"合围势"!

"大年初一在开会,实有人口也不对,八旬老人需助学,帮扶措施不匹配,性别错乱唧门睡,帮扶结对不知谁……"随着脱贫攻坚的持续"升温",我也冠上了督导组长、帮扶队长、指导员、应急员等"头衔",一时成为全市"帮扶专家",后来我们索性把每次督导发现的问题编成打油诗,通过会议、督导及"帮扶"微信群等方式公开,让帮扶干部在品味"诗韵"中自觉"对号入座",举一反三查漏洞、想方设法补短板。

功夫不负有心人。我三年如一日专注"帮扶"事业,推动全市形成了"年初起步明责、年中冲刺促责、年末迎检验责"的闭合运行模式,创造了许多可圈可点的帮扶奇迹,"抓党建促脱贫攻坚"等50多条经验做法得到中央、省、市领导肯定性批示,催生出第一书记两上《人民日报》、"点赞"帮扶歌谣登上《新华每日电讯》、感恩春联"走进"全国"两会"等鲜活典范,全市170个贫困村"华丽转身",9万余贫困群众展露笑颜,整体"摘帽"的"时代逗号"圆满画上!

"每迎接或组织一次督查,人都要瘦几斤,头发都要掉一大把……"我回想起那一轮轮"阵容最大、入户最多、问责最严"的督查工作,至今还心有余悸,也正是帮扶工作的"倒逼"机制,才成就了一大批年轻干部历经淬炼,走上领导岗位,使全市年轻科级领导干部占比过半,位居达州各县(区)第一。

培树典范　当好样板帮扶"领航员"

"说一千、道一万,不如做个样板看着干。"时间追溯到2014年,市委组织部定点帮扶青花镇方家梁村。有着多年农村基层工作经验的我，萌发了把方家梁村创建为全市帮扶工作示范点的想法，为相互学习借鉴提供实践平台。

"一说就干、干就干好。"我忙上忙下"精对接"、忙前忙后"量民情"、忙里忙外"做协调"，带着驻村第一书记及全体组工干部，坚持帮到"点"抓基建、帮到"根"兴产业、帮到"心"转观念。从此，方家梁村的帮扶工作如火如荼，党群服务中心持续升级，集体经济从零起步，"十讲"教育随即跟进，党员群众勠力同心。如今，村道路、社道路、连户路犹如银色玉带，蜿蜒飘逸；新建、改造后的民居宛如繁星点点，幽雅亮丽；集中供水点等设施与红心猕猴桃等产业如美丽画图，相映成趣……

"每天不超过2两（酒）!"贫困户陈远国是远近闻名的"酒罐罐"，我结对帮扶后，每次都少不了一番"少想酒、多想钱、常想富"等激励引导，但"说归说、做归做、帮归帮"，逢年过节，我都要给他送一壶小作坊酒，并订下了饮酒"规矩"，至今陈远国还念念不忘。

榜样催生力量，先进引领前行。在我的统筹引领下，方家梁村崭露头角，很快成为全市帮扶工作"模板"，一跃跻进达州市脱贫攻坚"四好村""示范引领区"排行榜，市内及周边乡村纷纷组团前来"取经"。群众自编"一谢共产党、精准脱贫政策好，二谢共产党、结对帮扶办法妙"等"十谢党恩"歌谣，"外引内激、合力攻坚"等做法先后被《农民日报》《四川经济日报》等媒体宣传推介。

无独有偶，在青花镇柳花坪村也传颂着"'豆浆'十里相送"的故事。原来，方家梁村在2017年如期实现整村退出贫困村序列后，我就主动与柳花坪村贫困户寇继凡结成了帮扶对子。由于频繁走访、真情帮扶，让寇继凡家的小狗"豆浆"都对我"远迎近送"，群众风趣地

说，"入户狗不咬，见面还说笑，见屋知锅灶，家底全知晓！"

带头攻坚　当好接继帮扶"排头兵"

"你们觉得'磕不平'的就留给我！"2019年，市级部门改革期间，我被安排到市医保局任局长，帮扶工作也辗转到了黄钟镇向家河村，在局机关第一次帮扶工作会议上，我就传递出持续做好帮扶工作的强烈信号。

"'软硬'结合抓帮扶。"这是我多年帮扶工作的心得，经验告诉我们：基础设施虚了便是"硬伤"，关键在部门；产业发展弱了便是"重伤"，重点在乡村；群众精神差了便是"明伤"，根子在干部。医保局组建之初，财务账户上没有一分钱，我就厚着脸皮四处"化缘"，八方"讨口"，硬是东拼西凑15万元非项目资金，给向家河村群众送去了"见面礼"。

"丫头，我晓得你们忙，以后就莫光往这儿跑了。""我们也不该你'管'，每回来都买些吃喝……"因病致贫的一人户王菊修是我帮扶对象之一，这个院子还住着2名非贫困户老人。与王菊修"认亲"后，我就想方设法帮她们硬化了院坝，安装了太阳能路灯，每次送的"礼物"都户户有份，每次离开时，三位老人都恋恋不舍泪眼汪汪，送了一程又一程……

"基建产业加居住，最终要看满意度。"在我示范带动下，局机关干部职工撸起袖子、卷起裤腿、背起挎包、装起爱心，真情上演"同聊家常、同做饭菜、同搞卫生、同理家务、同转田坎、同算收支"等帮扶故事，不断培厚了群众真感情，提升了群众满意度。

"没有蒲局长想不出来的办法！"针对向家河村"主产水稻、大米滞销"的现实困局，我独具匠心，推出"以购代帮"办法，把本地大米做成"5斤装布袋米"，外印原产地、重量、价格、优质及联系电话等宣传标签，通过自购、外宣、联销等方式，一举破解了群众"主特产"销售难题。今年初，我又多方协调，为黄钟镇向家河村注入10万元产业发展资金，以不断提升结对帮扶实效、巩固脱贫攻坚成果。

"看似寻常最奇崛，成如容易却艰辛。"党的决战决胜脱贫攻坚工作要求我们：即使是女子弱小的身躯也要"挺起"帮扶的时代脊梁，即使是女子瘦小的脚步也要"演绎"帮扶的万里长征，即使是女子细小的双手仍要"弹奏"最美的帮扶旋律！我坚信，只要有党的坚强领导，有人民群众的积极参与，巴山女汉子一样能浓墨书写决战决胜脱贫攻坚的出彩"帮扶"人生！

（作者系万源市政协委员）

门坎坡村没有坎

周依春

一

"理事长，我是门坎坡村的蔡新娃，我在搞养殖业，想扩大规模，需要多贷点款。"接到蔡新娃的电话时，我刚送走一个重要客户。

"门坎坡？搞养殖？"我重复了一句。

"对，对，对，就是你们帮扶的那个村。"

老实说，这是我到开江县工作快一年来，接到的第一个农民打来的贷款电话，当然不能马虎大意。我当即回复说："待我抽时间来看看再说。"

不久，我专程来到门坎坡村。5月的太阳，把开江大地烤得滚烫。车子刚开到山下，便看到了一大片养殖基地。车上懂行的人告诉我，那就是门坎坡村的养殖基地。一位正露着胳膊干活的大嫂，抬头指着一幢灰不溜秋的青瓦房说："蔡新娃的家就在鱼塘那边。"

我们走近，见到十几个养殖塘连在一起，蛙鸣声声，好不热闹。

蔡新娃发现我们后，赤着脚从池塘边跑了过来。他身材瘦小，长着一张古铜色的脸。"请问你是？"他望了我一眼，问道。

"你是蔡新娃吧？"

"嗯呐。"他老实巴交地点了点头。

"你不是要贷款吗?"

"哦,原来你就是理事长,我实在没有办法才向你求助。"他兴奋地将带泥的双手在衣服上一抹,但伸出一半,又缩了回去。

"这就是你的养殖场?"

"是的。"蔡新娃一下兴奋起来,"我们正在给池塘打围,将原来的纱布网换成彩钢网,怕蛇和老鼠钻进池子吃青蛙,或者青蛙从池子里跳出去跑掉。去年,老鼠把纱布网咬破了,钻进来咬死了不少青蛙,也跑掉了不少。"

"你一共有多少个池子的青蛙呢?"

"16个。"

"一年能产多少青蛙,赚多少钱?"

"如果气候好,一年能产20多吨,按每吨4万元计算,能实现收入80万元,除去成本和人工工资等项开支,可赚30多万元。"

"小康不小康,关键看老乡;造血不造血,主要靠产业。这话说得不假啊!"我感叹着,向蔡新娃竖起了大拇指。"那你的投入一共是多少?"

"租用土地和山林,以及基础设施建设,总共花了接近200万元,这些钱,除了我的积蓄,多是从亲戚朋友处东拼西凑借来的。"蔡新娃毫不隐瞒。"我虽然在信用社贷款5万元,但贷款利息是按时还清了的。"他补充说。

看看这些养殖池,又望望山坡上那成片成片的桑树,我不由得佩服起眼前这个赤脚汉子来。他搞种养业,已形成了产业链,山坡上种植的桑葚可以卖钱,桑叶可以养蚕,蚕沙可以作为青蛙的饲料,这样可以降低养殖成本,增加收入。

"听说你把你儿子送到农学院学习去了?"

"对呀，光我学还不行，将来他要接我的班呢。不把技术学好，如何发展养殖业？"

我再次向他竖起了大拇指。

"你资金周转如果确实有困难，我们支持你，你直接去找信用社贷款就行了！"

蔡新娃连声说着谢谢。

二

"把爱播撒在希望的田野/让情奔涌成幸福的江河/巴山蜀水回荡农信的歌声/天府大地跳动青春的脉搏……"我要通了信用社王主任的电话，我和他的手机铃声都是《农村信用社社歌》。

"王主任，下午有空吗？我想到门坎坡村养殖基地去。"

"肯定有空，我在门坎坡村等你。"

我想去看看蔡新娃贷款的事落实没有。

到达门坎坡村后，当地信用社的王主任已等候在那里，我一下车，他便迎了过来，蔡新娃更是三步并作两步地跑过来，热情地和我握手。

蔡新娃指着池子里一群群无拘无束欢快畅游的蝌蚪，向我们讲起了青蛙的养殖周期，饵料投放，病虫害防治。我听着，频频点头，不住地夸赞他。

看完了整个养殖基地，我向蔡新娃招招手。"你资金周转有困难，向信用社申请贷款没有？"

"理事长，我找了王主任，他答应了，但客户经理却说，我已贷过5万元，不能再贷了。"

"哦？有这回事？"

从门坎坡村回来，想起蔡新娃贷款黄了的事，心里很不是滋味，一到办公室，我马上给他打电话。对方却告诉我说，因为在信用社办不到贷款，他已经在成都找一家银行的朋友，办了一张信用卡，小额资金短缺就用信用卡透支，周转十天半月又存上，方便又不用付利息，只是要经常跑。

从他的语气中，我听得出他欣喜中透出的无奈。

"精准扶贫不能落下一户一人，金融服务不能漏掉一家一户。"见县上各个部门的精准扶贫搞得有声有色，我暗自立下誓言，并决定在门坎坡村开展金融扶贫试点。

我们迅速组成试点工作小组，进驻门坎坡村，入户开展调查走访工作，将每家每户的基本情况、家庭经济状况、产业发展情况、信用程度等逐一登记造册，再根据所掌握的第一手信息资料，会同村组干部开展信用等级评定。

该村的836户常住户，在我们的努力下，都评出了各自的信用等级。根据信用等级，我们对每一家常住户，确定了不同的授信额度，并纳入电子信息系统管理，再把每户的授信额度与他们所持的蜀信卡捆绑，形成"卡贷通"产品。如此一来，农户可以在其授信额度内通过农信社的自助终端获取贷款，减少了贷款申请、调查、审批等诸多环节，大大方便了农户。

蔡新娃是在收到授信额度为20万元的"产业贷"后，打电话给我的，他兴奋地告诉我说："有了这款信贷产品，再也不用在省城和门坎坡村之间往返奔波了。"

我叮嘱他："一定要利用好这笔贷款，把产业做大做强。"

他爽快地答应了。

有一天，我正和信贷管理部的几个同事商讨信贷扶贫的相关事项，蔡新娃打来了电话，说他到县城来了，想找我说个事。

我怔了一下，让他到我的办公室来。

蔡新娃兴冲冲地赶到了我的办公室，第一句话就说要感谢我，说着从包里掏出一大袋晒干了的桑葚递过来。

"你带礼物干什么？"我没有收。

"理事长，你是不是看不起我们农二哥？"蔡新娃显然生气了，他气鼓鼓地将桑葚往桌上重重一搁。

"蔡新娃，你这样说就不对了。"

"我告诉你，自从有了产业贷款，我又扩大了桑葚种植，今年的收成特别好。不就是一袋桑葚嘛，就是我的一点心意。"见蔡新娃如此说，我只好收下。

蔡新娃坐下来，兴奋地说："我有一个更大的想法，要以公司加农户的形式，带动门坎坡村村民致富。在门坎坡村发展青蛙养殖300到500亩，扩大养殖范围，并为养殖户提供种苗和技术服务，等达到一定规模后，还要建加工厂，进行深加工，提高产品的附加值，打造产业链，让全村的老百姓都富起来。"

听了蔡新娃描绘的美好蓝图，我重重地握着他的手，说："需要我们提供什么帮助吗？"

"你是财神爷，下一步我们还要搞300亩，肯定要你们提供资金支持。"

"我们是农村信用合作联社，是广大农民的财神爷，你有心带动农民致富，我们肯定支持你！"

"那我就放心了，有了你们的支持，我们门坎坡村以后不会有过不去的坎了。"他抓过我的手，紧紧地握在手里。

（作者系开江县政协委员）

倾听他的故事

江小波

2014年初到万源市大沙镇青龙嘴村四组向清洪家时，我被两条狗给吓住了，一条白狗、一条灰狗追着我一路狂吠，保护着这家主人和它们的领地。

向清洪是一个50多岁的壮实巴山汉子，布满老茧的一双大手似乎是这里山里人的标配。然而最让人记忆深刻、一见难忘的是他脖子上的一个大肉瘤，像一个大馒头镶嵌在肩膀与脖颈之间，特别醒目和恐怖。作为他的帮扶人，我与他聊得最多的话题就是如何去把这个大肉瘤给处理掉。但向清洪总是满不在乎地说："都去找了几家医院检查，医生们说这个不能动，手术有危险，何况不影响干活，由它去吧！"

向清洪家有三间土坯房，略显破旧，墙体到处有裂缝，伙房更是被一个大火坑熏得黑乎乎的。靠边一间房后面，有一间卧室，收拾得干干净净，铺着崭新的被褥，但无人居住，向清洪逢人便说："这是给江同志留着的，随时来住就行了。"

在2019年一个冬日的夜晚，凉意甚浓，我对向清洪说："今天我就住这里吧，陪你聊聊天。"向清洪面露喜色，随即去屋外搬了一大捆柴火，都是特别熬火的树疙瘩。我和向清洪围着大火坑摆起了龙门阵。

可能是常年独居的缘故，开始的时候向清洪话不多，都是我问他答。当聊到去广西他女婿家玩的时候，他的话匣子一下子打开了，自豪地给我讲起了他的广西故事："江兄弟，我是一个闲不住的人，到了女婿家，也学着当地的农民去养了一头骡子，和他们一起专门给人拉货，那个钱挣得轻松啊，运气好一天能挣好几百。不高兴的时候用四川话骂他们，他们反正听不懂……"向清洪就这样给我聊着他人生中也许是最丰富多彩、最得意的那段经历，不知不觉到了半夜。屋外的两条狗也凑到了火坑旁，慵懒地伏在我俩的脚下，柴火灰飘了白狗、灰狗一身，若隐若现，都懒得抖一抖，我不时帮它们捋一下，可它们连看都不看我一眼。橘红色的火光映照在向清洪满是皱纹、略显油渍的脸上，老向不时露出了满足的笑意。第二天起床后，向清洪说："好兄弟，你下次来，我把那条白狗宰了，白狗大补……"其实我心里知道，他就想我陪他唠唠嗑、讲讲他的故事、聊聊他的人生。

（作者时任达州市政协委员，万源市政协常委、经委会主任）

这是我爱得深沉的土地

李忠琴

"为什么我的眼里常含泪水？因为我对这土地爱得深沉……"在与政协委员罗丹的交流中，这是我多次想到的诗句。

罗丹，1991年出生，毕业于重庆城市管理职业学院电子商务专业，现为政协渠县第十四届委员会委员、渠县聚发农业农民专业合作社副总经理。

在罗丹的故乡，她的创业大本营中的赛乐休闲山庄里，笔者对这位年轻的政协委员进行了采访。

回归故乡 致力脱贫攻坚

在采访之前了解到罗丹曾在达州运管处上班，但她却放弃"铁饭碗"，回到了家乡。谈到她为什么要放弃之前如此好的条件而要回到家乡，罗丹告诉我，只因她想回家，想在家乡把自己所学发挥出来，又处在创业之初，父亲需要她的帮助，便毅然决然辞去了这份"铁饭碗"工作，一心一意地回乡了。但在辞职时还是遭到了母亲和姑伯们的强烈反对，认为她一个女孩子，留在城里，工作稳定，又好找结婚对象，而回到农村，面朝黄土背朝天，没有什么好处，但她却坚定着要回去，且绝不回头。她的父亲就是专业合作社的负责人罗学顺，他已经在外闯荡了20多年，从一名普通杂工干到了年薪几十万的高管。因为当村支书的伯伯给父亲打电话，告诉他现在正在大力推进脱贫攻坚，希望父亲能回来帮携一下乡亲们。再加上落叶归根的想法，于是她父亲便回来了。

合作社成立时，罗丹还在重庆上大学，但她确是从一开始便参与了其中，而且从她父亲那里得知，回家创业主要是女儿罗丹给了他信心和决心。想到当初与父亲一起回乡时的情形，罗丹还是很惊讶。那时眼前的景象让她和父亲感到心痛：自己长大的地方，冷清得让人不敢相信，以前曾嬉笑打闹的地方早已不见踪影，一个大村子只剩老人和孩子，田地荒芜、杂草齐肩，连狗吠声都没有。但眼前的景象更加坚定了她与父亲回乡的决心，"决不能再让一块土地荒芜、一个乡亲受穷"。很快，她与父亲罗学顺一道筹措资金7000余万元，成立了聚发农业农民专业合作社，流转土地1500余亩，发展火龙果、柑橘采摘、柠檬精果林、青花椒、水产养殖、休闲园。合作社属于基地带动型，主要体现在农业种养基地、特色农产品基地、农业科技园区等，可以让游客采摘、品尝农产品，参与农业活动，购买农产品，到现在整个合作社形成了一个集种植、养殖和休闲娱乐于一体的综合基地。

"面前这一整片山地栽种的是青花椒树，左前边是红心火龙果，中间的几个水塘养的鱼和小龙虾，远处江边白色薄膜棚里种的蔬菜，后边山头种的是柠檬。"在休闲山庄的窗边，罗丹指着外边一一介绍。她说，刚回来时，人还是挺白净的，现在黑不溜秋的，不过从决定要回来的时候，便做好了要面临许多艰难困苦的打算，而且还有父母亲在身边，一切险阻都会迎刃而解的。她用乐观的心态感染着贫困户也感染了笔者。

艰难困苦　奔康之路不停

我有幸采访到了她的父亲罗学顺先生。父女俩回忆道，刚回乡时，乡亲们都不相信专业合作社能够发展成功。有个村民对他们说："祖孙三代都没有成的事情，不相信你能搞成功。"但这父女俩都很清楚自己要的是什么，他们创业的初衷并不是想要赚多少钱，而是想让自己出生和成长的地方不被人遗忘，不成为荒芜之地，想让那些外出务工年老回家的人有个舒适的生活环境，想让那些需要同时赚钱养家和照顾老人、小孩的人可以有个两全其美的选择，想让家乡的人在外乡人面前自豪地说起自己的家乡。"在家门口上班，每个月有800元到1300元的工资，加上享受的农保等政府补贴，脱贫是肯定没问题的，再说都不是啥子重活，就是栽树、锄草，罗丹和她父亲是石湾村土生土长的人，相信他们不会抛弃老乡嘞！"在合作社务工的农户说道。这时，父女俩也笑了。看到这满脸的笑容，笔者相信这个90后姑娘选择回乡创业是没错的。

但事情总不会都是一帆风顺的，脱贫奔康也不能一蹴而就。在专业合作社成立之初，无人敢把自家的土地流转给他们，都以为他们是在外赚了钱，回来搞着玩儿的。但她与父亲不气馁，一边打整自家流转的土地，一边一户户地上门，耐心给村民讲解，给他们算经济账，同时获得村"两委"的支持，光是村上开大会和自家开小会就达七次之多。在刚开始推整土地时无人帮忙，只有她父亲一人每日开着铲土机作业到凌晨。就是这样日复一日的实干劲儿和真诚劲儿打动了村民，大家才愿意将自家土地放心地流转给他们，并主动到基地工作。

　　2016年6月4日下午2点左右，一场狂风暴雨无情地袭来，将基地的办公房和保鲜房全部吹垮，甚至连企业的证照都被狂风吹到附近的鱼塘里去了，造成直接经济损失20余万元。合作社产业所在地石湾村并不是贫困村，对于贫困村有的各种优惠政策，她与父亲着实羡慕得紧，但奈何没办法，只能硬着头皮上，即使是现在，因不是贫困村而无法获得某些政策上的优惠，合作社正面临着资金不足的困境。当各种困难都摆在面前时，也曾数次落泪想要放弃，要一走了之，但现实摆在面前，想到合作社里的贫困户还指着这些产业来奔小康呢！一甩头，也就什么都不多想了，马上投入工作中去想办法解决问题，继续咬牙坚持着。

　　2016年8月13日，正是大热的时候，合作社举行了为期两天的"石湾首届火龙果采摘节"，现场销售火龙果6吨，第一批采摘的火龙果基本销售完毕。虽然成绩令人高兴，但在烈日下采摘火龙果的农户的汗水也浸湿了全身的衣裳。因火龙果"小气得很"，采摘时得非常细心，剪刀必须一刀剪下，不得犹豫，还得像对待婴儿般，轻拿轻放，否则很容易就伤害到果皮上那些外翻的脆弱的鳞片，所以得长时间饱受烈日的蒸烤，但即使汗流浃背，也无怨言，因为辛苦的付出带来的是满满的收获。毕竟，无论狂风暴雨，最终都会归于平静。同样，短暂的欣喜过后，这位年轻姑娘带着合作社的成员们，引领着贫困户们在脱贫攻坚的道路上继续前进着。

脱贫有效　始终不忘初心

　　谈到在脱贫攻坚中所做出的贡献，罗丹觉得自己并没有什么突出的，只是做了自己应该做的事情，若非要说什么贡献的话，那就是改变了家乡贫困户的思想观念。治贫先治愚、扶贫先扶智，从一开始的拒绝到慢慢接受，再到现在外村的都主动来务工，她用自己的实际行动潜移默化地影响了贫困户的思想观念，给他们带来了脱贫的信心。贫困户们都自觉地达成了主动脱贫、不想戴贫困户"帽子"的共识，大家都积极地到合作社上班，通过自己双手劳动来达到小康。目前，合作社有成员116户，其中农民成员占99%，主要是文崇镇石湾村人。在这些务工的人员中，贫困户有28人，其中，低保户有13人，五保户5人，他们都是长期在合作社工作，每月平均工资有1300元左右，还有很多短工，按照每日40元，到月底结算工资。采访中她收到了一个快递，是给合作社务工人员用的纱手套，以免他们在锄草时冻伤了手，在这里她与贫困户并不仅仅是雇佣者与被雇佣者的关系，而是相亲相爱的一家人，在重大节日时大家也会一起庆祝。除了创造了就业机会、促进了当地经济社会发展、实现了贫困户长期稳定增收外，合作社围绕火龙果为特色水果，实行统一种植、统一防病施肥、统一生产标注、统一收购加工、统一销售管理模式，辐射带动了农户1650户。"初生牛犊不怕虎"。在脱贫攻坚上，罗丹的意见建议也有其独特之处，自专业合作社成立以来，她一边实干一边思考，在实践中也摸索出了自己的一条脱贫奔康路。

罗丹认为，实现贫困人口的精准脱贫，一方面要在政策、技术、信息、培训等致富要素上有针对性地帮困扶贫，实行"硬扶贫"；另一方面更需要加强农村思想文化道德建设，强化社会主义核心价值观教育，通过强有力的思想引导、激发农民的内生动力，通过提升其综合素质，实行"软扶贫"，就是要将"输血式"扶贫转变为"造血式"扶贫。所以在脱贫攻坚中，不仅要注重财物等有形的东西，更要在精神层面进行帮扶，如果不从内向外进行扶贫，即使他们一时脱贫，以后

还会重返贫困。实际上，贫困并不可怕，真正可怕的是甘于贫困，只要脱贫的心不死，致富的办法和干劲肯定会有。

"在那遥远的山坡上，有一个美丽的小村庄，那是我出生的地方，那是我心中的天堂，那里有金色的土地，那里有童年的梦想……"她说，她喜欢故乡的味道，喜欢泥土的味道，等到合作社步入正轨，不需要那么操心的时候，她想继续去学习，好让自己的知识储备更多些，也能让自己的合作社走得更长远。

（作者系渠县政协委员）

产业帮扶

奉献爱心

践行企业责任　助力脱贫攻坚

郝　熠

自精准扶贫活动启动以来，我作为四川好一新集团有限公司的总经理，带领好一新集团有限公司积极响应党和国家号召，在达州市主动承担起扶贫攻坚的任务，紧紧围绕基础设施扶贫、产业开发扶贫、教育金融扶贫等，从贫困群众需求入手，从搭建平台入手，从群众小事、难事入手，着力解民忧、帮民困，扶贫济困。公司高管主动对口帮扶贫困户，帮助他们理清思路、找好路径，制定三年基本脱贫、两年巩固提升的帮扶思路。谱写了一首激昂奋进的脱贫攻坚乐曲，打开了一扇脱贫致富奔小康的幸福之门。

2015年起，好一新集团对万源市12个深度贫困村，宣汉县9个深度贫困村进行对口帮扶，签订了对口帮扶协议，特别是对万源市白果镇双叉河村进行了对口重点结对帮扶。

双叉河村位于白果镇西南方，辖区面积36平方公里，辖8个社，现有耕地面积3395亩（其中田346亩，地3049亩），户籍农业人口321户1155人，2013年底精准识别贫困人口99户445人，贫困发生率38.5%。为确保扶贫精准度，我带领集团高管或委派集团高管多次深入帮扶村中，走村串户、访贫问苦。与贫困村民促膝交谈，找穷根、

理思路、想对策，找准他们致贫原因，了解他们的期盼和要求，与乡村两级共商脱贫发展良策，做到既要"扶真贫"又要"真扶贫"。

公司自2015年结对帮扶深度贫困村开江县新街乡黄茅坪村6户建档立卡贫困户以来，到2018年11月，该6户贫困户已脱贫摘帽。为防返贫，公司不定期组织人员到该村贫困户家里了解"两不愁、三保障"落实情况及家庭其他方面情况，对国家的扶贫政策进行宣传，对各家庭的院落卫生等进行督导。2019年11月5日，再次给开江县新街乡黄茅坪村委会捐款22000元，用于该村为贫困户开凿饮用水井。

在我的积极推动下，公司已累计投入帮扶资金360余万元用于结对帮扶村道路改造、危房拆迁、人居环境改善、党群活动中心修缮等基础设施建设，为通川区防返贫扶持基金捐赠10万元。尤其是了解到通川区碑庙镇石笋村贫困户张应全和张应茂门前道路泥泞，进出房门十分困难，经济发展又无出路的情况后，郝成棋个人先后出资5万元帮助他们修通入户道路，出资2万元帮助他们建立圈舍养殖鸡、鸭、兔、生猪等。为通川区龙滩乡玉坪寨村9组贫困户张化道独居老人，资助1万元用于危房改造和治病。截至2018年底，好一新集团对口帮扶的21个深度贫困村已全部脱贫摘帽。

为促进"三区三州"特色优质农产品"走出大山、走进市场"，2019年4月3日，好一新集团受邀参加在京启动的"以产业扶贫、市场扶贫、消费扶贫、感情扶贫"为主题的"三区三州"贫困地区农产品产销对接专场活动。2019年7月18日至21日，好一新集团委派集团公司副总王静带领达州市复兴农副产品批发市场20余户农副产品商家到甘孜州开展对口扶贫采购活动，签订采购合同13430吨、22300万元，展开深度交流合作。

近年来，集团公司充分发挥公司下辖的达州市复兴农副产品批发市场（以下简称市场）销售辐射川渝陕结合部17县市区7000万人口和"好一新"这一四川省著名商标的品牌优势，为达川区双庙镇9个村的36个蔬菜基地、河市镇5个村的16个蔬菜基地、大堰乡3个村的8个蔬菜基地和通川区磐石镇1个村的2个蔬菜基地在市场免费设立了本地蔬菜销售区。组织市场蔬菜销售大户黄先国、李升会主动上门开展产销对接，解决了通川区江陵镇千宁村冬瓜滞销和龙滩乡东岳庙村香葱滞销难题。带领市场水果商家李茂生与渠县亚博柠檬种植农民专业合作社签订产销合作协议，在达州年销售渠县柠檬千万斤，助推了渠南乡8个村脱贫奔康。"基地加市场"带动了建档立卡贫困户的产业发展，增加了贫困户收入。公司还利用下辖的商贸运营市场和商城，为69户建档立卡贫困户提供市场管理工作岗位69个，为他们购买了社会保险，带动户均增收3万余元。

同时，为了加大市场培育，鼓励商家积极干事创业，响应国家"万众创业、大众创新"的号召，实现"市场兴旺、商家赚钱、客商得实惠"的经营发展目标，公司对入驻市场的商家给予了"免一年门市（库房）租金和物管费，并对大学生、失地农民、返乡农民工和退伍军人创业者发放创业补助资金3.5万元/户"的帮扶和福利政策，共发放创业补助资金15000多万元，减免门市和库房租金超1个亿。成功吸引了269名返乡农民工、退伍军人和大学生创业者入驻创业。

为了承担更多的社会责任，发扬大爱精神，解决贫困家庭适龄儿童、青少年上学难的问题。2014年，在我的积极倡导下，公司出资1000万元设立了"好一新·向阳助学基金"，激励贫困村品学兼优学生立志成才，帮助家庭经济特别困难的学生顺利完成学业。教育扶贫工作不仅减轻了贫困家庭的经济压力，圆了孩子的上学梦，更为贫困家庭托起了梦想，点燃了希望。

2014年起，对通川区磐石镇，开江县新街乡，达川区赵固镇、翠屏办杨柳社区，万源市白果镇双叉河村等地贫困学生进行对口帮扶：2014年帮扶学生78名资金45.5万元；2015年帮扶学生102名资金57.5万元；2016年帮扶学生98名资金48.5万元；2017年帮扶学生145名资金70.4万元；2018年帮扶学生216名资金89.4万元；2019年帮扶学生220名资金96.3万元；2020年帮扶学生208名资金84.7万元。已累计为通川区、达川区、开江县、万源市等达州市四县三区一市捐赠492.3万元，累计资助1067名贫困学生（含常年资助的49名贫困学生从小学到大学的学杂费、生活费、往返路费）。

2021年1月6日，达州市关心下一代工作委员会授予四川好一新集团有限公司"达州市关心下一代爱心企业"荣誉称号。

为加强农产品产销衔接，提高农产品流通效率，促进农民增收和乡村振兴，助力精准扶贫。2019年11月，好一新集团公司积极为宣汉县三墩乡大窝村投入帮扶资金5万元，同时签订了产销对接协议；为万源市白果镇双叉河村的集体经济中蜂蜜蜂产业包装升级和产销对接投入6万元，提供产业发展引导资金1万元，并同意用"好一新"的品牌进行包装和销售。

集团公司建立了"好一新"网电商平台，为达州153户种农副产品设立了形象展示馆，通过"互联网+"建立现代农业营销体系，目前已累计实现网上交易1630万元。2017年8月，公司中标正在实施的"通川区电子商务脱贫奔康示范县"项目，系四川省脱贫攻坚十大民生重大项目，总投资1535万元。该项目实施后，为贫困村的农产品销售拓宽了渠道，为产业扶贫插上了翅膀，为农民增收多了条出路，从根本上解决脱贫人口的重新返贫问题。

唯有大德才能成就大业，唯有感恩付出才能承载丰厚回报。好一新集团通过自己的努力一步步走到今天，始终没有忘记自己的身份，深知贫困群众的生活艰辛，始终以自己的方式力所能及地帮助着贫困群众。据统计，截至目前，好一新集团累计为全市退伍军人、下岗职工、大学生创业者和失地农民提供创业补助资金，为达州市"三区两县一市"35个乡镇37个村的精准扶贫投入帮扶资金及各项公益事业资助捐款累计上亿元。

"落其实者思其树，饮其流者怀其源。"好一新集团董事长郝成棋表示，公司会继续秉持"源于社会，回馈社会"的宗旨，履行企业社会责任，积极参与公益事业。

（作者系四川好一新集团公司总经理）

甘做扶贫路上一粒沙

蒋登帝

　　我是农民的儿子，后来返乡创业，建起了达州市帝源家庭农场，担任董事长。脱贫攻坚战役打响以来，我本着"做给农民看，带着农民干，帮着农民赚"的想法，围绕扶贫需扶智这一理念，在"大园区、小业主"模式的推动下，每年解决当地100余人再就业，并帮助村民实现种养殖业大幅增收，有力地解决贫困村群众产业发展难、产品销售难、增收致富难、稳定脱贫难等问题，努力以实际行动诠释了一名农工党员、市政协委员在脱贫攻坚战中的责任担当。

　　我的农场坐落于达川区赵家镇石垭村。2012年以前，当地村民基本上面临务农成本高收入低的问题，主要收入来自外出务工，南下打工便是大多数人的最佳出路。2012年，我跳出"农"门后又回到农村，在石垭村创办了达州第一家家庭农场。扎根基层，成为一个基层农业人，我想做的不仅仅是自己发家致富，更多的还是在一份社会责任的驱使下帮助家乡农民脱贫增收。在六年来的"农民"生活中，我经常走访贫困户，与他们交流沟通。本着"扶'智'更要扶'志'，靠天靠地不如靠自己"的理念，在思想和行动上对贫困户进行鼓励，让他们逐渐树立起战胜贫穷的信心。同时，我还走村串户深入了解各家各户情况，根据实际制定出了更多的有针对性的帮扶措施。如率先在农场创办农民夜校，在让村民学习科学理论的同时，还在农场示范园里每月不定期召集村民现场学习农业种植、养殖先进技术，为村民灌输科学种植的理念，重拾农村人对农业热爱的信心。其次，自2012年至今，我投入200多万元，在村内修建水库1座，修建便民公路15公里，改善基础设施条件，为农民生产生活提供了极大便利。源于实践、实干的建议，才能更接地气，更有质量，我将投身脱贫攻坚的一些思考，以党外人士建议、政协提案等方式，向党委政府反映社情民意、积极建言献策，提交的《以智力扶持引导农民脱贫奔康的建议》等得到广泛关注和积极落实。

授人以鱼不如授人以渔，扶贫不只是输血，更要造血，帮助贫困村民致富不只是简单的捐赠，更多的是给予致富的能力。我建立的帝源农场按照产业扶贫的思路，针对各家各户实际情况，展开了多种形式的帮扶措施。

为周边待业村民特别是贫困村民提供再就业机会。根据不同村民的具体能力及特长，分配到不同岗位，教授种植、养殖、服务等方面的专业知识，提高农民专业知识水平。据不完全统计，包括固定工人及临时工人在内，每年约100人在帝源农场实现再就业，每年每位农民工约增收2万元以上，大大地解决了周边5个村待业人员的就业问题。

实行"大园区、小业主"方针。农场作为牵头人，为村民修建农业生产设施，并提供产品种苗、技术支持指导、产品统一销售，农民负责生产种植，有力地解决了农民在生产中"设施、技术、销售"这三个最大的难题，最终使农场和农民真正形成一个有机整体，共生存共利益，农民不仅仅是劳动者，也是创业者，更是园区的业主之一，拥有了更多自主致富的能力。

随着农场生态与旅游多元化发展，吸引了越来越多的游客前来休闲游玩，日趋高涨的人流量有力地带动了当地经济发展。如农场为周边村民提供农副产品售卖点，周末或节假日村民都将自家蔬菜、鸡蛋、土鸡、水果等带来售卖，也为他们带来了一定收入。同时，农场也鼓励周边村民开设便民超市、旅游民宿、农家乐等项目与农场项目契合携行，通过多元组合的乡村项目吸引游客消费，带动增收。目前，农场周边已有村民开设便民超市一家、民宿一家、农家乐一家，收益可观。在这一系列的帮扶措施实施下，村民脱贫增收初见成效。

常言不忘初心，而我的初心，就是带领群众脱贫致富，共享改革开放成果。作为一名基层的农工党员、政协委员，投身、助力脱贫攻坚是政治责任；而作为曾经的、更是永远的"农民"，我正努力带动身边群众，不等、不靠、不要，在党和政府的好政策下，一步一个脚印，用自己的双手去奋斗，用自己的技术去拼搏，逐渐脱贫，走向致富道路，但这一切都还远未实现我心中的目标。在我看来，脱贫攻坚是一项长期而艰巨的任务，在走向可持续致富的道路上，任重而道远，需要全社会的共同参与，齐心协力撸起袖子加油干。路漫漫其修远兮，我愿做扶贫路上一粒沙，这是我的信念，也是我一直努力的方向。

（作者系达州市帝源家庭农场董事长）

富而思源　倾情扶贫

郑启容

我是郑启容。2012年，我作为一名普通的返乡农民工，在石梯镇兴办了达川区皓顺养殖场，坚持创新、脚踏实地地拼搏，成就了我的创业梦想。自2016年以来，我凭借生猪养殖的产业优势，积极参与省政协开展的"我为扶贫攻坚做件事"活动，倾情扶贫，回报社会，为助推扶贫攻坚工作做出积极贡献。现任达州市达川区皓顺养殖场场长、达州市达川区红太阳养殖专业合作社理事长、达州市达川区石梯镇阳光养猪协会会长、达州市达川区第二届政协委员。

怎么在发展企业的同时帮扶更多的贫困村民，成为我首先着力思考的问题。为了有针对性地做好扶贫工作，我经常深入石梯镇及周边乡镇山村院落，步行在田间地头进行调研摸底，我创业基地相邻的村组都留下了我的足迹和汗水。通过调研，掌握了第一手资料，我对当时农村基本情况、经济发展现状等有了很深刻的认识，了解了贫困户脱贫愿望，找准了致贫原因和制约农村经济发展的主要矛盾，积极参与撰写了关于扶贫工作方面的提案5份，为政府开展扶贫攻坚工作政策决策提供了有益依据。

我勤勤恳恳，努力创业，为达到"扶持一个项目、带动一个产业、发展一片经济、脱贫一方百姓"创造了良好的条件。2012年，在市委、市政府关于巴河流域2011年"9·18"后的"灾后重建"的号召下，我毅然离开城市优越的生活，奔赴受灾严重的石梯镇，配合镇党委、镇政府，在石梯镇桥东村开展非地震灾区灾后重建示范区综合体畜牧产业配套建设，兴办了达川区皓顺养殖场，创建了花园式标准化生猪养殖基地。基地占地24亩，总投入600余万元，建有5500余平方米的圈舍，现常年存栏生猪1500余头，年出栏生猪6000头以上，年产值1000余万元，年实现利润100万余元，同时常年为贫困村民提供就业岗位40多个。

我针对农村贫困户普遍存在生活困难、劳动力缺乏、资金极度欠缺、无技术特长的实际困难和问题，积极创新思路开展助推扶贫攻坚工作。

建设扶贫阵营。古人云："授人以鱼，莫若授人以渔。"在扶贫帮困的路上，我认为"扶贫先要扶智""输血更要造血"，如果让贫困户学得一技之长，不但贫困户自己可以致富脱贫，还可以带动一大批贫困户勤劳致富。于是，我利用产业优势以助贫困户增收为宗旨，以"基地+合作社+贫困户"模式，积极引导贫困农户加入达州市达川区红太阳养殖专业合作社，想方设法以开展基地观摩、技术赶场、院坝培训、专家指导、参观学习、经验交流、召开现场会等多种活动形式，让贫困户学习掌握生猪饲养技术。特别是在2019年非洲猪瘟疫情泛滥以来，我及时建立微信群，通过微信平台给相应养殖户和贫困农户通报疫情防控形式、指导防控技术，通过努力确保了所指导的养殖户和贫困农户养殖的生猪清净无疫。目前，养殖专业合作社成员达到205户，贫困农户入社88户，占42.9%，辐射带动周边3个县（区）、22个乡（镇）、180个村。

　　创新扶贫方式。积极践行市委、市政府"助推扶贫攻坚二十条措施",指导无劳动力的 10 户贫困户把在银行的无息贷款入股专业合作社,实行每年户平 3600 元的固定分红。如今贫困户感慨道,"即使我们没有劳动力,每年也能得到稳定的分红收入,现在我们的基本生活有了保障,感谢政协委员为我们解决了生活难题"。贫困户会养猪,但面临疫情和市场行情风险大的问题,我则打一套组合拳,带着贫困户干,帮着贫困户赚。我常年巡回贫困户,亲临指导疾病预防、诊治达 300 余次,切实解决贫困户养好猪的问题。同时,采取"与贫困户签订生猪供种和回收合同"的方式,以每公斤高于本地市价 0.2 元标准收购,切实解决了贫困户养殖的后顾之忧。以市场需求为导向,在着力打造安全、优质、无公害畜产品上下功夫,2015 年创立了"巴山郑幺妹腊肉(香肠)"地方特色品牌,年年实施订单养殖,将贫困户养殖的优质安全猪肉土法熏制加工成口感好、安全放心的腊肉和香肠,有效延伸了贫困户生猪生产产业链,实实在在地为贫困户提高生猪养殖效益,增强了贫困户养殖示范带动力,有效助推了扶贫攻坚工作。

　　随着企业的发展壮大,致富思源,赤子丹心济贫弱。我时时不忘感恩,身体力行地参与扶贫攻坚社会活动。

　　2016 年新年伊始,在石桥镇一个残疾人家调研时,发现其连温饱都成问题,我的心顿时被震撼了。我决心一定要竭尽全力帮助这个贫困残疾人家摆脱贫困。第二天,我就将一头价值 1000 元的仔猪和 800元的饲料送到这个贫困残疾人家,让其饲养增收。

　　在阳光明媚、春暖花开的 2016 年 3 月,同学向我介绍了通川区安云乡二龙村一些贫困户的脱贫致富愿望后,我立即同其村委会一道,在一农户小院里召开现场扶贫会,和村民们共同探讨如何以产业脱贫致富,并为 15 户贫困户送去 30 头仔猪,这些贫困户当年户均增收 1200 元。

2017年3月,我从石梯镇镇政府了解到场周村因多病致贫的62岁贫困户潘广通,房屋破漏,衣食无依,家庭极度贫寒,于是决定将其作为重点帮扶对象,并为其送去一头价值3000元的母猪,为这家贫困户提供了脱贫致富源。

2018年,在道让乡剪刀峡村调研时,我听了驻村第一书记周光兵的情况介绍,随后就为该村贫困户送去仔猪15头,帮助增收脱贫。

同时,我坚持每年为石梯镇桥东村贫困户送仔猪20头,一户2头,成为他们产业脱贫的坚实基础。

几年来,我重点在石梯镇、赵固乡以"生猪饲养技术培训指导、提供优良仔猪示范养殖"等多种方式,发展生猪养殖增收脱贫,为88户贫困户送仔猪168头,捐物捐款折合人民币15万余元,帮助困难户解决仔猪和饲料难题,与贫困户从最初的相互拘束客气,到后来成为无话不谈的"亲戚"。我了解困难群众的贫困的原因和苦处,也在不断总结如何培育贫困户的自我发展能力的经验方法,这些"穷亲戚们"已经"富"起来。我帮扶了贫困户,为扶贫攻坚做了件事,我心里有说不出的高兴。

现在,党中央全面推进乡村振兴战略,我决心将借助政协这个广阔的平台,进一步开阔自己的视野,在做大做强企业的同时,继续发扬"我为脱贫攻坚做件事"的无私奉献精神,为助推乡村振兴工作贡献力量。

(作者系达州市达川区皓顺养殖场场长)

写好"农"字大文章

何韦均

　　我一直有个梦想，希望在土里刨出金娃娃。为此，下足了苦功夫，通过多年摸爬滚打，如今，创办的君达种植专业合作社已是风生水起，成为带领当地农民增收致富的"绿色银行"。

　　生于1988年的我，虽然从小就生活在城市里，享受着都市繁华安逸的生活，但却不安于现状，好奋斗、勇尝试、敢挑战。在大学时期，我利用暑假等假日时间做过服务员、车子及房地产销售人员，甚至还进剧组跑过龙套，经受了种种历练，积累了丰富的工作经验。

　　2012年毕业后，我南下广东中山，主动向一家上市公司提交就职申请，并得到认可开启了自己的职业生涯。因为自己吃苦耐劳，虚心好学，在短时间内就从业务员做到了销售经理。扎实的专业理论知识、敢闯敢试的勇气、丰富的从业经历以及内心的执着追求，织就了我的创业梦想。下定决心之后，毅然辞掉月薪数万的工作，回到故乡，开始了创业之路。先后做过产品代理商、开过火锅店，又从事过修路建桥、土地整理、安全防护等各种工程建设。随着人生经历和职业经验的不断丰富，逐渐有了实现梦想的能力和资本，那就是把曾经的农业梦想付诸实践。

为让自己更好地解决农业项目的运作，我进行了深入的学习考察。全国各地的知名农业项目基地，留下了一年四季探寻的足迹；川农大现代农业技术专业的讲堂，记载了我学习深造的身影。2016年，在家人的全力支持下，我担任达州市君达种植专业合作社理事长，整合了四川省兰海溪农业旅游发展有限公司、达州市宏达农业科技发展有限责任公司、达州市君达种植专业合作社、达州市大森林养殖专业合作社等相关资源，在达川区木子乡辖区内创办了兰海溪生态农业园。

始终秉承经济发展与生态宜居共同促进理念，坚持"自己动手才是带头增收的最好动力"的工作态度，常以"每逢六七月，皮掉四五层"来勉励自己在艰苦环境中同农民一道工作，不怕苦不怕累，不贪图安逸，不论晴雨暑冬，都会在兰海溪农业生态园的田间地头发现我劳作的身影，就这样一步一个脚印，使得兰海溪生态农业园健康成长。

如今的兰海溪生态农业园，先后流转了木头乡四岩村、杨柳村、真山村1200余亩土地，投入资金5000余万元，园内优质果树品种达20余种，存栏生猪4000头，建有100余亩循环流水生态鱼塘。漫步兰海溪生态农业园中，景色宜人，环境和美，焕发出蓬勃向上的生机与活力！

一人富了不算富，带动全村共同富裕，这是我做人的朴素情怀。2016年9月，我成了一名光荣的政协委员。我积极响应区政协号召，自觉将"企业帮村、委员帮户"当作天职，紧密团结群众，积极发挥企业、个人的带头作用，根据当地贫困实际，前后投入个人资金500多万元用于基础设施建设和产业发展。同时，依托兰海溪和专合社，长年为贫困群众提供100多个固定岗位和500多个流动岗位，让园区周边包括126户贫困户在内的300多位村民实现户均年增收1.83万元，人均年增收0.59万元。当地贫困群众足不出村，就能实现居家就业，增加家庭收入。

在工作之余，我积极走门串户，与当地村民心手相连，积极关心关注农村因病致贫、无劳动力的贫困户家庭生活情况。逢年过节，我总会带上粮、油、盐、现金等生活必需品去帮助贫困户及周边的弱势群众，在关怀慰问中带去节日的祝福。据不完全统计，自担任政协委员以来，以个人名义捐赠物资给村民5万余元。在我与乡亲们的心血与汗水共同浇灌下，昔日闭塞落后的小山村，如今已瓜果飘香、桃红柳绿、风景如画、民富村美。我常对别人说："这才只是开始，未来生活将越来越幸福！"

岁月无痕，人心有碑。以自己的实际行动积极为社会做贡献，赢得了群众的好评和社会的认可。自担任政协委员以来，我非常珍惜这份荣誉，也深知有位必有为，始终严格要求自己，积极履行政协委员职责。不论是在工作中还是在生活中，始终为树立好政协委员良好形象而高标准要求自己，认真学习政协有关知识，按时参加政协组织的会议及调研视察活动，严格遵守政协章程和规章制度。区政协二届一次会议以来，先后撰写了《关于推进农业产业发展的建议》《关于大力发展乡村生态旅游，助力脱贫攻坚的提案》《关于达川区脱贫攻坚工作中的难点及对策建议》等提案，积极为当地产业发展、关注弱势群体鼓与呼，用自己的实际行动彰显出了政协委员的独特魅力，让群众感受到了政协委员的履职担当，也书写出了"农"字绚丽华章。

（作者系达州市达川区君达养殖专业合作社理事长）

离不开的故土情

吴春力

"我是从平滩村走出来的，那里的土地养育了我，我不过做了自己该做的事。"当几次联系蒲钰中被婉拒，最后终于愿意接受笔者采访，他如是说。

蒲钰中是渠县政协第十三、十四届政协委员，面对着眼前这位神情腼腆且带一份儒雅的川东汉子，笔者还知道他的另外几个身份：达州市美容美发行业协会常务副会长、渠县美容美发行业商会会长、渠县天姿连锁总经理、渠县天姿职业培训学校校长、"诚信经营好市民"。

众多的头衔和光环，并没有拉远他与笔者的距离，当谈到如何参与扶贫攻坚，特别是提到与他有千丝万缕牵连的那方土地时，蒲钰中打开了话匣子。

我是农民的儿子 我深爱脚下这片土地

时光回溯到2014年，在一次回乡探亲中，蒲钰中向当时的平滩村支书提到过如何改变家乡的贫穷面貌，村支书深深叹了一口气，摇着头对蒲钰中说，要想拔掉平滩村的穷根子，那是根本不可能的！村支书毫不思索的否定让蒲钰中陷入深深的迷茫。他望着眼前这个熟悉的乡村，这片属于宕乡渠水的土地，山也绿、水也清，物产也不少，父老乡亲为什么就换不来钱呢？为什么拔不掉祖祖辈辈沿袭下来的"穷根"呢？从小在贫瘠环境里长大的蒲钰中，困境中养成了逆流而上不服输的性格，不轻易向命运低头，是他的座右铭。想当年，从少年时就离开家乡求学，学成后又远赴广东创业，历经种种艰难从不放弃。2011年再回到渠县创办天姿美容美发连锁店，赤手空拳打出属于自己的天下，就是希望自己有实力帮助家乡父老乡亲过上好日子，因为他深爱脚下的这片土地，他舍不去伴他成长的乡情乡音。因此，无论工作多繁忙，蒲钰中总是抽出时间，回到平滩村力所能及地帮助那些需要帮助的人。每次为乡亲们做一件事，听到熟悉的笑语声，他就会倍感温暖，内心全是满满的阳光。蒲钰中也清晰明白，一人之力微薄，但他愿意去尝试。因为他是农民的儿子。

为乡村修路　化解两组恩怨获村民支持

平滩村辖区面积3.8平方公里，全村所辖5个村民小组，有建卡贫困户166户。村民以种植业为主，牲畜或农产品逢集日会拿去换点油盐酱醋钱，但因交通不便，基础设施薄弱，平时出入相当不方便。特别是收割季节，收割机开不进来，成担的稻谷运出更是困难，所以即便是赶集这样的小事对于村民来说，也不是件很容易的事。传统滞后的农耕，闭塞落后的交通，使这里的村民世代过着脸朝黄土背朝天的日子，贫穷就像一个巨大的"愁"字挂在村民脸上。如何让乡亲早点摆脱贫穷？如何改变家乡的断头路？一直是蒲钰中苦苦思考的问题。要致富，先修路。对！说干就干，蒲钰中终于找到一根引线，于2014年

开始付诸行动。

首先是资金问题，这可不是一笔小数目，蒲钰中四处奔波，通过向上级相关部门汇报和协调，于当年终于争取得了100万扶贫资金，为平滩村七组和八组之间修了2.5公里的组道，解决了该村七组、八组不通水泥路的历史，得到了当地老百姓及村委的一致好评。

七组和八组公路的顺利连通，给了蒲钰中很大的鼓舞。2015年，蒲钰中就迫不及待规划起三组、五组的组道。然而他很清楚，修三组、五组这段路，说起容易，做起太难，原因在于以前的村委工作协调不当，造成三组和五组之间两代人不睦，遇到工作互不支持，一条连接三个组的大道无法修通，久而久之，成了一个历史遗留问题。这事，蒲钰中能行吗？

他告诉笔者，开始肯定有过犹豫，因为这绝不是单纯筹集资金那么简单。无数次，他徘徊在这条小路上，看着道路两旁随风摇曳的青苗，丰收季节时，因收割机开不进来，家家户户肩挑背磨，往返无数来回，将成熟的庄稼挑回自家院里。这条洒满汗水的队伍中，有他的父母，更多的是他的父老乡亲，1000多亩庄稼的收成，一镰一镰地割，一担一担地挑，用最原始的方式，就这样在历史的影响中走到了今天。想到这里，从不肯轻易服输的蒲钰中暗暗下定决心，这块硬骨头一定要啃下来！

蒲钰中最苦恼的是村民的不理解不支持。当他要自筹10万元资金修二组、三组、五组水泥路的消息一传出，立即得到村委大力支持，但入院进户做工作时，果不出他所预料，很多村民不但不理解和不支持，还有相当一部分村民对修路一事进行阻挠。原因在于修路经过的地方会占用一些村民的田地。所幸乡村的农民大多淳朴，通过村委大力协调和蒲钰中多次上门做工作，取得了绝大多数村民的支持。只有两三户"钉子户"协调无果，蒲钰中另外分别给予了2000至3000元的补偿金。到目前为止，连接二组、三组、五组共1.5公里的组路已全部完成，预计2017年全部完成硬化，到时将告别这三个组历史以来的断头路。

谈到这里时，蒲钰中轻轻吁了一口气。

开办培训学校　施援手帮助贫寒生学技谋生

蒲钰中告诉笔者，他生活在贫寒的农家，父母穷其一生不过为求温饱，平滩村的每家每户也大抵如此。进入新世纪后，这种情况随着市场经济结构的变化而变化，各行各业如雨后春笋蓬勃发展，巨大变化显而易见。农民工正逐渐走进新时代，经济的发展以及教育的普及，使新一代农民对新生事物的渴求和幸福生活的向往早已跳出传统的固定思维，更是逾越了祖辈狭隘的循规蹈矩，他们所追求的不只是父辈所求的填饱肚子，更多的是生活的品质。从某种精神意义上讲，这和党的十八大以来党中央、国务院空前重视扶贫开发工作，将扶贫攻坚提升到一个新的战略高度"不谋而合"。

这是让人欣喜的变化。当全县精准扶贫风头正劲，很多的政协委员在扶贫攻坚战中有所作为时，早在2007年，蒲钰中就为广大的农家子弟创办了"天姿职业技术培训学校"，培训内容有美发美容、厨师、电脑、礼仪、种植、养殖等多个专业技术培训课程，半年一个学期。"授之以鱼，不如授之以渔"，单纯地直接给予，只能暂时缓解困难，并非长远良策，蒲钰中深刻意识到这一点。他创办的这所职业技能学校，不但迎合了农村子弟特别是贫寒家庭出来的农村孩子谋生的首选行业这一趋势，同时为满足社会行业人员正常输送提供了资源。这时，很多人找上门来了，有亲戚朋友，有熟人同事，几乎都是来自寒门的农村子弟。他们渴望掌握一项技能用以谋生，渴望走出乡村走出贫困不再重复父辈的生活，但他们穷得除了自己，几乎什么都没有。每一个一无所有的学生走进这个培训班时，恻隐之心都会驱使蒲钰中去尽心帮助。

架不住笔者再三追问，他告诉我，截至发稿前，从开办培训班以来，他免费接纳了500余名农家子弟来校学习技能，除了义务传授技术，还一应解决学员食宿等问题，使这些来自偏远乡村家境极度贫困的孩子能顺利掌握一门技术，走进了城市，改变了命运。

随着职业技术学校的日渐成熟，和脱贫攻坚工作的进一步深入，蒲钰中还积极参与县政协组织的各项活动，将"我为扶贫攻坚做件事"活动作为一名老政协委员履职的重心工作，率领职业技术学校的老师送技术下乡，到土溪镇广禄村等乡村为当地群众传授种、养殖业等技术，受到村民们的一致好评。

送棉衣下乡　给留守孩子一份爱的温暖

"我记得你还给渠县土溪镇广禄村村小的孩子们送了一批棉衣，那是怎么回事呢？"面对笔者的提问，蒲钰中沉吟了一会，告诉了缘由。

那是在一次送技术下乡活动中，去给土溪镇广禄村的村民们讲授种、养殖业技术时，无意中看到村小的学生们在寒风中衣着单薄，有的竟冷得瑟瑟发抖，特别是年幼的孩子，鼻尖冻得通红，模样令人生怜。回渠城后，蒲钰中顾不得回家，立即组织人员购回60余套棉衣。当时不明情况的妻子惊讶地问他买这么多儿童棉衣干什么，但马上释然。知他莫如妻，这么多年了，她太了解蒲钰中的心思，也正是妻子无私的支持，才坚定了他一直乐于帮助他人的信心和决心。当年的12月7日，在县政协工商联界委员开展的委员"六个一"活动中，蒲钰中给土溪镇广禄村小的留守学生送去了之前准备的60余套棉衣。我看到了这样一幅照片，冬日阳光下，20多张小脸蛋开心地笑着，每人手捧两套新棉衣，像山菊花般簇拥在他身边，蒲钰中站立孩子们中间，父亲一样地微笑着，透着自豪，也透着无比满足。

采访中蒲钰中不时被手机来电打断，从他几次电话内容大致听出是为下一次慰问活动做筹划。不便耽搁他更多时间，我匆匆告别。临走时，他告诉笔者，快过年了，他给平滩村的贫困户准备了166桶油和166床棉被，到时会携其他几位爱心人士一起共同慰问，让乡亲们过一个愉快的春节。因截稿时间要求，笔者没能等到赴现场参与慰问活动，但可以想象场面一定热闹，村民脸上的笑容一定欢快，那样的盛况，一定可以盖过隆冬时节的凛冽寒风。

（作者系渠县政协文史委干部）

我的科技扶贫之路

夏其廷

我叫夏其廷，现任达州市达川区蔬菜工作站副站长、民盟达川区副主委。近几年来，我充分发挥政协委员的界别优势和专业特长，立足本职，积极投身"委员帮户"、巡回指导生产等精准扶贫工作，为脱贫攻坚、乡村产业发展贡献了一份微薄的力量。

应号召，献才智，精准扶贫扛责任。我时刻提醒自己是一名光荣的政协委员、是区农业产业扶贫专家团成员，身兼两员身份，自感服务"三农"的责任重大。我一直认为，"产业扶贫对于有劳动能力的贫困户，不是种不好、养不好"的问题，而是"种什么、养什么、如何卖"的问题。为此，我不论严寒与酷暑，多次深入结对帮扶贫困户杜泽信家中，听意见，搞规划，献良策，努力践行"我为扶贫攻坚做件事"活动。扶贫先扶志，我在对贫困户进行技术帮扶的同时，更注重思想的开导，引导帮扶户克服"等靠要"思想，鼓励结对帮扶贫困户杜泽信的儿子杜杰（因小儿麻痹症，脚有残疾）外出到厂里打工，靠勤劳的双手自力更生，减轻了家庭负担，增加了家庭经济收入，赢得了亲朋好友及邻里的尊重。2017年，杜泽信一家通过种养结合促生产、外出务工添收入等形式，家庭年纯收入达到24182元，成功摘掉贫困户帽子。

示范的作用是无穷的，精准扶贫也一样，产业扶贫尤其如此。蔬菜品种多，季节性强，栽培形式多样，技术要求高。为了让贫困户看得见、摸得着、学得到，必须抓好以点带面的典型示范。本人在大滩乡张家店、金檀镇户坪等贫困村精准扶贫过程中，先后示范辣椒、蜜本南瓜等蔬菜新品种10余个，示范山地辣椒地膜覆盖、瓜类架式栽培等新技术5项，示范推广遮阳网、双色膜等新材2项。2017年还协助金檀镇贫困村搞了20亩蜜本南瓜栽培示范片，平均亩产老熟南瓜3000斤以上，每斤均价0.4元，收益2.4万元，壮大了村级集体经济，带动了贫困户发展产业的积极性。

一个电话就是命令，一条短信就是指示。医生的天职是救死扶伤，我们庄稼医生的天职就是减少农作物病虫危害、保护劳动成果。作为多年从事农业技术推广工作的专业技术人员，会经常遇到一些有关蔬菜病虫害的突发事件，我总是争取时间赶到生产一线。对我来说，贫困村或贫困户的一个求助电话或一条短信就是"命令"，必须第一时间赶到。因为蔬菜有些病虫害防治工作就是与时间赛跑，刻不容缓，否则损失惨重。

2017年5月2日下午，我收到一条短信："你好，夏站长！我是金檀镇户坪村主任杜世斌，刚栽下地不久的辣椒好像得病了，叶片上许多斑斑点点，严重的叶片几乎落光了，请问究竟是啥问题，周书记（农业局驻村第一书记周明泽）叫我问哈你。""杜主任，你好！麻烦你现在就去辣椒地拍几张照片发到我手机上。""根据你提供的照片，我初步判断，可能是白星病普遍发生引起的……"虽然正值五一长假，但是为了不耽误生产，第二天清早，我便和单位同事一起冒着大雨，顺着泥泞的山路，前往户坪村，深入田间地头了解实情。通过实地查看，结合工作经验很快就诊断出基地辣椒确实得了白星病，并和种植户一起分析了发生的原因，当场开具了治病的"处方"。根据当年秋季反馈的生产信息得知，户坪村经过科学防治的山地辣椒，病害都得到了有效控制，获得了可喜收成。

科技扶贫，不忘初心，农户的需求就是工作的动力。我是农民的儿子，生在农村，长在农村，上的也是农业大学，从小就与"农"结缘，对农村和农民有深厚的感情，如果能够利用自己所学有所作为，实现助农增收，实现自我价值，感觉是非常有意义的事情。这就是我从事农业技术推广的初衷，多年来一直为此坚守着。帮扶工作开展以来，通过办培训班、印发资料、电话咨询、实地指导等多种形式，全方位实施科技扶贫，在达川区大滩乡张家店村、米城乡吴家营村、斌郎乡赵家村、宣汉县老君乡豁口村等地参与技术培训20余次，培训乡贫困户、村组干部和农民600余人次，发放资料1000余份，深入金檀镇户坪、东兴乡凤凰寨等贫困村实地指导100余次，为广大农户（含贫困户）解决了生产中的实际问题，大大提升了蔬菜种植技术水平。

忆往昔，感慨万千；展未来，信心满怀。成绩只能代表过去，要进一步巩固农村产业扶贫成果，实现乡村振兴，还真的任重道远。说实在话，作为一名政协委员和一名农业科技工作者，感觉在助力产业发展方面还做得很不够。我将凭着对农业的热爱和对农业人的敬重，继续争当助农增收、科技扶贫的排头兵，努力拼搏，开拓创新，力争为达川区科技兴农和乡村振兴做出新的更大贡献。

（作者系达州市达川区蔬菜工作站副站长）

点兵村致富路上的领军人

整理/罗跃春

田丰巴山青脆李种植基地位于达州市通川区北山镇点兵村。点兵村平均海拔高度680米以上，最高处800米，光照充足，昼夜温差较大，自然风光秀丽，种植环境条件良好。

2014年12月，田丰巴山青脆李种植基地落户点兵村，规划种植面积3500亩。2015年5月，达州市通川区田丰种植专业合作社正式成立，总经理唐军，注册资本1535万元，入社社员116名，其中贫困户24名。

宁静祥和的北山镇点兵村，一个宛若世外桃源的地方。每年的3月，漫山遍野的李树吐露出芬芳，点缀着每个村民的期望。白色的花海将在炎热的夏季，结出丰硕的果实。那是田丰合作社每个社员的汗水，是看得见摸得着的生活，是每个人对未来蒸蒸日上的具象。

六年多的时光，在这片孕育着美好希望的山边地头里，总能看到一个羸弱而挺立的身影，不那么协调的地方来自他的衣袖，一边空空荡荡的，少了只手臂，他叫张亮。他有年迈的父母，有智力障碍的妻子，有不完整的身躯，这是他生活的部分，但不是他生活的全部。

张亮的身边也总是有着另外一个人，对张亮来说亦师亦友的一个人，他是田丰合作社的经理唐军。

　　2014年底，田丰巴山青脆李种植基地落户点兵村，规划种植面积3500亩。对北山镇点兵村来说，这是一个值得铭记的日子。从那时候开始，点兵村的模样每天一个变化，处处都透露出一股积极向上的信息。也就是这时，唐军注意到了村里一个叫张亮的人。幸福的家庭大体相似，不幸的家庭各有各的不幸。张亮的躯体缺陷注定了他和很多的工作与劳动无缘，他的生活肯定充满着艰辛。唐军萌发了对张亮提供帮助的想法，具体怎么做？怎样能在帮助他的时候达到一个润物无声的效果？他是否对来自外界的直接帮助有着普通人没有的敏感？对于唐军这样一个已经退伍的共和国老兵来说，这些问题让他思虑了很久。

　　唐军有着硬朗的行事风格，帮助张亮的目标既然已经定下，那剩下的只需要考虑怎样去达成目标。通过对张亮本人的观察和沟通，再到走访其他村民侧面了解更多的信息，一个和生活抗争、和命运抗争的人物形象逐渐鲜活了起来。了解了具体情况以后，唐军的想法也渐渐地成熟丰满。

　　张亮因为身体原因做不了粗活重活，也搞不了精细的操作。但张亮的身上有着一股常人没有的韧劲，有一种不服输、不怕苦的精气神。这样的人，好帮。

　　唐军频繁找张亮谈话，希望张亮以管理人员的身份加入田丰合作社，协助管理。起初的张亮是不够自信的，对于这样一个完全可以有更好人选的工作落在自己头上，有着一种不真实的虚幻感，多年异于正常人的生活不断磨灭着他的热情，让他的神经更加的敏感，答应的话始终在嘴里打转。但唐军的真诚和执着，张亮又一直看在眼里。无数次的沟通，无数次的长谈，唐军终究是树立起了张亮的信念，给了他找回人生目标的信心，不妨试试？

就这样，点兵村的山间地头，从此多了两道挺拔坚毅的身影。唐军带着张亮踩遍了种植园的所有规划区域，给他讲解李树的植物特性，最适宜的果树间距，最佳的温湿度与光照时间，怎样防治病虫害。交给他如何规划高效率的采摘次序与装箱装车等所有一切需要注意的大小事项。把张亮往一个合格而全面的管理者培养着。而张亮也像一块久未遇水的海绵，尽情地吸收着养分。

时光荏苒，岁月如梭，如今的张亮，充满着自信和对未来的期望。而唐军，在田丰合作社里也带出了很多个"张亮"。现在的点兵村，每一年都有着比去年更好的现在，每一步都走在踏实坚硬的地上，授人以鱼不如授人以渔，田丰合作社正确诠释了社会主义新时代共同富裕奔小康的稳健道路，造福一地福泽一方。

只要找准正确的方向，达州的扶助事业就能够有更多的唐军，带动更多的张亮。

合作社成立以来，在各级政府部门带领指导下，全体成员心往一处想，劲往一处使，苦练内功，夯实基础，走上了一条稳定健康且拥有高扩展性的绿色生态园区之路。在企业的高速发展期，田丰合作社秉持初心，不忘企业的社会责任，多次捐款捐物资力援抗疫前线，多次被上级部门点评为"通川区慈善企业""通川区良心企业""通川区民生企业"，提高了企业的知名度，取得了良好的社会效应。

在地方上，田丰合作社与当地村民农户展开深入合作，充分利用土地资源，在种植基地套种了冬瓜、西瓜、南瓜、辣椒、茄子等节令性蔬菜100亩，年产量10万斤，销售收入10多万元。养殖10000只食草鹅，食草鹅主要用来除园子的草，减少农药的使用，使我们的脆李走向绿色生态，仅养殖食草鹅每年的收入就达100万元左右。种和养的结合不但弥补了水果季节性、周期性发展的短板，还为当地村民增加

了就业机会，增加了务工收入，同时也延伸了合作社的产业链。

目前，常年在田丰种植基地务工人员40人，周期性务工人员150多人次。为推动基地与乡村旅游融合发展，合作社还配套建设了1000平方米办公楼、标准化蔬菜配送中心、基础水肥一体化灌溉设施、采摘休息亭、采摘便民道、游人钓鱼鱼塘等一系列的建设。

在当地政府的大力支持下，在充分尊重农民意愿的基础上，2020年公司继续依法有序流转通川区北山镇点兵村10多家农户100多亩土地，流转土地2000多亩。公司全年向400多农户支付土地流转费、工人工资200万元，让农民真正地体味到多种形式的适度规模经营不仅不会流失土地，还将更有力支撑收入的稳步提高。农民收入除来自土地流转、出租外，还能在公司打工，领取工资，更能享受加入合作社带来的收益，实现多个身份、多种收入。

唐军和他的合作社以实际行动日复一日地践行着自己的社会责任，以切合实际的办法，让贫困家庭和个人走出了困境，看到了希望。唐军和田丰合作社的事迹，在整个党和国家轰轰烈烈的扶贫工作中，是一个微小的缩影，是时代浪潮里的水花，但正是因为千千万万个不起眼的他们，在扶贫攻坚这一宏伟工程胜利会师，开创了这前无古人的新篇章！

（作者系达州市通川区政协文化文史卫体委主任）

爱心助贫　勇担责任

萧　华

　　我在2017年初的工作例会上明确提出总公司和各分公司今后在招聘员工的时候，要优先考虑招聘建档立卡贫困户家庭、残疾人家庭、一般贫困家庭成员到公司就业工作，并以总公司文件下发。我强调，要让贫困户家庭有稳定的工作和收入，解决他们生活上的基本需要，解除他们的后顾之忧，阻断他们贫困的扩展与延续。同时对招聘进入各公司贫困家庭的员工，公司要免费对他们进行行业基本操作规范必要的培训，让他们掌握一定的操作技能，为他们今后生活、工作打好基础。公司目前聘用通川区籍一般贫困家庭人员3人，残疾人2人。这些员工在公司年人均收入1.2万元，基本解决了他们家庭生活所需，帮助他们走出了贫困的窘境，过上了吃穿两不愁的日子，他们的获得感与幸福感明显增强。

　　心怀感恩是推动事业发展的不竭动力。财富取之于社会、回馈于社会，实现社会与企业双赢是我经营企业的最终目标。我作为从农村走出来的青年，深知贫困、疾病、残疾对一个家庭意味着什么，这些家庭生活状况是怎样的景象，历历在目。我总是想着、念着这些特殊困难群体，挤出时间到通川区罗江密林村、金石镇高兴村、磐石镇谭家沟村等地走访看望贫困户家庭，嘘寒问暖拉家常，摆脱贫困谋出路。2016年9月，我集中邀请廖文芬等15户贫困户家庭代表到通川区密林村榭山小筑参加精准扶贫座谈会，了解他们家庭的现状、具体困难和脱贫解困的需求。我现场给贫困户捐钱捐物价值一万余元。针对贫困户存在的"等、靠、要"思想和农村传统的较为懒散的生活节奏以及悲观失望的情绪，与他们交心谈心，认真与他们分析致贫原因，寻找致富路子，鼓励他们在政府的帮助下要自力更生，自主发力，奋发向上，共同努力摘掉贫困的帽子。2017年11月前后，我先后到罗代怀、罗云兵、李光润等五保户家看望慰问他们过冬防寒保暖和生活情况，给他们送去总价值5000元的基本生活用品，让这些特困人员能顺利安全度过寒冬，并告诉身边工作人员今后要定时来看望帮助他们，尽力解决他们在生活、生产中遇到的困难。

在企业取得经济效益的同时，我积极投身公益事业，弘扬扶贫济困的传统美德，大力倡导"献爱心，送温暖"活动。从2016年至今，先后向罗江镇密林村贫困户、罗江镇老年协会、通川区金石镇贫困村等捐款捐物价值5万余元。我始终坚持用真情关心员工，把解决职工困难、提高福利待遇放在重要位置。在职工子女入学，职工及职工家属患疾病，农民工因农忙季节急需用钱的时候，都亲自安排过问，务必千方百计解决他们的实际困难。从2018年起，每年资助两名品学兼优的贫困大学生，为他们解决每月500元的生活费。截至目前，共捐资助学5万余元。2019年，通过四川省总工会捐资助学金5万元，荣获省"爱心企业"荣誉称号。2021年6月，向磐石镇谭家沟村贫困户谯国彬修葺房屋、支付维修电动轮椅共计0.8万元；2021年6月，向达州市语言听力康复中心捐赠价值1.5万元的学习物资；2021年8月，向通川区社会福利院、敬老院、光荣院捐赠了价值2万元的陪护床。

　　2020年1月，一场新冠肺炎疫情席卷全国，我第一时间召开抗疫紧急会议，安排部署各项目抗疫工作。2月6日，驱车到公司各项目检查指导抗疫工作，并为项目员工送去防感中药与口罩。同时，安排公司积极采购口罩3万余个，84消毒液500斤，泡腾片10件等防疫物资送到各个项目。并到马房坝社区、五里店社区、红旗路社区给社区抗疫工作人员送去慰问物资及防疫物资，合计5万元；向通川区慈善会捐款0.5万元。

　　一路耕耘一路收获，18年来，我从一个"打工仔"成长为一名优秀民营企业家；创办的重庆盛鼎物业管理有限公司从最开始的6名员工发展到现在的3600名员工；从一家公司发展到如今10家分公司和6家子公司的综合性服务公司。在今后的发展道路上，我坚信：作为一名通川区政协委员，必须率先垂范，把扶贫帮困事业做得更好。我始终相信，只有自己保持初心、不忘使命、砥砺前行，才能将企业做得更大、做得更好、做得更加专业，才能实现"上市企业"的宏伟目标，才能为社会做出更大贡献。

（作者系重庆盛鼎物业管理有限公司董事长）

爱满巴山

向 萌

　　见到四川省龙森中药材有限公司董事长、"全国农村青年致富带头人"、达州市政协委员杨昌林之前，我对他的事迹已有所了解。我们县电视台曾多次宣传报道他发展中药材、带动贫困乡亲致富的事迹。见到他本人，他给我的第一印象就是少言寡语、朴实无华，又无比亲切。当我进入他的中药材基地，看到漫山蓬勃生长的药材，我无比震撼，而沿途种植药材的村民对杨昌林的赞赏和感激让我深深感动。

　　杨昌林的老家在宣汉县三墩土家族乡大窝村。曾经，因为大河的封锁、大山的阻隔，村里极度贫困。虽然这里山高路远，但土地肥沃，雨量丰沛，山里的中草药丰富，采药换钱是当地村民的一个营生手段。

　　2003年，杨昌林怀揣打工积攒下的3万元钱和创业梦想回到家乡种植中药材。创业路充满无数艰辛，但是经过18年不懈的坚持与努力，如今，杨昌林收获着成功的喜悦。他的事业不断扩大，中药材种植面积达8.2万亩。

　　一路走来，杨昌林并没独自沉醉于事业不断发展的喜悦，他同时用行动默默回报着这片滋养他成长的土地。特别是当脱贫攻坚的号角在宣汉大地吹响，他便把自身的发展与带领贫困村民脱贫奔康的时代使命紧密结合起来。"以前穷怕了，所以我害怕自己穷，也见不得村里乡亲过穷日子。"杨昌林感慨地说。

为了带领村民一起脱贫致富，杨昌林先是自筹资金60多万元，为村民打通了龙泉乡小坪村至柴棚子基地9.8公里盘山公路，连接起了两个村庄，带动更多村民加入到了药材种植中，还手把手地教乡亲们中药材种植技术。

为了解决村民销售药材难的困扰，杨昌林的公司对村民种植的药材实行保底回收，全力帮助贫困群众脱贫致富。

在十年余的发展中，杨昌林探索出了一条"公司+基地+农户+加工+市场"的产业发展链，先后在达州市通川区、宣汉县、开江县、万源市、达川区等县市区的30个乡镇100多个村子，带动5000余户村民种植药材，帮助300多户精准贫困户"脱贫摘帽"，帮扶180多户精准贫困户成为药材种植大户，培养出10多名"百万富翁"级的药农。在杨昌林的带领下，中药材产业在大巴山蓬勃发展，为广大山区群众开辟了一条脱贫致富的康庄大道！

杨昌林心怀大爱，无数次默默扶贫助困，累计资助了100多名贫困大学生和留守儿童上学。还先后为五保户、残疾人购买了10多万元的生产生活物资。

当我问他为什么拿自己千辛万苦挣来的钱去扶贫助困时，杨昌林心怀感恩地说："我一个土家族娃娃能发展到今天，主要是靠国家政策好，我有责任带动更多的乡亲摆脱贫困。"

为了扩大企业，同时帮助更多老百姓就业，2017年3月，杨昌林投资1.2亿元，在宣汉县双河镇方斗村食品工业园区征地48.8亩，建立年产能力达5000吨的中药材饮片加工厂，解决了当地300人余名老百姓就业。

　　如今，杨昌林公司的中药材5000吨，产值达1.3亿元，创税3600万元，为宣汉县的脱贫攻坚和经济发展做出了积极的贡献。

　　一路走来，杨昌林付出了许多汗水，也取得无数荣誉。他的公司先后被评为"省级示范农民专业合作社先进单位""省级示范合作社""国家林下经济及绿色产业示范基地""万企帮万村精准扶贫行动先进企业"。杨昌林本人先后获得了"全国农村青年致富带头人""四川省青年企业家协会理事""中国青年企业家协会常务理事""宣汉县十大杰出青年"等称号。一块块沉甸甸的奖牌，见证了杨昌林拼搏进取的精神，以及他博爱担当的品格。

　　守助民致富初心，传绿色药材使命。作为一名有追求、有情怀、有担当的80后创业青年，在发展健康事业和带领乡亲脱贫致富的征程中，杨昌林没有豪言壮语，只有一马当先的身体力行，将一腔热血和真情倾洒在深山，照亮贫困乡亲脱贫奔康之路。当前，他正带领乡亲们雄心勃勃地开启打造"药材王国"和"生态家园"的新征程，共同创造着更加幸福美好的生活。

　　　　　　　　　　　　　　　　　　（作者系宣汉县作协副主席）

努力做一个温暖的人

黄长青

我出生于20世纪70年代四川省万源市丝罗乡邓徐坝村一个贫穷的农民家庭。赶上了好时代，经过自身的不断奋斗，现为广东省惠州市众鑫建筑劳务有限公司、惠州市黄府餐饮管理有限公司、惠州市万宝源实业有限公司董事长，万源市政协委员、工商联副主席，还是万源市丝罗乡长青教育助学金的发起人。托党的福荫，我的企业发展了不忘故乡，不断捐资助学，造福桑梓的善举，感动了家乡父老，在2016年被评为"达州好人"。

捐资修路 家乡天堑变通途

邓徐坝村是万源市丝罗乡最为偏远的一个村。前几年，乡党委、乡政府组织将公路修到了山脚下，然而高山上的几个社由于山高坡陡，公路建设成本高，仍然处于"骡马时代"。当地近千名群众出行和生产生活物资的运输极为困难。"以前，这里孕妇难产，由于交通不便贻误时机，母子双双死亡的惨剧时有发生！牲口从山路上坠下崖也不是稀奇事。"一位村民含泪说道。路，成为祖祖辈辈的痛，也成了祖祖辈辈

的梦……

出生在邓徐坝村的我从小就过惯了、更过怕了山里的穷苦日子。初中毕业后，由于交不起高中学费，我只好回到山沟沟，过着日出而作、日落而息的"一背太阳、一背雨"的生活。1995年，不认命的我毅然汇入千千万万打工人流中。非常幸运，我赶上了祖国大发展的好时代，朋友们的帮衬，自己撸起袖子加油干，二十多年来，努力打拼积累了一定的资本。而今，乡友们抬举，我已担任万源珠三角同乡会副会长。

在自己逐渐富裕起来了后，我无法忘记养育我的那片贫瘠的土地。"要想富，先修路。"我深信这个硬道理。但地方太穷，没有更多的项目资金顾及，为此，我决定个人投资修建村里的断头公路，为家乡经济社会发展助一臂之力。

2010年腊月廿六，我风尘仆仆千里驱车回到家乡。来不及歇歇脚，第二天就在村子里挨门挨户进行宣传动员。接下来的几天里，勘测线路、协调林地、购置炸药、联系挖机……我忙得马不停蹄。农历腊月三十，当除夕的声声爆竹在山谷中回荡时，我却和几位村民一起顶风冒雪铺设便道，设置路标。2011年正月初三，伴随着村民们张张喜悦的笑脸和串串欢迎的礼炮，一台大型挖掘机驶进了村口，一条祖祖辈辈梦寐以求的公路在全村数百老小的欢呼声中破土动工，从山脚王家湾到山顶大茅坡，4.2公里的村道路将连接丝罗乡最高寒的5个组，直接受益人口上千人！

在随后的几年中，我对家乡的道路时时牵挂在心，同时，经常个人捐资几千元到几万元不等，用于村道路维修维护。

爱心助学　情牵教育促发展

丝罗乡位于大巴山深处，山高沟深，一度是"穷山恶水"，我的祖辈们生于斯葬于斯。"小时候家里穷，吃不饱穿不暖"，我曾心酸地告诉记者："那时候，我家根本没钱送我上学读书，我父母至今为此感到内疚。我自己也是吃了没文化的亏，做事业才不如一些同行，经历了许多曲折……"因此，在刚刚捐资修路结束，我毅然拿出了自己当时仅剩下的10万元，发起成立了"丝罗乡长青教育助学金"，用于表彰每年考上大学的优秀学子，奖励教学质量优秀的老师，支持家乡学校建设和发展。截至目前，丝罗乡已有近200名学子受到了长青基金资助。

自2010年开始，我持续进行各种捐助活动，除每年为"丝罗乡长青教育助学金"注资2万元外，还为丝罗小学教师捐赠了职业装，每两年安排教师进行一次体检及到外地参观学习，为学生捐赠校服600多套，修建了爱心舞台，购置了音乐器材、学生饮水机。此外，我还为"万源市井溪乡教育奖励促进会"注入资金2万元，长期定向资助唐健召、侯小燕等贫困学生，为万源市其他需要帮扶的弱势群体提供各种帮扶资助，仅捐资助学一项资金就达100余万元。2016年，我再次为丝罗乡邓徐坝村的村道公路硬化投入资金20万元。我深信：源源不断的爱心，必将带来更多的帮家乡发展变化的爱心流。2020年，新冠疫情出现，我积极响应万源市委、市政府和市工商联、市总商会号召，个人捐款3万元，联手万源初见主题酒店、万源英才教育培训学校、达州卿卿初见酒店等向奋战在抗击疫情一线的相关部门、单位捐赠酒精2600斤和相关防疫物资若干。2021年"六一"期间，我号召引领丝罗籍在外成功人士回乡为丝罗学校捐资共计30余万元，助力教育事业。

不忘初心　反哺故乡永向前

　　党的十九大召开前夕，家乡丝罗乡邓徐坝村顺利脱贫摘帽，身为游子的我格外高兴，我看到了党和国家脱贫攻坚和乡村振兴计划带来的巨大变化，看到了万源市委、市政府建设和美万源的巨大决心。于是，我在广东省惠州市注资成立了惠州市万宝源实业有限责任公司，主动为万源花萼食品、立川食品等本地企业搭建发展平台，为万源富硒食品打开在珠三角地区的销售渠道，帮助家乡父老脱贫奔康，助推万源又好又快发展。2018年1月，万宝源实业有限公司在广东省惠州市举行了盛大的新品发布会，旧院黑鸡、立川食品等万源特产在发布会上亮相，腾讯、新浪、网易等多家媒体进行了专题报道，让万源人、万源产品走出了万源。我愿意以此为起点，不忘初心，砥砺前行，为家乡父老的幸福生活不懈奋斗、努力向前！

　　捐资修路，爱心助学，不断创新举措，不断改变方式，持之以恒助力家乡发展，作为一名在外打拼的企业人，我用最为朴素的方式、最直接的行为，以自己的绵薄之力，表达我内心最真挚的爱家爱乡爱党爱国的情怀担当，我不敢忘记老辈人说的"穷则独善其身，达则兼济天下"这一中华民族的传统古训，我虽不能"兼济天下"，但尽己所能，帮助扶持家乡的穷苦读书娃，努力做一个温暖的人，是我的本分。唯有此，我心方安。

（作者系广东省惠州市众鑫建筑劳务有限公司董事长）

让他们成为快乐的羊倌

屈　默

"野山农业不仅自己发展，还帮我们脱贫，带我们发财！"在达州市通川区金石镇四基村、四凡村等6个贫困村，甚至非贫困村，一提起我创建的野山农业，大家无不夸口称赞。在通川区2017年"10·17扶贫日"座谈会上，野山农业旗下的屈氏金园农民专业合作社荣获"十佳帮扶企业"殊荣，我代表获奖企业用朴实的语言，作了大会交流发言，赢得了阵阵掌声。一个以羊为经营品牌的省级肉羊标准化示范场、省级农民合作示范社——我创办的野山农业和旗下的屈氏金园，用实际行动谱写了一曲现代版的"牧羊歌"。

扎根贫困村　与农民共舞

2014年春节，我回到金石镇老家——一个偏僻的小山村。经过几次考察，我辞掉报社工作，回乡扎根金石镇跑马村，开始我的牧羊生活。跑马村虽不是贫困村，却有贫困村的特质，交通不畅，水源不足，田地荒芜，劳动力紧缺。这一系列的现实问题，让我明白：牧羊生活不仅仅只有诗意和远方，还有重重困难和障碍。所幸的是，地方政府给了我莫大的支持，全国各地的读者粉丝们也给了我莫大的鼓励，让我咬紧牙关坚持了下来。扎根山村，挥舞羊鞭，唱响了新的牧羊曲。

看到漫山遍野的羊群，看到农民兄弟们追逐羊群的幸福笑容，我内心已经把农民兄弟和我的梦想捆绑在一起了，那就是带领农民兄弟们把羊养好，做成产业，推向全国，共享未来的荣耀和财富。作为曾经的资深记者，我深知追逐梦想需要脚踏实地才能接近梦想。我以野山农业为根，以屈氏金园农民合作社为平台，推行"公司+合作社+基地+农户"发展模式，采取种养结合，发展循环经济，壮大肉羊养殖基地产业。同时，通过寄养、收购秸秆牧草、技术指导、流转土地、常年务工等方式，帮扶贫困户发展种养殖业脱贫增收。

技术驱动：让农民都成为"养羊专家"

为了提高肉羊养殖规模化、专业化、标准化水平，我非常注重新技术引进和推广。"技术才能真正提高生产力"，我一直在贫困村大力推广肉羊养殖技术。为让更多农民掌握肉羊养殖技术，减少疫情病害损失，我多次邀请西南大学、达州市职业技术学院、达州市农科院、通川区农业局、通川区科技局等专家学者到辖区养殖现场对当地农户进行防疫免疫和种养殖技术培训。目前，在金石镇跑马村、四凡村、四基村，安云乡佛岩村，磐石镇渡口村等乡镇已开展12期肉羊养殖技术培训，培训农户达560多人次，并对龙滩乡、北山乡、碑庙镇等周边乡镇养殖大户无偿提供技术指导和帮扶。

与此同时，在通川区科技局的牵线搭桥下，与达州市农科院签订产学研技术合作协议。由达州市农科院派出种养殖专家，在野山农业总部养殖基地，建立了玉—草—畜快速育肥技术实验基地。通过近一年的实验，玉—草—畜快速育肥技术在金石镇四基村、四凡村、安云乡佛岩村等贫困村得到大力推广。野山农业免费向农户提供玉米种子和肥料，达州市农科院作玉米种植、玉米秸秆青贮、肉羊育肥等技术指导。玉—草—畜快速育肥技术的推广，不但让农民掌握了最新肉羊养殖快速育肥技术，还让荒废的土地得到充分开发，提高了养殖效益。仅金石镇四基村2016年就发动农民种植玉米820亩，肉羊出栏800多头，人均收入8000元以上。"我把家里5.2亩土地流转给了野山农业，全年仅土地流转收入就有1500多元，加上在野山农业务工收入，全年最低收入都有1万多元，早就超过贫困线了。"金石镇四基村贫困户郑中群主动申请退出贫困行列。

　　通过切实有效的技术指导和培训，使农户了解和掌握了一定的养殖技术，增强了农户发展肉羊养殖的信心和积极性，为产业做大做强提供技术支持。玉—草—畜快速育肥技术的推广，发展循环种养产业，既环保又经济。通过推广和实践，养殖户都成了养羊专家，为野山农业发展壮大奠定了良好的基础。下一步，野山农业玉—草—畜快速育肥技术将在北部乡镇大力推广，让更多农户受益。

寄养模式：为脱贫注入新活力

　　为扩大养殖规模，降低养殖风险和成本，同时带动更多农户和养殖户脱贫致富，我在通川区北部贫困乡镇大力推广"寄养模式"。所谓寄养模式，就是按照"给每户派发3头基础母羊，所产小羊羔合作社保底500元回购"的方式进行"寄养"，不但很好地解决了野山农业规模发展的需要，同时降低了养殖成本，还带动了农户一起发展养殖业，增加了收入。"由农户散养、村社集中养殖，企业集中管理并集中出售的养殖模式，为养羊户进行兜底式服务，从根本上解决了养殖技术跟不上、销售不畅通、新品种、新技术难以推广和应用等现实问题。通过这种方式，养殖户既放心又取得了丰厚的利润。"在通川区第二次脱贫攻坚现场会上，我作了扶贫经验大会发言，这种产业扶贫模式也在全区推广。

目前，我带领的屈氏金园农民专业合作社入社农户166户，养殖大户16家，种羊寄养户122户，羊群存栏3500余只，带动了通川区金石镇周边乡镇不少养殖户走上共同发展、共同致富的道路。

屈氏模式：为脱贫谱写新篇章

我带领屈氏金园发展到哪，那里的老百姓都特别欢迎。因为我秉承一个理念：带领老百姓共同致富。金石镇前党委书记赵海涛给予中肯的评价。他指出，屈默带领的屈氏金园种养殖产业扶贫模式，辐射面广，带动力强，扶贫效果明显，具有持续性和延展性，经济效益和社会效益显著。

在野山农业总部基地的一面文化墙上，可以清楚地看到野山农业未来产业发展规划和目标。跑马村作为野山农业肉羊养殖总部基地，四基村作为野山农业水稻、青花椒种植总部基地。两大基地相辅相成，互为依托，并在此基础上向通川区其他贫困村扩张，不断扩大野山农业种养殖基地规模，为野山农业羊肉加工和高品质大米加工提供原材料保障，使之最终成为周边乃至全国重要的羊肉和高端大米输出基地。

作为产业化经营的新型组织者、带动者和市场开拓者，在带领农民走向市场发挥着积极作用，野山农业在金石镇的产业规划和产业扶贫模式，实现了农民增收、农业增效，经过两年的运作，取得了一定的成效，值得推广。

　　凭借领先的市场意识和品牌理念，川东领头羊野山农业唱响了新的"牧羊曲"。回乡创业的五年里，作为达州市第四届政协委员，让我倍感欣慰的是：由最初的牧羊人，变成了农民兄弟的带头大哥，没忘初心，与农民兄弟们分享光荣与梦想。现在，野山农业已推出"屈羊倌"品牌灯影羊肉、龙须羊肉、酱香卤羊肉、羊肉汤、羊肉酱、羊肉香肠、生鲜羊肉等生态羊肉全系列高端产品和高品质生态大米，采取"互联网+"的营销模式，产品行销全国。野山农业的快速发展，实现了农民增收，贫困户脱贫，企业盈利，集体经济壮大，真正实现多赢的良好局面。

（作者系达州市通川区屈氏金园生态养殖专合社总经理）

我的扶贫小故事

夏泽江

我叫夏泽江，是万源荣世驾校的负责人、万源市政协委员。在努力经营好自己企业的同时，积极响应党的号召，致富不忘父老乡亲，以实际行动践行着一个驾校企业人的社会责任。

八台镇桅杆坪村精准贫困户孙礼福，年老体弱，身患多种慢行疾病，家庭非常困难，2008年3月，老人的儿子孙开君在外务工期间遭受意外伤害，被迫卧床治疗，一时间家里没有任何经济来源，使原本贫困的大家庭雪上加霜，举步维艰。我从同事的闲谈中得知这一情况后，及时到他家看望，为缓解燃眉之急，现场捐助现金3000元，并送去了米面油等生活必需品。在农忙耕种时节，及时送去种子农药化肥等农用物资，为当年的收成提供了保障。多次送钱送物后，我发现这不是解决他们贫困的根本办法，经与驾校管理层反复商量，特意安排孙礼福到荣世驾校从事门卫和保洁工作，并由驾校全额出资送孙开君到成都交通职业学院参加教练员培训，培训合格后，到驾校从事教练员工作，现在这个家庭的年收入已超过6万元，也让这个昔日特困的家庭彻底摆脱了贫困，逐渐过上了富裕的生活。目前，在我校就业，主要从事驾驶培训教练和管理服务的贫困户家庭成员已达9人。

　　2017年1月，按照万源市政协"企业帮村，委员帮户"活动的安排，荣世驾校对口帮扶茶垭乡李家沟村。在入户走访中，发现朱光绪一家，房屋破烂，两位老人疾病缠身又没有固定的收入来源，看到老人家的艰难处境，我心里很不是滋味，当场就为他们家捐款2000元，并送去大米、菜籽油等生活必需品。离开朱光绪老人家后，我边走边想，只有解决这两位老人的持续增收问题，才是帮助他们的长久之计。

　　想好就干，2017年1月20日，我组织了一批工人到朱光绪老人家中翻盖房屋，先解决了住房漏水的问题。鉴于两位老人患有慢性病，经检查后为他们买去了日常的治疗药品；为帮助增收，为老人送去旧院黑鸡苗100只鼓励其饲养，并表示让他们放心喂养，年底将会联系一些朋友前来收购。10月，得知朱光绪的老伴张明秀老人生病住院，我立马到医院看望，并送去了500元作为医疗期间的伙食费，同时送去水果等慰问品。11月，老人乔迁新居住上了政府为他们修建的安置房，我带人上门道贺，看到家中除了一些简单的桌椅板凳和一些不成型的家具，做饭还是用的小煤炉，我立即驱车到城区购买了煤气灶具、遥控电视机，送到老人家中并亲自安装调试、教会老人如何使用。后又将驾校闲置的木质沙发拉了一套送到他们家中……两老人拉着我的手一直舍不得丢，非要做饭给我吃。

　　李家沟村精准贫困户唐天亮，患有面瘫多年，体弱无劳动能力，妻子患有重疾在达州市中心医院治疗，其父亲年迈无劳动能力，全家仅靠他的母亲每月做保洁的700元工资收入来维持家庭开支，我听说后，考虑到村上帮扶有限，当即给唐天亮捐赠现金2000元，并倾力进行力所能及的帮扶。

　　勤劳朴实的李家沟村贫困群众的事情老是在我的心里打转，不知道他们身体如何，不知道他们年货准备好了没有，逢年过节，我都要

带领驾校管理层一班人走访慰问贫困户，为他们送去慰问金、大米、菜油和新春祝福。在大家的共同努力下，贫困群众相继脱贫，李家沟村如期脱贫摘帽。

个人富，不算富，尽自己绵薄之力帮助更多的群众走上致富路是我一直的心愿。虽然荣世驾校在"企业帮村"活动中对口帮扶的是茶垭乡李家沟村，但我的心里还装着家乡很多地方需要帮助的人。2017年2月，为万源市玉带乡下启山村委捐款5000元帮助特困家庭。2017年3月，为万源市官渡镇玛瑙溪村贫困学生马亚东捐赠现金1000元，2018年6月，为花楼乡三堡溪村村道路建设捐款1万元。2019年2月，为万源市旧院镇残疾人游成雪捐款3000元。2019年3月，为铁矿乡中心小学校捐赠5000元。2019年，为井溪乡黄家槽村赠送价值6万余元的会议室全套电子设备和桌椅板凳，钱虽然不多，期望对他们、多少有一些帮助，至少这个社会是温暖的。

我作为一名政协委员，用真情帮扶赢得了贫困群众的点赞。在全面建成小康社会的路上，大家的爱心还在不断延续……

（作者系万源市荣世驾校总经理）

我的扶贫经历

庞烈芬

20世纪末，我借助改革的东风，独自一人从大竹县来到特色资源优势明显的万源，创建了万源市花萼绿色食品有限公司，采用"公司+基地+合作社+农户"的发展模式，在全市多个乡镇大力发展珍珠花菜基地，建成以珍珠花菜、土豆辣酱为主的深加工生产线，创新研发了珍珠花菜和土豆酱料系列产品，先后获得"天府七珍""消费者最喜爱的十大四川特产"，国家生态原产地保护产品等殊荣，成为国家林业产业化龙头企业，四川省农业和林业产业化重点龙头企业，2019年获高新技术企业证书。近年来，作为万源市政协委员，我积极响应决战决胜脱贫攻坚号召，积极投身政协系统"我为扶贫攻坚做件事"和"企业帮村、委员帮户"活动，结合公司产业发展，带动贫困群众增收致富，取得了较好的社会效益和经济效益。

建基地　以产业富民

万源野生珍珠花菜资源丰富，荒山荒坡及林地面积辽阔，一次栽种，多年受益，易于加工，附加值高，是一个集生态效益、经济效益、社会效益于一体的绿色环保项目。近年来，我按照市委生态绿色发展规划，结合公司发展的需求和村民的种植愿望，先后在万源市竹峪、白沙、虹桥、秦河、紫溪等十余个乡镇发展珍珠花菜基地6万亩，涉及15个贫困村，带动4000农户1.5万人发展特色产业，其中贫困户600户2100人。公司每年主动上门收购珍珠花菜100余吨，农民在家门口就可将产品变成商品。仅此一项，贫困户便可平均年增收5200元。加上农民土地流转给公司的收益，每户增收可达6000元以上。

强就业　促百姓增收

为了进一步支持帮助回馈万源的父老乡亲，我在各地的珍珠花菜种植基地，都一律招收当地的农民工参与管理，这些人绝大多数都是贫困户。基地解决常年务工400余人、季节性务工1000余人，平均务工收入达8000元。公司在八台镇新建的食品生产加工厂和万源旅游观光生态产品展示厅，专设了扶贫车间，常年解决165人务工就业，贫困户务工就业达105人，人均年工资达到3万元以上。

除了帮扶贫困村外，我还主动联系帮扶贫困户，根据每户贫困户的实际情况，因户施策，精准帮扶。原虹桥乡（现竹峪镇）土龙庙村贫困帮扶联系户赵开举有劳动力，但缺乏产业，我就免费为他们家提供珍珠花菜种苗和栽培技术，帮助栽种珍珠花菜4亩，这一家子很快便年增加收入8000元，顺利摘帽脱贫。八台镇贫困帮扶联系户唐久翠身体还不错，但没有土地，我就把他安排到加工厂当工人，每月收入2800元，从而实现了他们家"一人就业，全家脱贫"的目标。

重服务 树公司品牌

我积极主动联络身边企业,牵手共同发起"万企帮万村"精准扶贫行动。多次带领公司员工深山"赶场",收购万源市蜂桶乡、井溪镇等高寒乡村民自产的岩豆、蜂蜜、竹笋等土特产品,借助公司的销售平台全国销售,累计收购销售农产品1000余万元。我们的这一行动切实解决了山区贫困群众农产品卖难问题,增加了农民的经济收入,还打响了公司良好的助农品牌,赢得父老乡亲的真诚信赖。公司全面对接"欧标"生产流程,严把公司产品原料关、生产关和出口关,积极抓住"一带一路"倡议机遇,成功打开欧洲市场,2018年签订价值1100万欧元的外贸订单,创下近年来四川省林业产品外贸最大单笔订单纪录。

献爱心 求扶贫实效

心中有爱,芬芳常在;回报社会,百姓爱戴。近年来,在万源市工商联、万源市总商会组织的"光彩助学、学子圆梦"活动中,我尽己所能,先后捐款18万元支持18名贫困大学生圆梦大学;先后为"5·12"汶川地震和万源"7·17"洪灾等捐款捐物60余万元;2017年为秦河乡向岗岭村捐赠4万元修建农家书屋,丰富村民的文化生活;2019年无偿为原虹桥乡(现竹峪镇)提供珍珠花菜种苗10万株;2020年先后给八台镇政府和达州市工商业联合会捐赠"新冠肺炎"防疫物资25.8万元。这些救弱帮困、捐赠助学,是我们社会企业的应有社会责任,也是我作为一名退伍老兵的应有担当。

　　我作为万源市政协委员、工商联副会长、达州市工商联执委，这些年就是做了我该做的一点事情，但党和人民给了我极高的一系列荣誉，先后荣获达州市2001年度"巾帼英雄"称号、四川省2005年度"创业之星"、万源市2005年度"十大女杰"、四川省2007年度优秀创业企业家、达州市2012年度"十大妇女创业之星"、达州市2015年度"巾帼建功标兵"、达州市2016年度"最美创业女性"、达州市2018年度"五一劳动奖"和"工人先锋号"、2018年"全国巾帼脱贫示范基地"等荣誉。2018年获四川省三八红旗手称号，出席全国妇女十二次代表大会。

　　这些荣誉让我深感惭愧，同时也更让我深度开发珍珠花菜、土豆辣酱、土豆面条系列食品信心百倍，我将抓住国家"一带一路"倡议机遇，在花萼食品稳定欧洲市场的基础上，在达州成立外贸公司，设立达州农特产品展示专区，集中展销达州"生态、富硒、有机"名优特新农副产品，推动"达州造"特色产品外销欧洲及其他国家。还将新建珍珠花菜、土豆特色深加工生产线各一条，新建产品冷链集配中心，建成富硒食品产业基地和欧洲"达州特色产品展示中心"，建成达州市现代生态农业龙头企业。我深信，只要有党的坚强领导，这些举措，必将带动更多的贫困地区老百姓发展珍珠花菜和土豆特色农副产品，为乡村振兴做出我们花萼食品更大的更多的贡献。

　　（作者系万源市政协委员、万源市花萼绿色食品有限公司董事长）

自主 自强

自主 动 作为

誓将穷窝变金窝

口述/刘启兵　整理/杨云新

宣汉县三墩乡大窝村，近年来华丽转身，从穷窝窝变成了金窝窝。我作为大窝村党支部书记，参与和见证了这个转变过程，并做了一些事。

家国情怀难舍我

我是土生土长的大窝人。大窝村的辖区内，有大大小小的天坑数百个。其中最大的一处，像一口敞锅，四周坡度较缓，种植杂粮，几处狭窄的台地上，星散着几户人家的挂壁房。天坑底部，有一处深渊，水从这里排出，故名大窝村。

10多年前，我大专毕业，按照当时招工招干的学历要求，完全可以跳出农门端上铁饭碗。当地的青壮年、男女都加入了民工潮，而今三墩在外的不少企业老板，就是我儿时的伙伴或者同学。他们说，如果我当年跟他们一同出去闯荡，一定能混出一点名堂。我当年并不是缺乏出去创业的自信，之所以坚守在家乡，完全是家国情怀留住了我。大窝村的确太穷、太偏、太落后，本地凡有点出息的人都筹谋"逃离苦海"，不少村干部也不顾挽留，走向了远方，村级组织近乎瘫痪。我想，大窝村虽然穷，但毕竟是自己的生养之地，我真的不忍心抛下这片热土，去追求个人的富裕，我决心带领留守村民，改变大窝村的贫穷面貌。我说三十年河东，三十年河西，说不定大窝村将来就是金窝。但是这个转变坐等是不会来的，要靠我们主动改变。我想成为带领家乡人过上好日子的真"秀才"。怀揣这份深沉的大窝情，2006年以来，我从村文书起步到计生专干、村主任、村支书，一步一步成长为致富一方的领头人。10多年来，面对收入不高的困窘，面对打工高薪的诱惑，面对亲人朋友的责难，我没有动摇，十几年如一日，一步也没有离开过大窝，始终不忘初心，不忘"大窝梦"，兢兢业业，无私奉献，全身心投入大窝村发展建设，为大窝村脱贫攻坚取得全胜做出了重要贡献。尤其是2017年任村支书后，我抓班子，带队伍，充分发挥示范引领作用，带领村"两委"和全体村民苦干实干，使大窝村旧貌换新颜，基础设施、经济发展、农民增收等获得跨越式、爆发式发展，昔日远近闻名的穷旮旯，一跃成为享誉全市乃至全省脱贫攻坚示范村。

七种模式迈大步

我把书本知识运用于实践，不断探索脱贫新路径，新模式，有效带动整体脱贫致富。随着几轮的撤乡并镇，大窝村的历史沿革也随之几度变化。现在的大窝村，是由原大窝、桑树、大岩三村合一，辖9个村民小组，总人口680户2348人（土家族人口2240人，占95%），辖区38.5平方公里，海拔510米至2240米。2014年有建档立卡贫困人口178户661人，贫困发生率26.84%。

大窝村迎来了开发巴山大峡谷的历史机遇。大窝村地处巴山大峡谷景区腹心。我带领村"两委"组织村民全面参与、配合、融入、借力景区开发建设，探索出资源入股、就业、经合组织、经营帮扶、农旅联动、文化演艺、异地搬迁等文旅扶贫"七种模式"，连续三年，全村518户2100人直接或间接从文旅扶贫发展中收益6500万元，人均增收3万多元，解决了巩固脱贫成果、避免返贫、永续发展的老大难问题，其经验做法在全省独有。

贫困家庭收入从国家财政转移性收入转变成景区从业、经营性、工资性、财产性、资源入股、农旅联动等稳定增收。2018年，经省验收合格，率先实现整村脱贫退出贫困行列。2019年获评全国首批乡村旅游重点村、全国最美乡村公路、四川省文化扶贫示范村、达州市实施乡村振兴战略先进示范村等多项殊荣。2020年底，全村贫困人口人均纯收入2.95万元。

乡村振兴当示范

脱贫攻坚完成后，按照产业兴旺、生态宜居、乡风文明、治理有效、生活富裕的总要求，我带领乡亲们全力推进产业、人才、文化、生态、组织"五振兴"，有力促进农业升级、农村进步、农民发展。脆李、猕猴桃、中药材、花卉、乡村巴人民居、土特产、乡村旅游、土家歌舞等产业经济及其各类合作社、专业协会发展迅猛，成为达州市乡村振兴示范村。曾经恶劣的生产生活条件、落后的基础设施实现脱胎换骨，村域内道路四通八达，实现社社通、户户通；安全饮水、电力、通信实现村域全覆盖。村容村貌全面治理，建成的桑树坪景区集中安置房统一风格、整齐整洁。景区内环线公路沿线房屋按照土家族特色风貌打造，组织实施"清洁乡村"工程，引导村民移风易俗，大

力开展农村环境大整治，摒弃不良卫生习惯，清理柴草堆、垃圾堆、粪堆"三堆"，治理垃圾乱倒、脏水乱泼、柴草乱堆、粪土乱放、禽畜乱跑等不文明现象。充分发挥农民夜校、村图书馆、文化室、广播站等功能，有计划、针对性地加强就业能力培训和文化教育、乡情教育、社会公德教育，培育文明社风、和谐家风，全面提高村民文化素养和劳动技能，实现由穷山窝变成金窝窝、山区变成景区、山区农民变成景区商人的蝶变。

（口述者系宣汉县三墩土家族乡大窝村支部书记、四川省脱贫攻坚先进个人）

王大嫂脱贫记

林励新

在大竹县高穴镇官家村二组有一个人们交口称赞的女人，她就是王大嫂。王大嫂这人个子高、块头大，假如不是留有长发，从背影看去很像一个五大三粗的男人。她娘家住在铜锣山的大山里面，在男大当婚，女大当嫁之时，经媒人撮合与我们队里的张长学结合。结婚那天，很多人特别是那些年岁大一些的老年人，都说张长学命好，捡到了"炽和"，讨了个"山蛮子"做老婆，今后肯定是个敢与男子争高下的生产能手！就这样，在老人们赞赏、同龄人的羡慕中，他们步入了婚姻殿堂。几年以后，便生育有一子一女。从此，他们家也同其他家庭一样，过着夫妻恩爱家庭和睦的清淡平安幸福的日子。

改革开放初期，张长学随着打工潮到了广州。他是泥瓦匠，很快在一建筑工地找到了工作。挣到钱后每一两个月都能往家里汇个千儿八百元钱，一家人的生活还算过得富足殷实。王大嫂脸上泛着淡淡的微笑显现出一对浅浅的小酒窝，兴致高涨时，还会哼一段山妹子经常在山林深处唱的那首"情哥哥……"

俗话说：天有不测风云，人有旦夕祸福。富足殷实的家境最终定格在了1993年仲夏！从广州那边传来消息说：张长学在一建筑工地做外墙时，不小心从二十几米高处跌落下来住进了当地医院！这一噩耗传来就像是一个晴天霹雳在这个酷似男性的女人头上炸响！她只好流着伤心的泪水，把一双儿女交与婆婆，自己赶往广州探视受重伤的丈夫。两个月后，她带回家的是一个下肢瘫痪不能行走的残疾人！据说，当时广州那边的包工头只给了她两万元的赔偿金！

天塌下来了！怎么办？怎么办？这时，院子里有那么一些人在背地里说，王大嫂这下会丢下瘫子，抛弃两个小孩一走了事。然而她却没有丢弃她的两个生活还不能自理的子女，更没有抛弃抱上抱下，茶上手、饭上手、不能行走的残废丈夫！她毅然决然选择了坚持、坚持再坚持，坚持维系这个不幸的家庭，坚持他们婚姻的延续，坚持抚养他们不谙世事的孩子，顽强地撑起了那一片天！

全家四口人的那4亩田、3亩地的耕种重担，全由她一个女人承担。手头活路倒是不在话下，关键是水田里的犁田、耙田，自己不会做怎么办？学！立春节气刚过，她硬是扛上犁头，拉上自家的一头小水牛，一个人在那冰冷刺骨的水田里学犁田。由于犁头的深浅掌握不一致，加之水牛个小力单，牛也费劲人也费劲。全身上下一身泥水的她并没有放弃，而是歇息一下接着又干，就这样三天、五天，终于学会了犁田。犁田会了接着学耙田，经过半个多月的勤学苦练，终于学会了水田里的全套农活。

丈夫张长学见妻子家里家外一个人操持，实在是太辛苦了，心里难受得很不是滋味，自己和两个孩子都成了妻子的累赘。想到这，他曾有过轻生的念头，还曾经对妻子说，要与妻子离婚，并要求她带上两个孩子离开这个不幸的家庭，让自己自生自灭算了。王大嫂开导丈夫说：你千万不要那么想，只要还有一口气在，都不要放弃！虽然我们现在比以前要困难一些，但我们只要再辛苦十多年，等到两个孩子长大了，能够到外地打工挣钱了，我们那时候的日子就好过了。况且现在还有党和政府以及各级干部无微不至的关怀照顾和帮助，我相信我们都能够战胜困难渡过难关的。你现在虽然脚不能动，但手还能干些力所能及的活路，多少可以帮我减轻一点劳动负担。

在妻子的开导下，张长学就像变了个人似的，忧伤的脸上露出了久违的笑容。从此以后，妻子出门干活离家之前，就用长木板凳一张接着一张从床前一直摆到灶前，又从灶前连到了家门口。张长学的下半身虽然不能动，但他可用手支撑着身体在屋内缓慢地移动，做些诸如择菜、扫地、烧火等活路。他让妻子砍回竹子，编织各种各样的家用竹器，逢赶场天时，让妻子拿去街上卖，换回钱来用于家庭生活开销。从那时起，家庭副业也比受伤前增加许多：除了原有的一头小水牛外，增养了两头母猪，每年要卖四到五窝小猪仔，鸡鸭鹅也养了不少……就这样，这对患难夫妻终于熬过了最艰难的岁月。

在全国各级政府认真贯彻落实党中央、国务院脱贫攻坚实现全面小康的这两年，在高穴镇派驻村里的第一书记的关心和帮助下，使她这个家发生了根本性的变化。一部分土地进行了流转，并且自己的地里种上了经济作物，比如栽柠檬、种藠头等。干完自家农活后还可以到专业合作社打工挣钱。特别是她家的两个子女，在镇党委、镇政府的帮助下，到外地务工去了，全家每月都有相当可观的收入，今年终于摘掉了贫困户的帽子。

有钱了，腰包鼓了，生活也改善了，张长学赶紧去买回了一辆四轮电动轮椅。已经有二十六七年没出过门了，外面的世界到底变成什么样了呢，他多么想知道啊！这次实现了他的梦想，终于能够到高穴街上去赶场了。他不仅亲眼看见了外面世界日新月异的变化。更重要的是他看到了生活的希望！

患癌症不认命　奋进脱贫勇争先

黄建碧

我叫黄建碧，31岁，家住大竹县文星镇杜家村。原本我们一家5口过着平淡且幸福的日子，但是，2014年一个噩耗传来，打破了我宁静的生活。这一年，我被查出患了乳腺癌。重病击垮了我的身体，让我难以再负担繁重的农活。家中只能靠丈夫一人种地赚钱，还要供3个孩子念书，而高昂的医疗费用让全家负债累累，生活实在是难以为继。

众人共助　唤起新动力

2014年，我被纳入建档立卡贫困户。帮扶我们的是大竹县妇联的同志，她们得知我的情况之后，即刻为我申请了全国妇联贫困母亲"两癌"救助，救助资金1万元，大大地缓解了我的经济压力。

为了帮助我们家早日脱贫致富，镇村干部时常到我家普及政策，鼓励我们要坚定致富信心；县妇联的同志们常常来我家关心安慰我，送来米面、粮油、毛毯等物品，让我非常感动。

我的帮扶人是县妇联的廖君同志，她每次到杜家村，都专程来看我，关心我的生活生产情况和病情，鼓励我只要对生活充满信心，保持愉快的心情，就一定会战胜病魔。

县上的领导和县妇联赵主席她们也多次来到我家，特别关心我的身体状况，鼓励我积极向上，还跟我说，现在要创新思维搞生产，注重农产品深加工，提高经济效益，才能更好地改善生活。

通过大家的关心和鼓励，增强了我的脱贫决心和做事激情。

产业发展　走上幸福路

我们不能只想着等别人来救助我们，还是要靠自己脱贫致富心里才踏实。现在国家政策好，产业扶持力度大，不但有产业补助，还可以免费学习技术。于是，我想发展养殖产业。

经过多方了解，我发现全镇有规模的养鸭场较少，且养鸭成本较低，于是我与丈夫决定养鸭。

我们并没有一味胡干蛮干，而是选择先"取好经"，接受镇农技员一对一的养鸭技术培训，还到鸭子养殖场实地学习考察，为发展产业奠定了一定的养殖基础。就这样，我通过多方筹集资金，搭建了简易的鸭棚，购买鸭苗，正式走上了自己的养殖之路。

养鸭并不轻松。起初，由于我身体不好，大部分重活都落到了丈夫身上。随着日子一天天过去，我身体也在逐渐恢复，拌料喂鸭、下河赶鸭，这些工作逐渐成为我生活中的一部分。经过不断的摸索和辛勤努力，我也总结出了一套自己的养殖经验。我每天都会清扫圈舍、检查鸭子状态、调整饲料配比等情况，确保鸭子能够健康成长。看着鸭子不断长大，内心也十分的喜悦，仿佛看见了幸福生活的希望。

但随着鸭子的长大，我又担忧起鸭子的销售问题。

在了解到我的忧虑后，镇村干部主动找上门来，为我联系客户群体。现在，我的鸭子已基本有了固定的客户，不愁卖不出去。2017年，我家养殖场的养殖规模达到了5000多只，全年出栏5000余只成鸭，收入15万余元。

就这样，在大家的帮助下，我依靠自身勤奋努力，养了鸭，脱了贫，富了家。

我深知自己现在的幸福生活来源于国家的好政策，还有帮扶干部、镇村干部的大力扶持，但我知道，如果只靠政策和帮扶这两样，是不能完全摆脱脱贫致富的。

俗话说，"有人拉有人扶，个人也要吃得苦"。我明白，在用好用活政策的同时，更需要靠自己勤劳的双手脱贫致富，才能奔小康，以后才会更有骨气、底气和志气立于社会大家庭。我还会继续扩大养殖规模，带动更多村民致富，献出自己的一份力量，回馈社会。

（作者系大竹县文星镇杜家村村民）

让荒地变绿色银行

唐天菊

我叫唐天菊，1967年出生在开江县回龙镇盘石村。2014年，我因患病致贫，被村委精准识别为建档立卡贫困户。虽然我家评为贫困户，但我心里始终觉着贫困户的帽子戴着不踏实、不光荣，我立志要靠自己的双手实现脱贫致富。

在扶贫政策和帮扶责任人的帮助下，我和丈夫商量，他外出务工，我在家发展花椒种植。由于我的精心管理与技术支撑，花椒长势喜人，我家也成了远近闻名的花椒大户。通过我们夫妻俩的努力，我家当年就达到了脱贫标准，成了全村首批脱贫户之一。

2016年，盘石村村"两委"确定将花椒种植作为全村的主打产业，并开始试点。我主动站出来说："我对花椒产业有一定的了解，在种植中也学到了一些技术，先由我来带头，做个试点，成功了大家跟着我做。"于是，我承包了300亩地种上了花椒，并于当年底成立了兄妹农业发展有限公司青花椒产业基地。

我根据盘石村的地形、温度、海拔以及降水量，在试点的过程中不断摸索，同时积极向省、市植物学专家请教，摸索创新出了"3+3+10"花椒管理技术，还针对荒山、熟土以及平原三种不同地形特点，制定了三种不同培育方式；针对幼苗、壮苗以及平原苗不同类型，制定了三种不同培育方案，针对24个节气的气候特点，固定10个管理期间，在技术上取得巨大突破。经过该技术管理的花椒比其他地区提前一年挂果，质量全部合格。

现在，基地已发展到占地1000余亩，其中种植基地700余亩，苗圃基地300余亩，是开江县规模最大、技术优势最强的青花椒种植基地。

一人富了不算富，大家富了才是富。我虽然脱贫致富了，却没有忘记其他贫困乡邻。

我的基地在群众以土地入股的每年稳定享有分红收益的基础上，优先聘用留守妇女、建档立卡贫困户在园区务工，解决了14名残疾人、58名建档立卡贫困户务工问题。同时，我还积极带动当地群众创业致富，坚持每年聘请省、市技术专家到村授课，向周边群众传授花椒种植及管理技术，公司股东、技术员也常年活跃在园区，现场传授种植及管理技术。

在大家的奋斗下，全村200余户群众参与青花椒种植，整体长势良好，盘石村"一村一品"已规模体现，影响力已辐射周边几个乡镇，成为远近闻名的"花椒之乡"。

2018年，我们基地被达州市妇联授予巾帼脱贫示范基地。围绕"乡村振兴巾帼行动"，开展技能培训和技能比赛，提高了我们妇女的创业就业能力，解决100余妇女就近就地就业，带动农户200余户，帮助建档立卡贫困户82户307人脱贫，为我们开江县顺利脱贫起到了很好的推动作用。同时，我们还组织开展健康有益的文体活动和志愿活动，丰富了妇女群众的精神文化生活，促进了"美丽家园"建设，帮助农村妇女共建共享生态宜居家园，使经济、社会效益双丰收。

（作者系开江县回龙镇盘石村村民）

峡谷小镇的蝶变

李晨曦

渡口土家族乡政府所在地的渡口小镇，明清时期名为"常乐镇"，现在是闻名遐迩的巴山大峡谷的门户。

自脱贫攻坚以来，渡口土家族乡认真学习贯彻习近平总书记关于扶贫工作的重要论述，始终把脱贫攻坚作为最大的政治责任、最大的民生工程、最大的发展机遇，围绕"2020年同步全面建成小康社会"的奋斗目标，认真研判全乡贫困人口多、贫困程度深等特点，理清脱贫思路、明晰攻坚举措，扎实有力推进精准扶贫、精准脱贫各项工作，先后十余次被国家、省、市、县评为先进集体。

大力实施"开发扶贫"战略，全力全域推进"六个精准"，因村因户落实"五个一批"，结合巴山大峡谷文旅扶贫景区开发，充分发挥当地资源优势，成功探索出资源入股、劳动就业、经合组织、经营帮扶、农旅联动、文旅融合、广厦行动等"七大脱贫模式"，直接带动全乡4个村退出贫困村序列、417户1561名贫困群众脱贫，间接带动全乡近0.8万名群众吃上了"旅游饭"、过上了"好日子"，走出一条"以开发促脱贫助增收"的山区脱贫奔康路子。

2014年以来，渡口土家族乡党委、政府集中力量开展农村公路联网工程、饮用水安全等"七大攻坚行动",新建及硬化乡村公路97.28余公里,实现了100%的村通硬化路,新改扩建农村饮水安全工程66处,成功解决0.8万名群众的饮水安全及巩固提升问题;累计实施4个贫困村农网改造、4个贫困村通信网络建设工程,实现了行政村电力、通信和网络全覆盖;通过帮扶责任人捐赠、动员贫困群众购买等方式,保障所有有需求的贫困群众都能看上广播电视,贫困群众生产生活水平明显提高。

桃溪村作为全乡最穷、最差的贫困村,是远近闻名的"穷窝",全村有建档立卡贫困户94户411人,贫困发生率27.62%。自脱贫攻坚工作开展以来,渡口土家族乡党委、政府始终坚持"先易后难、重点攻坚"的原则,多方筹集资金2.45亿元发展资金,按照"产业围绕旅游布局、交通围绕旅游建设、人才围绕旅游培育"的思路,狠抓民宿发展、旅游商品开发等,带动全村老百姓直接增收3720万元,人均增收2.5万元,被评为"四川省六无平安村""四川省乡村振兴示范村",实现了由最穷最差到最富最美的华丽转变。

坚持"扶贫先扶志",深入开展"诚信·守法·感恩"公民思想道德教育活动,按全乡总户数的10%评选县级"模范户"、20%评选乡级"模范户"、50%评选村(社区)级"达标户",对模范户和达标户分别颁发特制红灯笼,于每年农历腊月二十举行颁发仪式,并集中颁发和悬挂,引导形成了"争当模范户、争挂大灯笼"的良好局面。同时,在全乡普及开展"穿巴人服、唱巴山歌、跳巴人舞"等传统民俗文化活动,不断让贫困群众的文明意识树起来、精神面貌好起来。

(作者系宣汉县政协干部)

打通最后一公里

罗元华

　　我的老家在宣汉县毛坝镇老街村一组、一个小地名叫窝坡沟（习惯称"窝巴口"）的地方，距镇2公里，襄渝铁路、210国道及后河东西向横贯。据老一辈讲，约17世纪中叶，罗族先辈为垦荒大苏坝，在山坡上搭建有窝铺棚，后逐步演变为如今28户138人的罗姓及其亲戚居住的小村落。因居民住房分散坐落在五面几近60度坡及四条沟之七八层台阶上，前临河、坎，后靠崖、壁，山脚一条小路通达沟中。下径"苦儿坎"，羊肠小道，爬坡下坎，曲折崎岖；中径"巷子屋"，即两房间壁相距不足1米宽、约20米长的一条狭窄巷道，上至半山腰则别无他路可走，居民经历了天雨的煎熬。这里曾被作为红军的卫生院，1997年1月，八一电影制片厂拍摄《血战万源》取景的整个院落群也逐渐荒废。眼见这一公里小路终成经济发展障碍，群众渴望有一条宽敞的道路就自然成了梦想。

　　回顾修路，1958年"大跃进"时，为便捷物资运输，生产队里组织修路，因思想认识、客观条件受限，仅是对入沟前端危岩路段进行疏通、拓宽，没见多大成效；1975年"农业学大寨"发起修路，打通了210国道至保管室间200余米距离，但是靠钢钎、二锤、人工搬挖，不仅效率低，而且事故频发。我父亲因掌钢钎不幸右手被打骨折，58岁带残疾。后虽有大车尚能开进，但纯粹是泥沙路面。由于年久失修，垮塌及建房、菜地挤占，后也只能有摩托车开进；1982年实行农业生产责任制，发展商品生产，种植蔬菜大户出现，大家对修路的要求更为急迫，前后由组长带头两次启动修路，都未能实现。

2017年新年刚过，组里党员蒲现江来电找我来谈修路，我欣然应允参加。正月初十回乡，和镇下派书记黄利及村主任李祥林一道，查看路线，提出了环山公路须全线贯通方能受益各户的想法。若要全部贯通，最大的障碍是涉及三处房子必须拆除。肩担众负，我决定留下来，当天下午即召开党员（户）座谈会，摸清情况，分析问题，梳理出涉及路经三处房屋和九处地坝和自然界、竹木等12个问题。

之后的三年中，我一有空就回去，按照轻重缓急、先难后易逐一解决涉及的问题。带头捐资5000元，买下罗怀明挡道房子一间，打通道路东头；发动在长沙工作的堂侄罗怀斌捐资5000元，买下罗元宣房子一间半，打通中间道路；解决借道建设费吉兵2万元（除做工作捐款5000元外）、罗元福4000元。对于过路地坝、自然界、竹木等，采取个别交谈，即有所损，大家也积极无偿支持。

有梦想，就有希望。2019年5月16日，迎来了投资83万元、长1110米、宽3.5米的环山水泥路面公路正式开工。前期须架制挡泥墙四处/120米、深沟涵洞1处/深15米、宽30米，之后的7月15日浇筑水泥，8月22日竣工交付使用（工期98天），终于实现了窝坡沟三代人的梦想。为配合修好路，我特参加微信《情系窝坡沟》群，5月21日，撰《喜闻老家修公路》："欣喜老家修公路，我在梦中笑不住；千年机遇党政出，百年梦想今落户。"5月23日，辑《我为窝坡沟唱支歌》：《社会主义好》，"共产党好/共产党好/共产党是人民的好领导/说得到/

做得到/全心全意为了人民立功劳/坚决跟着共产党/要把伟大祖国建设好/建设好。"由衷颂扬村"两委"主导公路建设。为慰问筑路工人，出资300元，购有茶叶、香烟、藿香正气水等及时专程送回。之后，开辟有"古树作答"（有人欲砍树建房）"修路感悟""修路建言""我为筑路鼓与呼"等栏目话题。引导正确认识，支持乡村公益事业。群众为感恩党政，8月22日晚，以蒲现江为代表的老街村窝坡沟（一组）村民发起，经村"两委"同意，召开村民座谈会，自发为黄利书记、村委会赠送了锦旗，题词是："敢叫险道变通途，全心全意好公仆""牵情群众心声，修路造福子孙"。黄利书记旋即给我发来短信："老领导，窝巴口公路已具备通车条件，今晚我领村'两委'干部同群众座谈，感触颇深：感谢你一直以来默默无私的奉献，感谢你为此路一直以来的沟通协商，更感谢你一直以来对老街村工作的大力支持！！！随时欢迎你回家看看，祝你身体健康，阖家幸福。"

亲历修路，时有感悟：地理位置、生产方式、人口因素同样是脱贫致富奔小康的三大要素。有路无贫，功在当代、利在千秋，这最后一公里幸福路、致富路，为子孙后代营造了一个宜居、发展环境。有路不忘共产党，我们应感谢党的好政策！感谢村、镇的好干部！感谢一切关心和支持筑路的好心人！

（作者系宣汉县农业局退休干部）

旧貌换新颜　长久永发展

——三汇镇长久村采访记

王忠英

我曾经对渠县三汇镇长久村进行过一次采访。访村位于三汇镇东部，襄渝铁路和成达铁路横贯全村，村东边是20世纪60年代后期由铁道部建成的川东水泥厂所在地，村南邻汇南乡九窑村，西邻大盘村，北邻大盘村与川水社区交界处。该村辖区面积6.27平方公里，村民2110人。几十年来修建川东水泥厂和两条铁路，该村耕地大部分被占用，全村贫困户达到100多户，属省定贫困村。

过去状况

据我采访得知，长久村过去十多年来干部不团结，没有切实为群众办事，多数干部只想伸手往自己腰包里捞，财务混乱，所有票据都是白条。上一届书记、村长因为贪污铁路修建补助款，双双坐牢判刑。之后选了书记村长，但群众不信任，工作难开展，村委基本瘫痪。人心涣散，上访不断，告状成风，远近闻名，成为落后村。由此导致该村基础落后，交通闭塞，没有项目支撑，没有产业发展，农民收入低。

村里更是无一分钱，而且还欠外债三十几万。

建立新的领导团队

　　长久村以前的乱象令三汇镇党委、政府非常头痛。镇党委认识到，要改变长久村的面貌，必须在换人换思想上下功夫，要组建一支思想觉悟高、政治素质强，群众欢迎的能带动长久发展致富的村"两委"班子。镇委经过考察，决定请出企业家余长寿做长久村的领头人。余长寿是长久村本地人，搞企业20多年，搞经济建设很有经验。可是镇委王兴书记和镇长曾涛多次跟他苦口婆心做工作，他都不答应，他不愿意出来当干部，只是一门心思搞自己的企业。无奈，王兴书记请县委副书记朱和志一同再次登门拜访余长寿，让他进一步认识到作为一个共产党员，不仅要自己富，更应带领家乡的父老乡亲共同致富。他才不得不答应下来。真可谓三顾茅庐才请出了他。2013年12月，余长寿以全票通过，当选为长久村的支部书记。

　　支部建立起来了，可还要有村委，余书记还得有个合适的搭档。余书记和镇委都想到了同一个人——李清泉。李清泉本是长久村人，只是早年当兵转业后安排在川东水泥厂，是厂里的干部，但他退休后，家早已搬至渠城。他也是当地有名的搞企业的能手，此时已筹备好在县城搞餐饮业。他也同余书记一样，不愿意当干部。长寿书记和王兴书记多次做他的工作，好说歹说，他勉强答应了，可他家属坚决不让他回老家当干部。无奈，长寿书记让自己的家属去做李清泉家属的工作，两位家属本来是闺密，看在姐妹情分上，清泉家属终于开口放行。2014年5月，李清泉当选为长久村村委会主任。余书记和李主任在镇委协助下，选拔了让组织信任、群众公认、廉洁奉公、敢于担当的人

充实到村"两委"中,村"两委"班子搭建起来了。

打铁还靠自身硬

长寿书记和清泉主任上任后,村"两委"制定了严密纪律,规定干部不得乱用一分公款,真正用于公事的钱一定要正规发票。改变干部大吃大喝乱吃乱喝的现象,不得公款吃喝,即使办公事,也回家吃饭;来不及回家的就自己买方便面吃。若有上级领导来视察,就是书记主任自己掏腰包请吃便饭。给群众办事,不得抽群众一支烟,更不能吃喝群众的或收受礼物。干部社员一视同仁,不徇私情,即使书记主任的亲戚符合条件申请低保的,都得按情况排顺序,不得特殊。

严明的纪律,规范了干部们的行为作风,村"两委"真正成了带领群众脱贫致富的主心骨,有力提升了村干部在群众心中的形象和地位,增强了党组织在精准脱贫工作中的战斗堡垒作用。

立足村情 加强基础设施建设

村"两委"上任后向镇里要了点办公经费,便雷厉风行开张工作。首先解决与群众生活生产息息相关的燃眉之急。余书记、李主任到处拉资金、协调关系,起早贪黑地跑单位跑工地,就在李主任上任后的几个月里,全村的自来水解决了,天然气也全村通了,农网改造完成了,群众生活生产更方便。尤其是山上的居民,解决了水电气就解决了大问题。过去全村不到1公里水泥路,新领导班子上任不到两年时间,已修了5公里水泥路,大多数社组都通了水泥路。现在正在筹划修建通往山上三组的水泥路,也是村里最后一个组的水泥路了。水利方面，修复了2公里的堰沟，整修了2眼堰塘，为农田收水灌溉增添了保障。现在正在整修另外2个堰塘。这些基础设施的改善，为打赢脱贫攻坚战打下了坚实的基础。

阵地建设

长久村村委过去没有办公地点，群众办事都是到书记、主任家里去，许多时候找不到人，白跑路。新的村"两委"上任后，注重阵地建设，动员全村党员捐款共8.5万元，从各方面争取了一些资金，利用三汇火车站旁空地，修建了村"两委"办公室。办公用地500多平方米，设有党员活动室、扶贫办公室、图书室、档案室、村民代办服务点等。村委会有干部轮流值班，群众到村委会，随时都有干部接洽，极大地方便了群众办事；同时也为党员干部的学习教育提供了方便。

有了阵地，加强党员干部的教育培养、能力提升，深入开展"三会一课"学习教育活动，结合"两学一做"，增强党员干部为民服务的意识，增强带领群众脱贫致富的能力水平，充分发挥党员干部的先锋模范作用。

第一书记　助耕干部的有力作用

在开展脱贫攻坚战以来，长久村离不开县委镇委的领导，离不开第一书记、驻村干部和挂包单位的具体帮扶。扶贫关键在于精准，与97户建档立卡贫困户一一结对帮扶对象。通过对被帮扶对象的走访、调查，帮助制定发展措施，并为其提供资金、农产物资等。县委政法委在长久村扎实开展助耕、资金帮扶活动，提供帮扶资金2.5万元，鸡鸭鹅苗等300余只；达州商业银行三汇支行捐款2万元；三汇天然气公司捐款1万元，真正为长久村精准扶贫注入了活力。

为推进贫困村扶贫工作，三汇镇委2016年3月出台《中共渠县三汇镇委会渠县三汇镇人民政府关于在贫困村建好三支队伍、做好九件实事的通知》（汇镇委〔2016〕7号）文件，长久村在驻村领导和第一书记的带领下，脱贫攻坚初见成效，群众对干部满意度和信任度进一步得到提升。

吹糠见米的短期行为

脱贫首先要积极发展投资小、周期短、效益快的产业。引导群众发展养殖鸡鸭鹅羊等小规模的畜牧业，在第一书记和助耕单位的帮助下，为他们提供种苗。引进韩国红辣椒，建立了"党员示范工程"发展辣椒基地，采取"支部+党员+贫困户"模式，发挥党员先锋带头作用，村支部带头，党员干部每人借助500至1000元，挂包干部筹资8万元，再带动42户贫困户以产业周转金方式合力注入资金，与宣汉的韩国红辣椒基地签订包回收协议，现已种植40亩红辣椒。贫困户没有投入一分钱，每天倒领60元工资。这一年的8月中旬，辣椒基地满坡满沟一串串沉甸甸的红辣椒点缀在绿荫丛中，如火焰般跳动在漫山遍野的田野间，喜得农户合不拢嘴。

建设中的养牛场

村"两委"经过反复商议考察，结合长久村村情、民情，立足区位优势和资源禀赋，决定搞一大型综合养牛场。该村内有修襄渝铁路复线留下的堆渣场30余亩，可以变废为宝利用起来建养牛场，搞生态养殖，发展特色优势产业。养牛场以股份制形式，采用"公司+专业合作社+贫困户+互联网"的模式，计划总投资2000万元。第一期投资500万，养牛500头，由15户贫困户通过小额信贷贷款73万元入股，余下的由余长寿书记作为业主出资。第二期投资到1000万元，养牛1000头。第三期再投资1000万，达到2000头规模的养牛场。公司已考察联系好，引进西门塔尔牛和蜀宣花牛。

牛粪处理是综合利用的第一步，将牛尿漏至沼气池，沼气发电首先供养牛场生产生活用，再供全村路灯使用，若还有剩余，再供百姓家庭使用。牛粪是有机肥，可以作为后期将要开发的核桃基地、茶园、花椒林、魔芋等的肥料；可以加工成牛干饼养蚯蚓，蚯蚓可作为鱼塘、鸡鸭鹅养殖场的饲料。这样，拉长产业链条。

和谐的村"两委"领导班子

笔者去的当天，余书记百忙中挤出时间到村委会接受采访。他介绍完村里的情况后，特别强调了这样一点：李主任和我合作得非常好，长久村两年多这么大的变化，李主任做出了很大的贡献。他敢作敢为，有激情，办事雷厉风行，前台操作全靠他。支部提出的建议，他绝对执行，从不违犯纪律，下村从不收、不用群众一分钱，也不吃用公家一分钱。他带了好头，村"两委"干部也都能自觉遵守纪律。

李主任却说：长久村到今天发生了翻天覆地的变化，主要是党支部的核心作用，有个好班长，突出了好作风，好纪律，廉洁奉公。余书记在引入项目、实施项目方面做出极大的贡献，他耗费了极大的精力经济，外出考察几个月，全是他自费开支；村里接电、修路等，他花好几

万奠定基础。比如修余家弯的公路，是余书记先拿钱把路基弄出来，后续工程才是争取来的资金开支。有的群众不理解，认为余书记垫支的费用要在公家报账，其实他从没有报一分钱的账，可以查看我们村里的账目。这样的书记，可以说全县不多。村委只是在前台工作，书记带头的支部在后台作坚强的后盾，村委必须在支部领导下工作。

我从余书记、李主任的谈话中，不难看出他们互相肯定配合默契，都是一心一意地为了长久村的脱贫致富，为了长久村的快速发展。我们有理由相信，长久村一定会很快脱贫，一定会建设成富裕村！

（作者系渠县三汇中学退休教师）

附录

达州市脱贫攻坚任务完成情况一览表

地区	贫困摘帽年度	建档立卡数 贫困村(个)	户数(万户)	人数(万人)	2013年底贫困发生率(%)	2014年 脱贫人口(万户)	2014年(万人)	2015年 脱贫人口(万户)	2015年(万人)	2016年 贫困村退出(个)	2016年 脱贫人口(万户)	2016年(万人)	2017年 贫困村退出(个)	2017年 脱贫人口(万户)	2017年(万人)	2018年 贫困村退出(个)	2018年 脱贫人口(万户)	2018年(万人)	2019年 贫困村退出(个)	2019年 脱贫人口(万户)	2019年(万人)	2019年 年底贫困发生率(%)	2020年 脱贫人口(万户)
达州市		828	22.99	71.6	13.16	3.26	10.58	4.02	12.82	149	4.06	12.79	311	4.87	15.08	319	5.00	15.18	49	1.45	4.00	0.12	0.25
通川区	2017年	45	0.971	3	8.33	0.08	0.20	0.29	0.72	19	0.36	0.94	26	0.18	0.46	37	0.07	0.17		0.0002	0.0006	0.003	
达川区(含达州高新区)	2018年	151	3.267	9.553	9.89	0.56	1.70	0.57	1.68	26	0.51	1.47	88	1.07	3.13	74	0.32	0.86		0.22	0.61	0.44	0.0007
宣汉县	2019年	211	5.886	20.63	18.93	0.81	2.98	0.97	3.61	55	1.12	4.02	65	1.11	3.86	23	1.32	4.53	17	0.37	1.15		0.17
开江县	2018年	51	2.045	5.98	12.04	0.27	0.85	0.32	0.99	12	0.37	1.09	16	0.38	1.11	32	0.53	1.52		0.17	0.40		
大竹县	2018年	70	3.155	9.239	10.32	0.44	1.36	0.55	1.62	18	0.61	1.84	20	0.70	2.02	73	0.73	2.01		0.10	0.24		
渠县	2018年	130	4.707	14.38	12.07	0.68	2.11	0.82	2.64	19	0.65	2.09	38	0.73	2.30	80	1.56	4.53		0.23	0.58	0.001	0.0002
万源市	2019年	170	2.959	9.308	18.68	0.42	1.38	0.49	1.56		0.44	1.36	58	0.70	2.19		0.49	1.56	32	0.36	1.03	0.39	0.07

后　记

　　达州市政协编辑的大型文史资料《达城记忆》系列丛书已出版了五部，按照《政协达州市委员会2021年度工作要点》要求，由市政协文化文史和学习委员会拟在2021年编辑系列丛书之六《达城记忆·脱贫攻坚纪实》，旨在反映达州市委、市政府带领全市人民，把革命老区脱贫攻坚、消除绝对贫困作为全民小康的底线要求，坚持从精准扶贫、精准脱贫出发，在消除贫困、改善民生方面取得显著成效。

　　消除贫困、改善民生，实现共同富裕是社会主义的本质要求，是我们党坚持全心全意为人民服务根本宗旨的重要体现。通过记录达州打赢脱贫攻坚的生动实践，从一个侧面反映我国脱贫攻坚取得前所未有、举世瞩目的伟大成就，讴歌和弘扬习近平总书记在全国脱贫攻坚总结表彰大会总结的"上下同心、尽锐出战、精准务实、开拓创新、攻坚克难、不负人民"的脱贫攻坚精神。引导社会各界群众团结一心、英勇奋斗，为坚定实现"两个定位"，奋力争创全省经济副中心，全面建设社会主义现代化达州贡献智慧和力量。

　　为做好征集、出版工作，市政协成立了编辑工作委员会，由政协主席任主任，副主席任副主任，成员由相关委室主任、各县（市、区）政协主席担任。建立了编辑小组，由政协主席任主编，分管副主席任副主编，选择了陈立权、贺正华为本书特聘专家，具体工作由政协文化文史和学习委员会承办。

本书收录的范围系2012年至2020年底达州开展脱贫攻坚的文史资料，主要反映党的十八大以来，在市委的坚强领导下，全市上下贯彻落实中央脱贫攻坚的决策部署，真抓实干、埋头苦干的丰硕成果，反映脱贫攻坚典型事迹和贫困群众艰苦奋斗的感人故事，反映各县市区结合当地经济、社会、文化、自然条件等特色探索的多种可行的脱贫路径。

捧读这本书中一篇篇脱贫攻坚的感人至深的故事，你会看到我们驻村第一书记引领群众、负重前行的风采，你会看到我们的扶贫干部、政协委员扶贫路上默默坚守的身影，你会强烈地感受到爱心企业倾情帮扶、责任担当的奉献精神，我们的贫困村民自立自强、主动作为、不拔穷根誓不休的坚韧毅力，也会为殉职在脱贫路上的干部而深深动容。正是这些奋战在脱贫攻坚一线、不畏艰辛的人，才书写出了革命老区达州战胜贫困、圆梦小康的壮丽篇章。

《达城记忆·脱贫攻坚纪实》即将付梓。在此，感谢市政协领导的高度重视和大力支持，感谢市级相关部门、各县（市、区）政协的通力合作，文化文史和学习委对文史资料的征集和编辑做了大量工作，中国文史出版社责任编辑赵姣娇为本书的出版付出了辛勤的劳动。在此，一并表示诚挚的谢意！鉴于我们编辑水平有限，疏漏之处在所难免，敬请读者提出宝贵意见。

编　者

2021年12月12日